"十四五"普通高等教育本科部委级规划教材

纺织品消费科学

张弦　吴磊　主编

中国纺织出版社有限公司

内 容 提 要

　　纺织品作为消费品中的一大类，具有较为独特的消费特点。本书以纺织品使用价值和价值为主线，较全面地阐述了纺织品消费过程中对消费行为具有影响的各种因素，揭示人们的消费特点。本书力图使读者站在更高的平台上全面、科学地理解纺织品及纺织品消费市场的特点，掌握研究纺织品市场的方法，了解纺织品市场开拓的手段。本书可为纺织企业的生产、市场营销计划提供客观的理论依据，也可以为消费者进行科学消费提供指导。

　　本书内容翔实，可操作性强，可供广大纺织行业生产人员、管理人员、销售人员阅读和参考，也可作为高等院校相关专业的教学参考用书。

图书在版编目（CIP）数据

　　纺织品消费科学/张弦，吴磊主编. --北京：中国纺织出版社有限公司，2021.2
　　"十四五"普通高等教育本科部委级规划教材
　　ISBN 978-7-5180-8063-2

　　Ⅰ.①纺…　Ⅱ.①张…②吴…　Ⅲ.①纺织品-消费-高等学校-教材　Ⅳ.①F768.1

　　中国版本图书馆 CIP 数据核字（2020）第 209126 号

责任编辑：朱利锋　　责任校对：楼旭红　　责任印制：何　建

中国纺织出版社有限公司出版发行
地址：北京市朝阳区百子湾东里 A407 号楼　邮政编码：100124
销售电话：010—67004422　传真：010—87155801
http://www.c-textilep.com
中国纺织出版社天猫旗舰店
官方微博 http://weibo.com/2119887771
三河市宏盛印务有限公司印刷　各地新华书店经销
2021 年 2 月第 1 版第 1 次印刷
开本：787×1092　1/16　印张：12
字数：251 千字　定价：68.00 元

前言

"衣食住行"，衣者为首，衣是人类的基本生活需要。人类文明发展的 6000 余年间，始终伴随着纺织品的发展：从最初用树叶、兽皮遮羞御寒，到如今种类繁多、应用广泛的纺织品，无不贯穿于人类文明发展的历程。

人们对纺织品的传统理解就是日常穿着的衣服，但随着现代科学技术的进步、国民经济的发展和人民收入水平的提高，纺织品的内涵也在不断发生变化。纺织产品的应用领域也得到进一步拓宽，已深入国防、航空航天、交通运输、医疗、海洋、机械、建筑、水利、农业、环保等重要的国民经济部门。纺织品正从生活消费品扩展到生产消费品，满足社会经济的多方面发展需求。

消费者购买商品的目的是取得该商品的使用价值，具有较高使用价值的商品才具有较高的价值。生产者生产商品的目的是为了获得价值，而价值是通过价格体现的。价值创造的本质是超越使用价值，为消费者塑造价值，提升交换价值，进而演变为竞争工具。运用科学方法进行市场调查与市场预测，研究市场情况，有利于解决市场问题，确定合理的市场营销活动。消费者的心理活动对消费行为的发生过程具有重要的影响，消费行为有可能顺利完成，有可能发展到某一步骤即停止，而作为营销工作人员，是可以利用消费心理学的规律引导消费行为顺利进行的。

全书共分为六章，第一章介绍了消费理论基础、影响消费者行为的因素及纺织品消费现状；第二章介绍了纺织商品的发展、性能、保养及鉴别方法；第三章介绍了影响纺织品价格的因素和纺织品的定价策略；第四章介绍了纺织品市场调查和预测；第五章介绍了纺织品消费过程中所涉及的消费心理；第六章介绍了纺织品的价值创造策略。

本书可作为高等院校相关专业的教学用书，也可供纺织行业生产人员、管理人员、销售人员阅读。由于编者水平有限，时间的仓促，书中难免出现疏漏和不足之处，敬请广大读者批评指正。

编者
2020 年 9 月

目录

第一章　消费理论基础与消费者行为 ……………………………………… 1

　第一节　消费理论基础 …………………………………………………… 1

　　一、商品及其属性 ……………………………………………………… 1

　　二、消费品与消费 ……………………………………………………… 2

　　三、中西方消费理论发展 ……………………………………………… 2

　　四、消费者行为理论 …………………………………………………… 4

　　五、影响纺织品消费者行为的因素 …………………………………… 5

　第二节　我国纺织行业消费概况 ………………………………………… 11

　　一、雄厚的产业基础和强大的消费能力 ……………………………… 11

　　二、开放的发展和庞大的内需市场 …………………………………… 13

　　三、科技创新实现消费新飞跃 ………………………………………… 13

　　四、品牌建设达到新高度 ……………………………………………… 14

　　五、可持续消费进入新阶段 …………………………………………… 15

第二章　纺织商品 …………………………………………………………… 17

　第一节　纺织发展简史 …………………………………………………… 17

　　一、原始手工纺织时期 ………………………………………………… 18

　　二、手工机器纺织时期 ………………………………………………… 22

　　三、大工业化纺织时期 ………………………………………………… 29

　第二节　纺织商品种类及性能 …………………………………………… 33

　　一、纤维商品 …………………………………………………………… 33

　　二、纱线商品 …………………………………………………………… 36

　　三、服用织物商品 ……………………………………………………… 37

　　四、家用织物商品 ……………………………………………………… 42

　　五、产业用织物商品 …………………………………………………… 44

　第三节　纺织品的家庭保养 ……………………………………………… 46

　　一、洗涤 ………………………………………………………………… 46

　　二、晾晒 ………………………………………………………………… 49

　　三、保形 ………………………………………………………………… 50

　　四、保存 ………………………………………………………………… 51

五、保色 ·· 52

六、纺织品和服装使用说明 ··· 52

第四节　纺织品的鉴别与消费者权益保护 ··· 54

一、纺织纤维的鉴别 ··· 54

二、消费者权益与消费者权益保护 ·· 58

第三章　纺织品价格 ·· 60

第一节　纺织品价格含义及意义 ··· 60

一、价格的含义 ··· 60

二、价格的职能 ··· 61

三、价格的心理功能 ··· 62

四、纺织品价格的特点 ··· 63

五、纺织品价格的意义 ··· 64

六、影响纺织品价格的因素 ··· 64

第二节　纺织品的定价步骤 ··· 66

一、企业定价步骤 ·· 66

二、产品定价的目标 ··· 66

三、测定需求弹性 ·· 67

四、估算成本费用 ·· 68

五、分析竞争状况 ·· 68

六、纺织品定价的方法 ··· 68

七、企业定价策略 ·· 70

八、国际产品定价技巧 ··· 74

第三节　价格调整策略 ··· 74

一、主动变价 ·· 75

二、应对变价 ·· 76

三、消费者对价格变动的反应 ·· 77

第四章　纺织品市场调查和预测 ··· 78

第一节　市场调查概念与调查内容 ··· 78

一、市场调查的概念 ··· 78

二、市场调查的意义 ··· 79

三、市场调查的类型 ··· 79

四、市场调查的基本内容 ··· 82

五、市场调查行业的结构 ··· 84

第二节　市场调查步骤与方法 ··· 85

一、市场调查的基本原则 ·· 85

二、市场调查步骤 ··· 86

三、市场调查技术方法 ··· 88

四、市场调查问卷的设计 ··· 94

第三节 市场预测的意义及步骤 ···································· 97

一、市场预测的概念 ··· 97

二、市场预测的意义 ··· 98

三、市场预测的类型 ··· 98

四、市场预测的基本原则 ··· 99

五、市场预测的内容 ·· 100

六、市场预测的步骤 ·· 101

第四节 市场预测的方法 ··· 101

一、定性预测 ·· 102

二、定量预测 ·· 104

第五章 纺织品消费心理学 ······································ 108

第一节 概述 ·· 108

一、消费者与消费心理学 ·· 108

二、研究纺织品消费心理的意义 ·································· 109

第二节 消费需要 ·· 110

一、消费需要的概念 ·· 110

二、马斯洛的需求层次理论 ······································ 111

三、纺织品消费需要的分类 ······································ 112

四、消费需要的基本特征 ·· 114

五、影响消费者需要的因素 ······································ 115

六、消费需要对消费行为的影响 ·································· 117

第三节 消费动机 ·· 117

一、消费动机的概念 ·· 117

二、消费动机的形成 ·· 118

三、消费动机的功能 ·· 119

四、消费动机的类型 ·· 119

五、影响消费动机的因素及可诱导性 ······························ 121

第四节 消费者的知觉 ·· 123

一、知觉的概念 ·· 123

二、知觉的特征 ·· 124

三、影响知觉的各种因素 ·· 125

四、消费者的知觉刺激分析 ···································· 126

第五节　消费学习 ·· 128

一、消费学习的概念 ·· 128

二、消费学习的作用 ·· 129

三、消费学习的方法 ·· 129

四、影响消费学习的因素 ······································ 131

第六节　消费者的个性 ·· 131

一、个性的概念 ·· 131

二、能力 ·· 132

三、性格 ·· 135

四、气质 ·· 137

第七节　消费态度 ·· 139

一、消费态度的概念 ·· 139

二、消费态度的功能 ·· 140

三、消费态度的类型 ·· 141

四、消费态度的形成 ·· 141

五、消费态度对消费行为的影响 ································ 142

六、消费态度的改变 ·· 142

第八节　消费决策 ·· 142

一、消费决策的概念 ·· 142

二、消费决策的作用 ·· 143

三、消费决策的内容 ·· 143

四、消费决策的方式 ·· 144

五、影响消费决策的因素 ······································ 145

第六章　纺织品的价值创造策略 ·································· 146

第一节　品牌 ·· 146

一、品牌的含义 ·· 146

二、品牌的内涵 ·· 147

三、品牌的作用 ·· 147

四、品牌定位与设计 ·· 148

五、品牌对纺织品消费的影响 ·································· 150

六、品牌资产与品牌忠诚度 ···································· 151

七、品牌推广策略 ·· 154

第二节　包装 ·· 156

一、包装的含义与种类 ·· 156

二、包装的作用 ·· 156

三、纺织品对包装的要求 ·· 157

四、包装标志 ·· 158

五、销售包装 ·· 159

第三节 促销 ·· 161

一、促销的概念及作用 ·· 161

二、促销策略与促销活动 ·· 161

三、促销信息对消费者的影响 ·· 163

第四节 广告 ·· 164

一、广告心理机制 ·· 164

二、广告媒体 ·· 166

三、广告诉求 ·· 167

附录 ·· 169

一、常见纺织纤维的公定回潮率（附表 1） ···································· 169

二、常见纺织纤维的化学性能（附表 2） ······································ 169

三、国家纺织产品基本安全技术规范（GB 18401—2010） ·························· 170

四、服装号型（GB/T 1335.1—2008，GB/T 1335.2—2008） ························ 171

五、纺织品维护标签规范（GB/T 8685—2008） ·································· 171

六、常见纺织纤维的燃烧状态（FZ/T 01057.2—2007）（附表 11） ·················· 175

七、常见纺织纤维横截面和纵面的形态特征（附表 12） ···························· 176

八、常见纺织纤维的溶解性能（附表 13） ······································ 177

参考文献 ·· 179

第一章　消费理论基础与消费者行为

教学要求

1. 认知消费理论。
2. 掌握影响消费行为的因素。
3. 认知纺织品的消费现状。

纺织品是以天然纤维和化学纤维为主要原料，经纺、织、染等加工工艺或再经缝制、复合等工艺制成的产品。纺织品是较早开始大工业化生产的产品之一。劳动产品进入流通领域，用于交换，成为商品。商品离不开流通领域，但是一旦进入消费领域，就成为消费品，不再是商品。纺织品作为关系国计民生的消费品类，在国民经济发展中占有重要的地位。

第一节　消费理论基础

一、商品及其属性

商品必须是劳动产品，是通过人类劳动产生的产品；商品是用来交换的，不以交换为目的生产出来的产品不是商品。商品的基本属性是使用价值和价值。

商品的使用价值是指商品能够满足人们某种需要的属性，可以是物质需要，也可以是精神需要。任何物品要想成为商品，都必须具有可供人类使用的价值；反之，毫无使用价值的物品是不会成为商品的。使用价值表现为商品的质量和性能，因此，同种商品可以有不同的使用价值。同种商品使用价值可以比较，不同商品使用价值无法比较。商品的使用价值不同正是需要交换的原因。

商品的价值是指凝结在商品中的无差别的人类劳动或抽象的劳动。具有不同使用价值的商品之所以能按一定的比例相互交换，是因为它们之间存在某种共同的可以比较的东西。这种共同的、可以比较的东西就是商品生产中的无差别的人类抽象劳动。有价值就一定是商品，是商品就一定有价值。商品的价值体现在交换价值或价格之中。

商品的使用价值与价值二者共处于商品的统一体中，互相依赖、不可分割。使用价值是价值的物质承担者，没有使用价值的物品，就没有价值，因而也就不是商品。价值是商品最本质的因素，一种物品如果仅有使用价值，但不是人类劳动产品，就没有价值，也不能成为商品；有些物品虽然既有使用价值，又是劳动产品，但没有用于交换，因而没有形成价值，也不是商品。使用价值与价值二者又有区别：使用价值是商品和劳动产品共有的属性，价值是商品特有的属性。使用价值是商品的自然属性，体现了人与自然的关系；价值是商品的社会属性，体现了人与人的关系。使用价值解决商品的需要；价值解决商品交换的可能。

商品的使用价值和价值是相互排斥、互相矛盾的。要解决这个矛盾，就必须通过交换，交换成功了，商品的使用价值和价值才能够分别得到实现。商品生产者只有让出使用价值才能获得价值，商品购买者只有付出价值才能取得使用价值。商品生产者和消费者都不能既占有商品价值又占有商品的使用价值。

二、消费品与消费

为了但不限于个人使用而设计、生产的产品称为消费品，包括产品的组件、零部件、配件、包装和使用说明。消费品一定是商品，但商品不一定是消费品。

消费品的范围很广，依据用途，兼顾特殊使用对象（儿童），将消费品分为 11 大类：文教体育用品、家用电器及电器附件、电子及信息技术产品（计算机、数码产品、通信产品）、儿童用品、家具及建筑装饰装修材料、服装鞋帽及家用纺织品、日用化学制品及卫生用品、交通用具及相关产品（包括自行车及其配件）、食品相关产品、日用杂品、其他。

服装鞋帽及家用纺织品按照产品功能属性分为 7 中类，分别为床上用织物制品、日用织物制品、服装、鞋、帽子及附件、服饰、其他服装鞋帽及家用纺织品。进而依据产品的具体用途和原材料类型分为 43 小类，按照产品的特定属性和原材料的角度划分为 214 组。产业用纺织品按照用途分属到相应类别。

经济学中的消费是指人们为满足生产和生活的需要而对物质资料和精神产品的使用和消耗。传统经济学把社会生产总过程分成四个环节：生产—分配—交换—消费。生产是起点，是决定性的环节；分配、交换和消费反作用于生产，其中分配和交换是中间环节，消费是终点、是生产的最终目的。消费经济学认为消费在生产和再生产过程中是动机，也是目的。消费决定生产，生产出的产品在商品交换过程中被消费者消费，才实现了生产的目的，即消费—科研生产—分配—交换—消费，消费贯穿全过程。即消费决定一切，消费创造一切，是经济发展的目的和动力。

从经济生活和社会生活角度看，消费是由新陈代谢本能驱使向自然索取物质，再由人类认识创造新的需求和欲望，进而创造出新的物质和精神文化产品的全部消费过程的总和。由于人类从来都不满足现有的消费水平，在实践过程中不断创造出新的消费需要和认识。科研和生产又不断满足人类已提高的生活、社会和生产消费的需要，进而创造出新的产品。反过来，只有通过消费，人的需要才能得到满足，消费的内容越丰富，继续发展需要的现实可能性就越大。如果说需要的发展是消费的动因和目的，那么消费则是保持和继续发展需要的必要的前提条件。

提供、生产消费品的工业称为消费品工业，它是与百姓生活息息相关的重要民生产业，主要包括轻工、纺织、食品、医药等工业门类，是国民经济和社会发展的基础性、民生性、支柱性、战略性产业。1952 年，社会消费品零售总额 276.8 亿元，1978 年 1558.6 亿元，2001 年 43055.4 亿元，2017 年 366261.6 亿元。消费问题与社会发展、经济繁荣、文明进步乃至人的全面发展紧密相连，在当今社会生活和经济运行中的作用日益凸显。

三、中西方消费理论发展

"消费"一词，在先秦两汉时期，称为"费"，其意是"耗费、花费"等。《论语·尧曰》："因民之所利而利之，斯不亦惠而不费乎？"《史记·吴太伯世家》："广而不宣，施而不费。"即给人以恩惠利益，而自己又耗费不多，这里的"费"就有消费的意思。唐宋时期泛指"开销、耗费"。《宋书·恩倖传·徐爰》："比岁戎成，仓库多虚，先事聚众，则消费粮粟。"唐代姚合《答竇知言》诗："金玉日消费，好句长存存。"

中国传统文化中蕴藏着消费理论，如孔子消费观的核心是以"礼"的等级来规范社会成员的消费观念、消费行为和消费方式；老子及道家主张"无为"消费，即否定消费的享乐性，提倡清心寡欲、俭朴自恃和知足常乐；墨子的消费思想以节用论为核心，提出打破等级界限的普遍的消费标准，主张以发展生产保证消费，消费水平应随着生产发展而不断提高；管子既主张节制消费，也提倡侈靡消费，节制消费原则是普遍适用的基本准则，而侈靡消费主张则是在特殊情况下为刺激社会生产而提出的，二者是现实稳定和社会发展的统一。

中国的消费文化在每个历史阶段都有各自的特点，但是勤俭节约是中华民族消费观念不变的基因。中国共产党自成立以来也一直秉承着勤俭节约的消费文化。党的十八大以来，我国在全面建成小康社会、实现"两个一百年"奋斗目标和中华民族伟大复兴的中国梦过程中，逐渐形成了新时代中国特色社会主义消费理论，主要内容包括以下几个方面：一是推进绿色消费发展；二是推动能源消费革命；三是通过供给侧结构性改革、推进城镇化建设、加大扶贫力度来扩大国内消费需求。

14世纪，英语语系中开始使用"consumption"一词，有贬义色彩。因为当时社会物质匮乏，所以消费的意思是"摧毁、用光、浪费、耗尽"。18世纪，经过工业革命后，商品生产迅猛发展，大量的商品需要交换，需要社会消费掉，否则工厂的再生产难以为继，于是"消费"一词成为与生产相对应的概念。经过两次工业革命后，尤其是近代以来，"消费"一词的内涵得到了扩展，消费不仅包括物品的使用，还包括服务的享用，所以《大不列颠百科全书》中"消费"（consumption）的字面含义是"对货品和服务的最终消耗"，于是"消费"一词逐渐摆脱了贬义。

西方古典经济学家经过一个半世纪的研究，论证了资本主义财富增长的因素、条件和途径以及资本主义经济运行的机制和规律，奠定了劳动价值论的基础，强调了工资和利润、利润和地租的对立。其中具有代表性的几种消费思想有：威廉·配第的消费思想的核心是少消费、多积累，他主张用赋税改变消费和积累之间的比例关系；古典经济学的创始人亚当·斯密和大卫·李嘉图仍然把资本的积累放在首位，认为消费特别是奢侈性消费是非生产性的，不利于国民财富的增加，因此需要通过赋税加以节制，大卫·李嘉图认为要扩大生产，必须使生产超过消费，使非生产性消费有所压缩；魁奈主张减少奢侈品的消费，把消费水平的提高看成是一国繁荣昌盛的保证；西斯蒙第的消费思想以消费占优先地位为基本原则，首次提出了消费不足说和经济危机说。

随着资本主义生产关系的萌芽与现代商业贸易体系的建立，"重商主义"渐渐成为主导社会经济的重要思潮，奢侈消费得到推崇。马尔萨斯在消费理论发展史上第一次提出了"有效需求"的概念，即人们能够而且愿意支付这样一种价格来购买产品的需求，这种价格引起产品的继续供给而利润不至于降低。

第二次工业革命为西方资本主义的迅速发展注入了强大的技术推动力，现代化的生产体系把越来越多样、越来越大量的消费品推向社会，从 19 世纪末期到 20 世纪 50 年代，西方进入了生产快速发展的时期。凯恩斯从宏观经济的角度把消费的地位提到了前所未有的高度，提出绝对收入假说和消费倾向的概念，并提出资本主义经济危机的根源在于有效需求不足，主张国家采用扩张性的经济政策，通过增加需求和扩大消费来促进经济增长。

第三次工业革命的信息化对整个社会经济产生了巨大影响，科技的进步带来了生产领域、消费领域的巨大变化，大规模的消费逐渐被个性消费与概念化消费所取代，消费开始反过来主导生产，买方市场得到主动权，西方从"生产社会"过渡到"消费社会"。

四、消费者行为理论

消费的主体是人，即消费者，是指为个人目的购买或使用商品和服务的个体社会成员。消费者是市场的主体，企业开发的产品只有获得消费者的认可并产生消费行为，才真正达到了提高产品市场占有率的目的。消费者是能够独立做出消费决策的微观经济主体。作为理性的经济人，消费者在目标收入有限的条件下通过合理安排自己在各类商品中的消费，实现欲望的最大满足，即效用最大化。如何理解欲望、效用及效用的度量方法，是研究消费者行为理论的起点。

1970 年，诺贝尔经济学奖得主，美国的保罗·萨缪尔森提出了"幸福方程式"：

$$幸福 = \frac{效用}{欲望}$$

在这个方程式中，幸福感取决于：欲望和效用两个因素。欲望是一种人的欲求得到满足的愿望，具有无限性和层次性两个特点。其无限性是指欲望在总体上无法得到完全满足；层次性是指人们的欲望可以划分成为不同的层次，在满足较低层次的欲望之后，才会进而产生较高层次的欲望。效用是指消费者在消费商品时感受到的满足程度，是对商品满足自己欲望的能力的一种主观评价。效用可大可小，可正可负。

消费者行为就是消费者寻找、购买、使用和评估用以满足需求的商品和劳务所表现出的一切脑体活动。这些活动的本身都是手段，满足消费者的需求才是它们的目的。恩格尔把消费者行为定义为：为获取、使用、处置消费品所采取的各种行动，以及先于且决定这些行动的决策过程。这一定义强调消费者行为是一个整体，是一个过程，获取或者购买只是这一过程的一个阶段。美国市场学会把消费者行为定义为：感知、认知、行为以及环境因素的动态互动过程，是人类履行生活中交易职能的行为基础。在这一定义中，消费者行为至少包含了三层重要的含义：一是消费者行为是动态的；二是消费者行为涉及了感知、认知、行为及与环境因素的互动作用；三是它涉及了交易。

消费行为的基本模式如图 1-1 所示。

通过大量的消费者行为研究发现，消费者购买产品后习惯对自己的行为进行归因，购买思想比较矛盾、不和谐，对消费者购买后的关注和满足对于提高消费者满意度具有独特的价值，对购买后行为的关注也是近年来消费者行为研究的热点。

图 1-1　消费行为的基本模式

研究消费者和消费者行为，有助于企业从以下几个方面建立营销战略：一是消费者思考、感知、推理以及在不同替代品（不同品牌、产品和零售商）之间进行选择的心理；二是消费者受其环境（如文化、家庭、媒体等）影响的心理；三是消费者在做出购买决策过程时的行为；四是消费者知识或信息处理能力的不足对其决策的影响；五是针对不同重要程度或不同兴趣的产品，消费者的动机和决策策略有何差异；六是营销人员如何适应并改进其营销活动和战略，以更符合消费者的实际需要。

五、影响纺织品消费者行为的因素

消费行为是否进行下去，关键的一步取决于购买决策，而消费者的购买决策不是凭空产生的，外部环境因素和个人内在因素在不同程度上影响着他们的消费行为，如图 1-2 所示。

1. 文化因素

（1）文化。对消费行为影响最为广泛和深远的因素是文化。狭义的文化指人类精神活动所创造的成果，如哲学、宗教、科学、艺术、道德等。广义的文化是人类社会在漫长的发展过程中所创造的物质财富和精神财富的总和，是一个社会或一个社会群体中那些精神的、物质的、理智的和感情的特征的完整复合体，不仅包括艺术和文学，还包括生活方式、基本人权、价值体系、传统和信仰等。

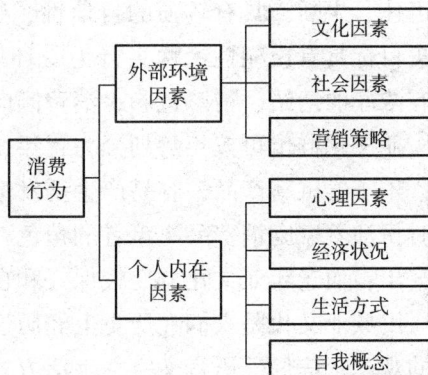

图 1-2　影响消费行为的因素

文化是后天习得的，既包含对本民族文化的继承，也有对外来文化的学习。各个国家、各个民族由于历史、地理、生活方式等方面的差异，都有自己独特的文化，从而对其成员的价值观念、生活方式、风俗习惯等具有深刻的影响。

中华民族在 5000 多年的文明历史进程中，受儒家思想及伦理观念的影响根深蒂固，仁义、中庸、忍让、谦恭的文化内涵仍是一种重要的民族文化心态。这种文化心态表现在人们的消费行为中就是随大流、看重面子、重义轻利等，服饰方面崇尚的是含蓄、严谨、大方。用宽松的"无形之形"服饰包裹人体，体现了中国人追求和谐美与"天人合一"的宇宙观。同时利用一些装饰技术，包括刺绣艺术、编织艺术、拼接艺术、印染艺术等展现文化特征。日本、韩国、印度等亚洲国家的传统服饰也基本是"宽"文化的展现。他们的服饰多用纹样、刺绣、镶边等传统工艺点缀，以服装本体的美来代替和修饰人体的美。虽然这种服装是平面的，但通过材质、颜色、纹饰恰当地显示出着装者的社会地位和尊卑贵贱。

反观西方，受希腊、古罗马雕塑和绘画的影响，着装讲究比例、匀称、平衡、和谐的整体感，追求人性美、人体美和个性美。他们运用自然悬垂褶皱表现自然形体，用藏胸、卡腰和蓬松裙身等立体造型方式重塑人体，以曲线美来突出西方服饰文化特点。西方女性认为服装是装饰、美化人体的，她们崇尚人体精确和谐的美。因此西方女装变化丰富，以满足不同女性表现个性的需求。

（2）亚文化。亚文化是文化的细分和组成部分。每一文化都包含较小的亚文化群体，它为其成员提供更为具体的认同感。所谓亚文化群，是共享整体文化要素的同时还共享他们独特文化要素的相同的人群。亚文化群的文化涵义必须是独特的、有特色的。这些特色可以是年龄、民族、地理以及性别等。

消费者行为不仅带有某一社会文化的基本特性，而且还具有所属亚文化的特有特征。与文化相比，亚文化往往更易于识别、界定和描述。因此，营销人员往往可以根据各亚文化群体所具有的不同需求和消费行为，选择不同的亚文化群体作为自己的目标市场。

亚文化群按性别可分为男性消费者和女性消费者。男性消费者注重商品质量、实用性；购买商品目的明确、决策迅速果断；有强烈的自尊心，购物不太注重价值问题；购买动机形成迅速、果断，具有较强的自信性，感情色彩比较淡薄。女性消费者购买行为具有主动性，购买目标具有模糊性；购买行为受环境因素的影响较大；注重商品的具体利益与实用价值；具有浓厚的情绪、情感色彩；消费倾向具有多样化和个性化。

亚文化群也可按年龄划分为青年、中年和老年。青年亚文化群喜欢追求新颖、奇特、时尚，乐于尝试新产品，容易产生诱发性、冲动性购买；中年亚文化群承担着家庭生活的重任，同时扮演着家庭消费品决策者的角色，所以其消费行为讲求实惠、理性、精心挑选的特征十分突出；而老年亚文化群比较保守和自信，习惯于购买熟悉的商品，求实求利动机较强。

民族亚文化是人们在历史上经历过长期发展而形成的稳定共同体的文化类型，具有较稳定的观念、信仰、语言文字、生活方式等特征，对消费者行为的影响是巨大、深远的。如我国壮族和瑶族服饰富贵艳丽，色彩多采用红、黄、橙等对比强烈的暖色调；苗族、水族、侗族偏爱黑、蓝、白等高雅素净的冷色调。

地理环境上的差异会导致人们在生活方式、消费习俗和消费特点上的不同，形成地理亚文化群。长期形成的地域习惯，一般比较稳定。自然地理环境不仅决定着一个地区的产业和贸易发展格局，而且间接影响着一个地区消费者的生活方式、生活水平、购买力的大小和消费结构，从而在不同的地域形成不同的商业文化。

2. 社会因素

消费者作为社会的一分子，其消费行为也具有社会性，必然会受到社会因素的影响。

几乎所有的消费行为都是在群体背景下发生的，并在某些程度上受到群体的影响。社会群体是人们通过一定的社会关系结合起来进行共同活动和感情交流的集体，是人们社会生活的具体单位，是组成社会结构的一部分。在社会群体中对消费行为影响最大的是参照群和家庭。

（1）参照群。参照群又称相关群体、榜样群体，是指一种实际存在的或想象存在的，可以为个体判断事物提供依据或楷模的群体，它通常在个体形成观念、态度和信任时给人以重要影响。

参照群体最初是指家庭、朋友等与消费者具有直接互动的群体。现在也涵盖了与个体没有直接面对面接触，但对个体行为产生影响的个人或群体，如明星、领袖和公众人物等。所以界定参照群的方法是：对个体的购买行为产生影响的群体。

参照群对消费者行为的影响主要体现在三个方面：信息性、规范性和价值表现性。信息性影响指参照群体其他成员的观念、意见和行为被个体作为有用的信息予以参考，由此在其行为上产生的影响。规范性影响又叫功利性影响，消费者为了获得赞赏或避免惩罚而采取的消费行为。当一个消费者对于参照群体的承诺越大，或者对于成员身份特别珍惜时，则规范的影响就越大；当所提供的报酬越多或者处罚越严厉时，则规范的影响越大。价值表现性影响指个体自觉遵循或内化参照群体所具有的信念和价值观，从而在行为上与之保持一致。

营销策略中的亲和力营销利用的就是参照群的影响，在企业的营销活动中，把群体识别与消费者个人生活联系起来，加强消费者对参照群体的识别感。企业在开展广告营销时，也可以充分利用参照群的概念，针对不同的目标消费者选择不同的广告模特。名人或公众人物，作为参照群体对公众尤其是对崇拜他们的公众具有巨大的影响力和感召力。研究发现，用名人作支持的广告较不用名人的广告评价更正面和积极，这一点在青年群体中体现得更为明显。

（2）家庭。家庭是指以婚姻关系、血缘关系或收养关系为纽带而结成的一种社会生活组织形式或社会基本单位。在影响消费者的价值观、态度及自我概念，甚至在实际的购买行为上，家庭都扮演着相当重要且持续的角色。因此，家庭是"社会化过程"中的一个关键组织。据统计，中国有大约80%的消费决策是由家庭控制的。

在家庭消费过程中，每个家庭成员扮演着不同的角色，起不同的作用。具体可以识别出以下八种不同的角色：

影响者：为其他家庭成员提供某种产品或服务信息的人；

把门者：控制某种产品或服务的信息流向家庭成员的人；

决策者：拥有单独或共同决定对某种产品或服务的选择、购买、使用、消费、处置权利的人；

购买者：实际实施购买某种产品或服务的人；

准备者：为其他家庭成员的使用而将产品调整到正常状态的人；

使用者：使用或消费产品或服务的人；

维持者：对某种产品或服务提供维修等服务以确保日后继续使用该产品的人；

处置者：对某种产品或服务进行丢弃的人。

了解不同家庭成员在购买决策中的角色，可以帮助企业把握以下问题：谁最容易对企业的产品发生兴趣？谁将是产品的最终使用者？谁最可能成为产品购买的最终决策者？不同类型的商品通常由谁承担购买任务？这些信息对企业制定营销策略非常重要。

家庭生命周期的不同阶段，家庭对商品的需求有明显的差异。所谓家庭生命周期，是指绝大多数家庭必经的历程，是描述从单身到结婚（创建基本的家庭单位），到家庭的扩展

（增添孩子），再到家庭收缩（孩子长大分开独立生活），直到家庭解散（配偶中的一方去世）的家庭发展全过程。单身阶段，刚参加工作，几乎没有经济负担，多为冲动型购买，消费观念时尚潮流，喜欢反映个性特征的商品。新婚无子女阶段，经济状况较好，具有比较大的消费需求和比较强的购买力，耐用消费品的购买量较高。孩子在6岁以下的家庭购买力降低，多购买与孩子有关的商品；孩子在6岁以上的家庭，子女成长和教育消费占主要地位，消费观念实际化；子女已长大成人，但尚未成家，家庭经济状况持续改善，开始注重家庭生活质量，购买行为转向经验型和理智型；子女独立生活后的空巢阶段，经济和时间都最宽裕，可能购买娱乐品和奢侈品；当家长退休后，收入大幅减少，消费更趋谨慎；夫妻中一方过世，家庭进入鳏寡阶段，收入减少，消费结构简单。

（3）社会阶层。在一个社会中，社会阶层是具有相同或类似社会地位的社会成员组成的相对持久的群体，每一社会阶层的成员具有相似的价值观、兴趣爱好和行为方式。社会阶层是一种普遍存在的社会现象，表现为人们在社会地位上存在差异，产生的最直接原因是个体获取社会资源的能力和机会的差别，根本原因是社会分工和财产的私有化。

在消费行为研究中广泛运用的社会阶层划分方法是科尔曼的地位指数法，它根据消费者的职业、教育、居住的区域、家庭收入四个方面综合评估消费者所处的社会阶层，将美国消费者分为上层（14%）、中层（70%）和下层（16%）。每一阶层又被进一步细分，总共形成七个在生活方式上存在差别的社会群体。

现行对中国社会阶层的划分一般采用陆学艺教授的研究成果，以职业分类为基础，以组织资源、经济资源、文化资源这三种资源的占有状况作为划分社会阶层的标准，把当今中国的社会群体划分为五个等级和十个阶层。根据家庭人均年收入或月收入数据分为五大社会经济等级：社会上层、中上层、中中层、中下层和底层。根据资源拥有量的差异分为十大社会阶层：国家与社会管理者阶层，经理人员阶层，私营企业主阶层，专业技术人员阶层，办事人员阶层，个体工商户，商业服务人员阶层，产业工人阶层，农民阶层，城乡无业、失业、半失业者阶层。

每一个社会阶层都会有一种被本阶层广大成员接受和认可的价值观和行为规范。同层次人之间交往比较自在，交往频繁；不同层次之间交往较少。所以处于同一阶层的人在消费行为上也表现出许多相似之处，处于不同阶层的人在功利性、购物方式、信息接收和处理上可能有较当大的差别。

①消费的功利性差异。较高社会阶层的消费者具有较强的消费支出能力，他们往往是市场上最先接受创新的人，追求品牌、时尚、个性化、享乐等，消费是他们内心欲望的一种表达和宣泄。然而，较低层次的消费者，消费的实质在于获取商品的使用价值，以维持或满足基本的生活需要。各社会阶层对媒体的喜好也不同，上层消费者喜爱杂志和书籍，而下层消费者更喜欢电视。即使对电视这同一媒体，上层消费者喜欢新闻和信息，而下层消费者喜欢电视剧和娱乐节目。

②购物方式的差异。在购物场所的选择上，高阶层的消费者乐于到高档、豪华、环境幽雅、服务上乘的场所去购物，因为在这种环境里购物能使他们产生优越感和自豪感，能够得

到超越购物本身的一种心理满足与认同感；较低阶层的消费者在高档购物场所则容易产生自卑感和窘迫的心理，因此，他们大多数会选择一般的商场、超市、便利店、百货店。

③信息接收和处理上的差异。一般来说，高社会阶层的消费者比低阶层消费者更善于利用多种渠道来获取商品信息。高阶层的消费者大都受到过良好教育，他们社交广泛、见多识广，能够充分利用各种传媒工具获取充足的有价值的商品信息；而较低阶层的消费者通常没有机会接触最新信息，并且识别信息有用性的能力较弱。

社会阶层可以作为某些产品进行市场细分的标准，营销人员应根据不同阶层的购买行为特点制订出相应的产品、价格、分销和促销策略。

（4）角色。"角色"这个概念是从戏剧借用过来的。消费行为学中所指的角色是和一定社会位置相关联的行为模式。即，角色是社会对个人职能的划分，它指出了个人在社会中的地位和在社会关系中的位置，代表了每个人的身份。身份也常用于指个人的社会地位，其对购买个人和家庭消费品都是有影响的。从事不同职业和担任不同职务的人，由于在工作环境、劳动性质以及要求的知识水平、年龄、性别、所接触的群体内其他成员等方面存在差异，因而影响个体的消费行为。不仅在购买商品的类别、品种、质量、价格等方面有差别，即使对同一商品，也会出于截然不同的购买动机和需要，而有着明显的差异。

一个人可以同时属于不同的几个群体，并在其中担任不同的角色，每一角色会不同程度地影响其消费行为。

服装功能的细分，正是现代社会服装的特色之一。过去一套服装在任何场合下都适用，现在人们追求服装式样、质量，也在考虑服装的"环境效应"，因此才有正装、休闲装、职业装、晚装、运动装、家庭装等类别的服装，以适合消费者不同角色的着装选择。

3. 营销策略

一位资深跨国公司职业经理人说过，行为学是一切营销策略的源泉，几乎世界上所有的营销企业，无一例外地都在每天的工作中使用着行为学的思想。从某种意义上来说，消费者行为学是所有成功的营销人员一生中最有价值的一门课程。

营销策略中的品牌策略、定价策略、包装策略、促销策略、广告策略等都对消费者行为产生或正面或负面的影响。

4. 心理因素

消费者的购买行为是整个消费活动中的重要环节。在购买过程中，消费者的购买行为能否发生、如何进行，都受到消费需要、消费动机、消费态度、消费者的个性、消费决策等心理活动因素的制约和影响。

5. 经济状况

消费作为一种需要经济状况作支撑的活动，受消费者经济状况影响较大。若有稳定的收入，可支出额度较大，对储蓄又不很关心的话，其消费潜力是非常大的。同时消费者的消费行为也受整个社会经济环境的影响。对于大多数的中国人来讲，温饱问题已解决，所以在住和用方面的消费在增长，对纺织品服装的款式、舒适性、服务等方面的要求越来越高。

英国《星期日时报》的一项调查发现，在伦敦邦德街的拉尔夫·劳伦（Ralph Lauren）

新店中的一些商品的价格比纽约麦迪逊分店中的价格平均高出 40%。一双女式高跟鞋在纽约的价格为 130 英镑，但在伦敦的售价却是 195 英镑。一件纯棉白衬衫，在美国的价位是 37 英镑，但在英国却翻了将近一倍，为 70 英镑。拉尔夫·劳伦马球系列的一件羊皮衣，在纽约只标 564 英镑，可在伦敦则高达 775 英镑。欧洲的不动产和劳动力价值很高，高收入阶层的高工资等原因使其与美洲服装价格差异很大。

6. 生活方式

生活方式是人们根据自己的价值观念等安排生活的模式。生活方式表现的内容远比人的社会阶层或个性要多，它勾画出一个人在社会中的行动和兴趣的形式，是影响消费者行为的重要因素之一。

生活方式是一个多层面、多元素的概念，它由人们固有的个性特征、过去的经历以及现在的情境所决定，并且受内部因素和外部条件的影响。其中，内部因素包括个性、价值观、情绪、动机等，外部因素包括文化、亚文化、社会阶层、家庭等方面。生活方式不是一成不变的，它是在诸多因素的综合作用和影响下表现出来的各种行为、兴趣和看法。随着社会环境的变化，这些影响因素本身在变化，所以，消费者的生活方式会随之改变，消费者的行为也会随之改变。

休闲装的流行就反映了生活方式的改变对人们着装和消费观念潜移默化的影响。休闲装是一种精致且充满感情意味的着装方式，它使处于紧张节奏中的现代都市人崇尚自然、回归自然的向往在某种程度上得以实现。今天的消费者已经开始习惯于随意的生活方式，他们在尝试着使随意化的穿着看起来更适宜、更引人注目、更时髦，所以说"休闲潮流使正规服装失去市场"的说法不无道理。

7. 自我概念

自我概念也称自我形象，是指消费者把自己作为对象，对自己的整体观念和感觉。自我概念是一个充满内在矛盾的、冲突的系统整体，它具有动态的系统结构和功能，它既是消费者处理自我信息和认识自我的方式，也是在社会互动关系中消费行为的结果。目前消费者行为学对自我概念通常从以下五个不同的角度加以界定：现实自我（actual self）：个人如何感知自己；理想自我（ideal self）：个人希望如何感知自己；社会自我（social self）：个人如何把自己展现给他人；理想社会自我（ideal social self）：个人希望如何把自己展现给他人；环境自我（situational self）：个人在不同环境中如何展现自己的形象。

消费者自我概念与产品形象和品牌形象之间存在着积极的影响关系。当消费者自我概念与品牌形象一致时，消费者对该品牌的评价越高，也就意味着对品牌形象的态度越积极，消费者购买这一品牌的意愿越强烈。当消费者购买意愿被强化到一定程度时，消费行为就会发生。在产品和产品间同质化的程度越来越高的当今市场上，不少消费者在做购买决策时更多的是依靠品牌形象而不是产品的物理特征，因此，对于一个成功的产品（或者服务）而言，其品牌形象的重要性不言而喻，市场营销人员应该尽力创造一个与目标消费者的自我概念高度相似的产品品牌形象。

20 世纪 60 年代以来，国内外对纺织品消费科学的研究日益重视，如日本有消费科学，英国、美国有 Applied Textiles，德国有 Textil Praxis。纺织品消费科学研究的是在纺织品消费过程中对消费行为具有影响的各种因素，揭示人们的消费特点，从而为企业的生产、市场营销计划提供客观的理论依据，也可以为消费者进行科学消费提供指导。这门学科是在纺织品的生产、采购、销售、调运、储存、使用等长期实践及科学研究的基础上，逐步总结、积累、发展而成的。它是一门涉及面较广的科学，不仅涉及纺织材料学、纺织工程等有关知识，而且涉及商品经济、价格制定、保养维护、消费心理、营销战略等知识，同多门学科存在着内在的联系。

第二节 我国纺织行业消费概况

纺织行业是一组包括纤维、纺、织、印染及其相关设计、生产、设备等领域的工业部门，包括化学纤维制造业、纺织业、服装业和纺织专用设备制造业。根据国家统计局的行业分类目录，纺织业包括棉纺织及印染精加工、毛纺织及染整精加工、麻纺织及染整精加工、丝绢纺织及印染精加工、化纤织造及印染精加工、针织或钩针编织物及其制品制造、家用纺织制成品制造、产业用纺织制成品制造。纺织服装、服饰业包括机织服装制造、针织或钩针编织服装制造、服饰制造。

纺织工业是我国传统支柱产业、重要民生产业和创造国际化新优势的产业，是科技和时尚融合、生活消费与产业用并举的产业，在美化人民生活、增强文化自信、建设生态文明、带动相关产业发展、拉动内需增长、促进社会和谐等方面发挥着重要作用。

一、雄厚的产业基础和强大的消费能力

21 世纪以来，随着全球人口的不断增长和人们对于高品质生活的追求，纺织品数量和质量不断提升，全球纤维加工量呈现稳定增长的趋势。中国纺织服装产业在满足世界消费需求、促进全球产业发展、完善世界纺织服装产业体系等方面做出了巨大贡献。1978 年，中国纤维加工总量为 276 万吨，占全世界的比重不足 10%；2017 年达到 5430 万吨，是 1978 年的 19.7 倍；2018 年，中国纤维加工总量约 5460 万吨，占全球纤维加工总量的 51.28%。全球 60 支以上纱线生产量的 80% 在中国，色纺纱生产量的 90% 以上在中国，高档衬衫色织面料生产量的 60% 在中国，高档牛仔面料生产量的 30% 在中国，高支高密织物的生产技术主要在中国。中国纺织产业链各环节制造能力与水平稳居世界前列，如图 1-3 所示。

40 年来纺织行业始终坚持经济建设为中心、坚持发展才是硬道理，实现了行业由小而大、由大向强的伟大蜕变。特别是党的十八大以来，纺织工业以供给侧结构性改革为主线，自主创新能力、技术装备水平和产品开发能力整体大幅提升，行业已进入高质量发展新时期，支柱产业地位稳定。1978 年，纺织工业实现工业总产值（不变价）473.2 亿元。2018 年，规模以上纺织企业主营业务收入达到 53703.5 亿元，占全国规模以上工业的 5.3%。从原料供应、设计研发，到纺织染加工、三大终端制造、运营零售，中国纺织工业形成了全球体量最

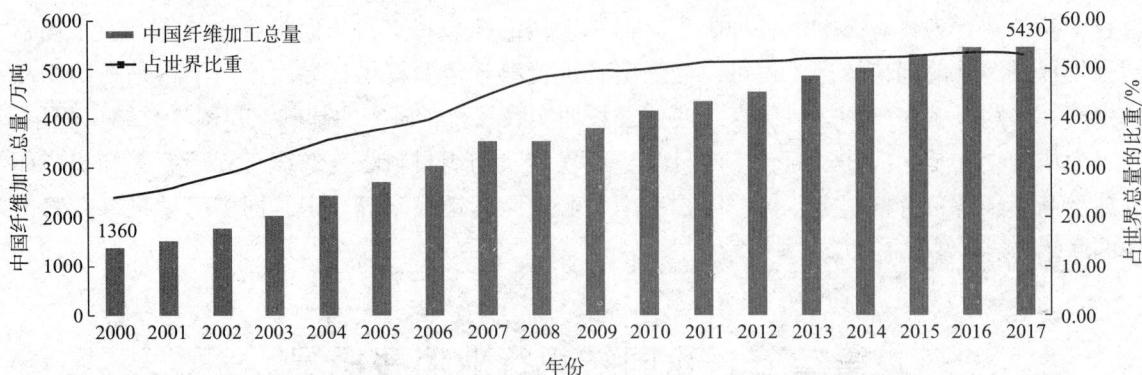

图 1-3　中国纤维加工总量及占世界总量的比重（不含玻璃纤维）

资料来源：WTO 统计，纤维年报，中国纺织工业联合会产业经济研究院

大、最完备的产业体系，是世界纺织产业平稳运行的重要主体。

据 FAO/ICAC 发布的世界纤维消费调查，世界纤维需求量的增长主要源于发展中国家，即使在 2008 年经济危机期间也是如此。近年来，随着人民生活水平的提高和纺织工业的发展，我国人均纤维消费量增长较快，2003 年已超过世界平均水平。1978 年，中国人均纤维消费量不到 3kg，到 2017 年人均消费量已达到 22kg，是 1978 年的 7 倍多。

纺织行业同时实现了产业结构的优化，服装、家纺、产业用三大终端行业纤维消费比重，由 1980 年的 84：11：5，到 2018 年的 45：27：28，充分说明纺织品已由生活资料进入生产资料范畴，如图 1-4 所示。

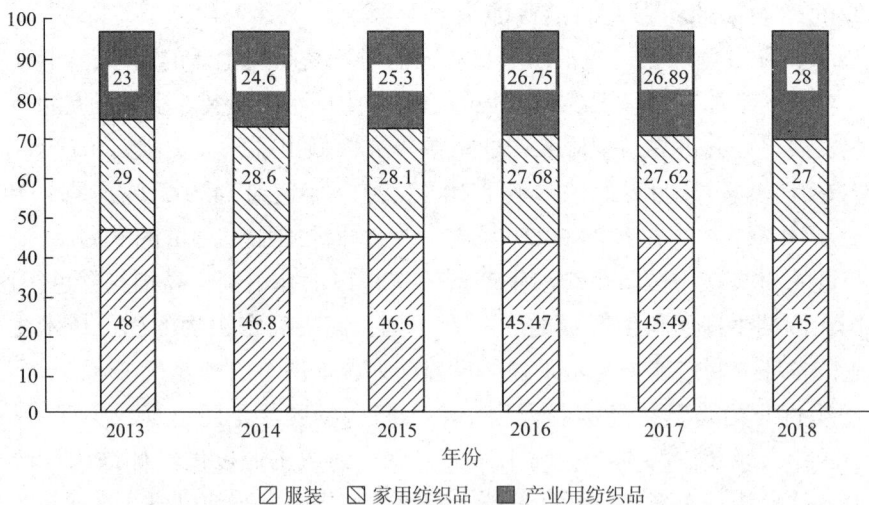

图 1-4　2013~2018 年我国三大终端产业纤维消耗占纤维加工总量的比重（%）

资料来源：中国纺织工业联合会产业经济研究院，纺织工业统计年报

二、开放的发展和庞大的内需市场

改革开放使中国成功实现了从封闭、半封闭到全方位开放的伟大历史转变，纺织工业主动融入全球化潮流，把握住了发展机遇。党的十八大以来，面对新的国际形势，以"一带一路"倡议等为契机，中国纺织工业开始形成全面开放的发展新格局，在人类命运共同体建设中发挥着日趋重要的作用，如表1-1所示。1978年，中国纺织品服装出口额仅为21.5亿美元；2017年，中国纺织品服装出口额已经达到2745.1亿美元，是1978年的127.4倍，占全球比重的36.8%。

表1-1 中国纺织品服装出口额

年份	2010	2011	2012	2013	2014	2015	2016	2017
中国纺织品服装出口额/10亿美元	212	254.12	262.56	292.08	306.96	291.15	267.09	274.51
占全球纺织品服装出口额比重/%	34.3	35.2	36.0	37.1	37.4	38.0	36.68	36.8

纺织行业创汇作用突出。1978年，全国货物贸易逆差11.3亿美元，纺织行业实现顺差10.3亿美元。2017年，顺差额为2488.9亿美元，是1978年的241.6倍，占全国货物贸易顺差额的58.9%。

2018年，纺织行业最终消费支出对经济增长的贡献率为76.2%。消费已经成为国内经济增长的主动力。我国内需市场纤维消费量超过3000万吨，是全球总量最大、最具活力的纤维消费市场。纺织面料总体自给率超过95%，服装出口贸易比重通常超过90%，纺织机械研发与制造水平跨越式提升，国产纺织机械（简称"纺机"）国内市场占有率达到80%。

从消费内容看，消费升级是当前消费的主旋律。中国拥有全球规模最大的中等收入群体。市场需求呈现个性化、多层次、多元化趋势，并开始从注重量的满足向追求质的提升转变。作为全球最大的发展中国家，不同层次的产品都有广阔的市场空间。在区域协调发展战略、乡村振兴战略、精准扶贫等政策影响下，三四线城市和农村消费增长强劲。同时，纺织品的市场和应用领域不断扩张，产业用纺织品发展潜力巨大。在出口受影响的背景下，内需的巨大潜力为行业健康稳定发展提供了重要支撑。

三、科技创新实现消费新飞跃

纺织是一个具有持久生命力的传统产业，其产品结构是随着社会的进步、人们的消费观念和消费水平的改变而改变，同时，也随人类生活习俗的变化而变化。在传统纺织业加速进行结构调整的过程中，积极进行跨行业、跨学科、跨领域的交流，并争取将相关领域的新技术、新发明引进到本行业中来，显得尤为重要。

行业的科技创新已经从"跟跑"进入"跟跑、并跑、领跑"并存的阶段。行业研发投入和创新产出大幅提升。2018年，规模以上纺织企业研发投入强度为0.9%，是2011年的2倍。其中，化纤行业达到1.34%，比2011年高出0.46个百分点。纺织、服装和化纤三个行业的有效发明专利共计 18854 件，是 2011 年的 5.6 倍；规模以上纺织企业人均营业收入 75.8 万元，与 2011 年相比提升了 46%。行业在诸多领域取得重大突破。在材料方面，常规纤维已处世界领先地位，高性能、高功能性纤维实现了从量到质的转变。其中，民用领域的碳纤维具有显著优势；高强高模聚乙烯、间位芳纶等高性能纤维实现了规模化生产并达到国际先进水平；产业用纺织品在纤维加工总量中的占比达到 28%，已被广泛应用于航空航天、基础设施等领域。在装备方面，纺织装备的智能化、服务化和绿色化水平大幅提高，整体水平和制造能力位居世界前列。目前，我国纺机产品销售额占到全球的 50% 左右；国产纺机的国内市场占有率已达 80%；高端装备关键基础件的国产化率达到 50% 以上；全数字化棉纺成套设备也已实现产业化应用，万锭用工可降至 20 人以下。纺织工业已成为中国为数不多的具有全产业链闭环创新能力的工业部门。体系化的创新优势使得中国纺织工业正日渐成为全球纺织科技创新的重要来源。

2018 年，我国纺织工业的研究与试验发展（R&D）经费支出为 471.00 亿元，占全国工业的 3.60%，占全国制造业的 3.70%；研究与试验发展经费投入强度为 0.88%，相当于全国工业的 71%，相当于全国制造业的 66%；5 年来，我国纺织工业的研究与试验发展经费支出增加了 176.40 亿元，投入力度增加了 0.41%（表 1-2）。

表 1-2　第四次全国经济普查规模以上工业企业法人单位 R&D（研发）活动数据表（2018 年）

行业领域		R&D 经济支出/亿元	R&D 经费投入强度/%
纺织工业	纺织业	255.00	1.01
	纺织服装、服饰业	103.00	0.60
	化学纤维制造业	112.00	1.30
纺织工业合计		471.00	0.88
工业		12955.00	1.23
制造业		12514.00	1.33

国家认定的纺织企业技术中心已达到 54 家，4 家分中心。国家和地方建设了一批工程技术研究中心、重点实验室等创新机构，对引导纺织企业提高自主创新能力起到了重要示范作用。建立的一批纺织产业技术联盟成为产业集成创新的重要形式。新一代纺织设备、化学纤维产业、化学纤维再生与循环经济、产业用纺织品、高性能 PVA 纤维、功能性纺织品、原液着色、天竹、汉麻高值特种生物资源、宁夏羊绒、纺织印染行业废水处理与资源化等产业技术创新联盟快速发展。

四、品牌建设达到新高度

行业的品牌意识、设计能力、创意水平大幅提升，在数量、质量、内容等方面实现了跨越式发展。制造品牌、消费品牌、区域品牌的品牌体系正在形成。2012 年以来，"中国纤维流行趋势"发布纤维品牌约 150 个，"中国流行面料"每年入围企业超过 800 家。工业和信息化部（简称工信部）公布的纺织服装创意设计试点示范园区（平台）已有 46 家，孵化了大批纺织服装品牌。安踏、李宁、波司登、爱慕、太平鸟等优秀消费品牌开始登上国际舞台，中国设计师品牌大量涌现。申洲、盛虹、恒力、恒逸、魏桥、如意、鲁泰、晨风、孚日、亚光、愉悦、红柳等一批优秀制造企业已成为全球制造品牌的行业典范。区域品牌快速发展。柯桥、大浪、虎门、濮院、盛泽、常熟、西樵、叠石桥、兴城、滨州、即墨、石狮、织里、许村等作为地理标志深入人心，成为区域发展的新名片。中国纺织工业联合会（简称中国纺联）认定的 10 家"区域品牌试点地区"涵盖企业 10685 家，科技研发投入力度超过 1%；20.2% 的企业建立了品牌培育管理体系，30.7% 的企业参加过品牌专业人才培训；9 个地区开展了社会责任建设，其中 3 个地区 18.6% 的企业建立了社会责任管理体系。纺织类非物质文化遗产在行业中实现了创造性转化和创新性发展。中国国际纺织面料及辅料博览会、中国国际家用纺织品及辅料博览会、中国国际服装服饰博览会、中国国际时装周等平台的国际影响力和辐射力显著增强。行业品牌建设突飞猛进，在树立文化自信和提高中国时尚话语权中发挥着越来越重要的作用。

五、可持续消费进入新阶段

"可持续消费"一词的正式提出始于 1994 年奥斯陆专题研讨会。同年，联合国环境规划署（UNEP）在内罗毕发表《可持续消费的政策因素》报告，首次定义了可持续消费：提供服务以及相关的产品以满足人类的基本需求，提高生活质量，同时使自然资源和有毒材料的使用量最少，使服务或产品的生命周期中所产生的废物和污染物最少，从而不危及后代的需求。

"十二五"时期，大量节能降耗减排新技术得到广泛应用，百米印染布新鲜水取水量由 2.5t 下降到 1.8t 以下，水回用率由 15% 提高到 30% 以上，全面完成单位增加值能耗降低、取水下降以及污染物总量减排等约束性指标。再利用纤维占纤维加工总量比重由 2010 年的 9.6% 提高到 2015 年的 11.3%。废旧纺织品回收、分拣和综合利用产业链建设启动，"旧衣零抛弃"活动推动了旧的服装、家纺产品规范回收和再利用进程。

在消费环节，大力倡导环境友好的消费方式，实行环境标识、环境认证和政府绿色采购制度。在中国，促进节能减排，构建资源节约型和环境友好型社会已经成为环保工作的重要任务。构建环境友好型社会的基本任务是建立可持续生产和可持续消费模式。

社会责任成为行业发展共识，可持续发展实践正在加快落地，责任消费的市场已经初步形成。从原料供应、设计研发到加工制造，整个制造体系向生态化、绿色化的方向加快转变。废旧纺织品回收、分拣和再利用的产业体系正在形成。2016 年以来，在工业和信息化部开展的绿色制造体系建设中，纺织工业已入选绿色产品 89 种、绿色工厂 69 家、绿色供应链 4 家。随着行业不断调整产业结构，淘汰落后产能，污染物排放总量大幅减少。节能减排、资源循环利用等先进技术在行业中实现了快速推广与应用，低温快速前处理、冷轧堆染色、非水介质染色等一系列清洁生产关键技术取得突破，并实现产业化生产；2016 年以来，制/修定的绿色制造团体及行业标准共计 24 项；27 家化纤企业产品通过"绿色纤维"标识认证。

可持续实践为行业永续发展奠定了坚实基础，行业在建设美丽中国中扮演越来越重要的角色。

消费者对时尚化、功能化和个性化产品的需求推动了科技与时尚的融合。科技创新赋予了纺织产品新的生命力和消费者偏好。纺织品通过美学和设计赋予了科技更美妙的使用载体。随着科技的推动，消费将变得越来越精致、智慧、高效。

第二章 纺织商品

教学要求

1. 认知纺织发展史。
2. 掌握纺织商品的性能。
3. 认知纺织品保养方法。
4. 能运用专业知识鉴别纺织商品。

第一节 纺织发展简史

"衣食住行"是人类得以生存繁衍的基本需要。"衣"中除了裘、革之外，都是纺织品。"纺织"一词中的"纺"字繁体从系从方，"糸"指"丝线"，"方"指"方国"。"糸"与"方"联合起来表示国家统一收购和分配的纱线；"织"字繁体从系从哉，"哉"本指军阵的操演，引申指类似团体操表现的图案。"糸"和"哉"联合起来表示在织布过程中加入彩色丝线构成图案。

纺织生产技术是世界各族人民长期共同创造和经验积累的产物。中国是四大文明古国之一，也是世界上最早开始纺织生产的国家之一。在汉语中有大量来源于纺织的词汇，有的字词几经辗转引申，已经看不出与纺织的关系。在殷商甲骨文中，"纟"旁的字有 100 多个，部分字如图 2-1 所示；东汉的《说文解字》中收有"纟"旁的字有 267 个，"巾"旁的字 75 个，"衣"旁的字 120 多个，都直接或间接与纺织有关。在现代汉语中，不论是各学科术语，还是日用的形容词、副词、抽象名词以至成语，都有许多从纺织术语借用过来的字或词，如"成绩""综合分析""青出于蓝""组织机构""纰漏""笼络人心""余音绕梁"等。其中"成绩""分析"源于麻纺，"综合""组织""机构""纰漏"源于织造，"青"和"蓝"源自染色，"络"和"绕"源于编结和缫丝。

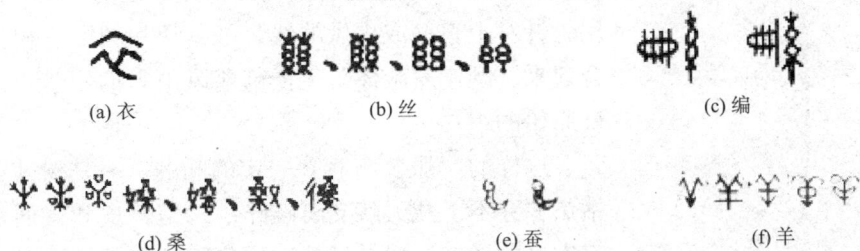

(a) 衣　　　　　　(b) 丝　　　　　　(c) 编

(d) 桑　　　　　　(e) 蚕　　　　　　(f) 羊

图 2-1 殷商甲骨文中的部分字

依托出土的大量纺织品文物，可以推演出人类文明演化的轨道、社会和生产技术的发展以及纺织品对提高人民生活质量所做出的贡献。而随着社会的发展和科技的进步，纺织品也得到了长足的发展。

纺织生产在历史上经历了两次重大的突破：一是手工机械化，即手工纺织机器的全面形成；二是大工业化，即在完善的工作机构发明后开始的近代工厂体系的形成。第一次飞跃约在公元前500年开始于中国，经历十几个世纪逐渐普及到世界各地；第二次飞跃在18世纪下半叶发生于西欧，推广的速度比第一次快，但也经历了一个世纪。据此将纺织发展史分为三个时期：原始手工纺织时期（公元前22世纪及以前）、手工机器纺织时期（公元前21世纪到公元1870年）和大工业化纺织时期（1871年以后）。

一、原始手工纺织时期

1. 原料

渔猎社会时期的纺织加工以草叶、兽皮为原料，新石器时代开始利用天然纤维加工粗陋的纺织品，包括葛织物、绢片、丝带、麻布等。

虽然世界各地开始纺织生产的时间不一致，但在这一时期使用的原料都属于天然纤维。地中海南岸和东岸首先广泛利用亚麻和羊毛：公元前4000年埃及开始生产各种亚麻织物，伊拉克地区曾出土同一时期用于羊毛交易的印记。亚洲东部和南部首先广泛利用丝、麻和棉：中国曾出土公元前3500年的丝织品；大麻和苎麻也首先在中国得到广泛种植。南亚次大陆曾出土公元前3000年的棉制品，中美洲和南美洲北部（今墨西哥和秘鲁地区）在史前时期已开始生产棉织物和毛织物。我国的棉织物和毛织物直到商代才有文物出土。

2. 纺织染工具

旧石器时代没有加工工具，徒手制作一些纺织品，搓绳子、手工编织就是纺织加工的雏形。原始人类的主要劳动工具是石器，但石器是无法缀合衣服的。在生产生活的长期实践中，他们发现用来充饥的动物的有些骨头比较尖锐，可用于缀合衣服。于是，骨锥开始被利用起来。然而，骨锥只可起空针作用，不具备引线功能。原始人类经过不知多少年、多少次的摸索，发明了骨针。

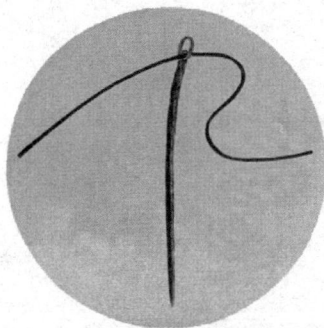

图2-2 骨针

北京周口店山顶洞人的遗物中发现的一枚骨针（图2-2），长82mm，最粗部分直径3.1~3.2mm，针身圆滑，针眼狭小（约1mm），针尖锐利。证明在5万年以前，山顶洞人已经利用骨针穿上兽筋或皮做的线，把一块块树叶、树皮、兽皮缀合起来，既遮羞蔽体，又抵御寒风雨雪的侵袭。而骨针正是最原始的织具。

这样的"服装"存在一定的问题：一是树叶和野草总要枯焦，穿不了几天就支离破碎；二是兽皮和兽筋数量少，随着人口的增多，现有量已经远达不到需求。这时，人们从编结渔网和筐篮的生产实践中，逐步认识到有些植物的皮可以编结成紧密的网，然后穿在身上。人们由此开始了对天然纺织纤维的应用。

到了新石器时代，随着农、牧业的发展，人们逐步学会种麻索缕、养羊取毛和育蚕抽丝等人工生产纺织原料的方法，也开始发明各种原始的纺织工具，生产更多类型的纺织品。

原始人类在生活生产中发现，利用回转体的惯性给纤维做成的长条（须条）加捻，比用手搓捻更快、更均匀。这种由石片或陶片做成的扁圆形回转体称为纺轮（图2-3）。人们利用这种工具制出质地较粗糙的衣服。

图2-3　新石器时代的纺轮和骨针

发展到后来的纺专就成为由纺轮、锭杆和纱管组成的原始纺纱工具（图2-4）。当人手用力使纺轮转动时，纺轮自身的重力使一堆乱麻似的纤维牵伸拉细，纺轮旋转时产生的力使拉细的纤维捻合。在纺轮不断旋转中，纤维牵伸和加捻的力也就不断沿着与纺轮垂直的方向（即锭杆的方向）向上传递，纤维不断被牵伸、加捻。当纺轮停止转动时，将加捻过的纱卷绕到锭杆上的纱管上，即完成"纺纱"过程。原始人类用这样简单的工具，完成了现代纺纱工艺仍然沿用的牵伸、加捻、卷绕、成形。

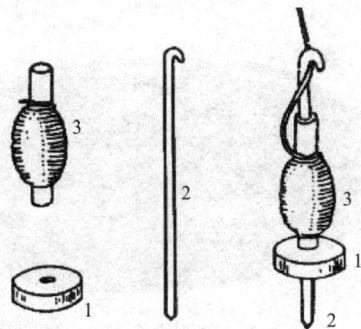

图2-4　纺专
1—纺轮　2—锭杆　3—纱管

织造技术是由渔猎社会时期制作渔猎用编结品网罟和铺垫用编制品筐演变而来。浙江河姆渡遗址出土的精细的芦席残片（图2-5），席纹规整、均匀、结构紧密，可知当时已有娴熟的编织技巧。陕西半坡遗址出土的陶器底部也有编织物的印痕（图2-6）。山东大汶口出土的新石器时代的骨梭（图2-7），是原始的织布工具。

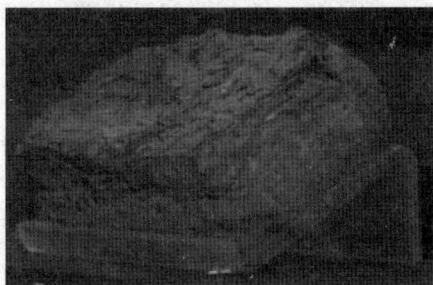

图2-5　芦席残片

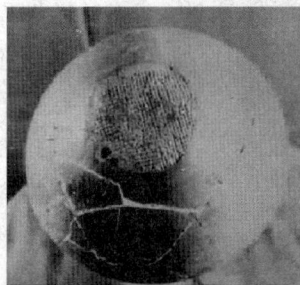

图2-6　陶器底部编织物印痕

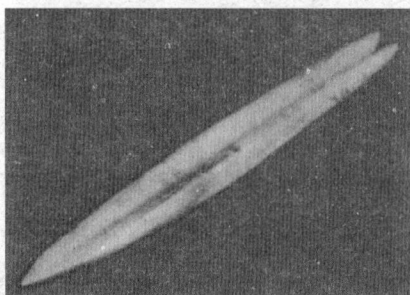

图2-7 骨梭

原始织机有平铺式和悬挂式两种。平铺式织机的两根轴（经轴、织轴）用四根木桩固定于地面上，称地织机，埃及出土的公元前4000年的陶碟上绘有这种地织机的图像（图2-8）。还有一种织工用双脚抵经轴的平铺式织机，织轴缚于腰间，称原始腰机，秘鲁出土的公元前200年的陶碗上绘有古老的原始腰机图像（图2-9）。

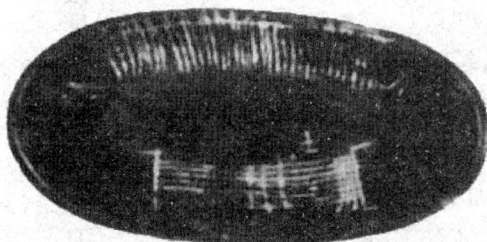

图2-8 陶碟上的地织机画像

图2-9 陶碗上的原始腰机图像

图2-10 竖织机

悬挂式织机的经轴挂在上面，经纱靠自身重量或悬吊小锤自然下垂，依次织入纬纱。北美奥杰布韦部落曾用这种织机编织麻袋，称竖织机（图2-10）。另有一种狭幅织带机，用方形或多边形综板开口，称综板织机，在埃及公元前900年和北欧斯堪的纳维亚地区公元前200年的遗物中都曾发现这种织机。

人类在旧石器时代已使用矿物颜料着色，如中国山顶洞人和欧洲克罗马农人。世界各地出土了很多新石器时代着过色的织物，有的还有印花。中国在公元前3000年已使用茜草、靛蓝、菘蓝、红花等植物染料，印度在公元前2500年使用茜草和靛蓝；埃及在公元前2000年使用菘蓝和红花；秘鲁地区居民很早就掌握制取虫红染料的方法。我国青海柳湾遗址出土有朱砂，山西西荫村出土有研磨颜料的石臼、石杵，陕西姜寨出土有彩绘工具。

3. 主要纺织品文物

山西大同许家窑十万年前的文化遗址（相当于旧石器时代中期）出土了1000多个大小

均匀的石球，是用于做投石索的。投石索（图 2-11）是一种用绳索做成的网兜，在狩猎时投掷石球打击野兽，而绳索由整根茎条制成。说明当时人类已经认识到植物纤维的作用。

浙江河姆渡遗址（新石器时代，距今约 7000 年前）出土的双股苘麻线（图 2-12），单股 S 捻，合股 Z 捻，直径 1cm。纤维束经过分劈，利用加捻将各缕之间接成很长的绳索。证明此时人类已经学会了"绩"和"加捻"。

图 2-11 石球和投石索

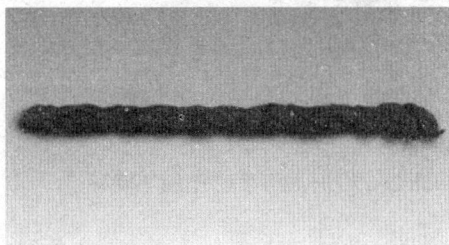

图 2-12 双股苘麻线

有了纺纱和织布的工具后，人类开始加工各种类型的织物。江苏吴县草鞋山遗址（距今约 6000 年）出土的葛布（图 2-13），属于纬线起花的罗纹编织物，花纹为山形和菱形的斜纹，经密为 10 根/cm，纬密地部为 13~14 根/cm，纹部为 26~28 根/cm，是最早的葛纤维纺织品。

河南郑州青台遗址（距今约 5500 年）发现了黏附在头盖骨上的丝帛残片（图 2-14），这是最早的丝织品实物，同时还发现了黏附在红陶片上的苎麻和大麻布纹。

图 2-13 葛布

图 2-14 浅绛色罗残片

浙江吴兴钱山漾遗址（距今 5000 年左右）出土的多块苎麻布残片已经炭化，经密 24~31 根/cm，纬密 16~20 根/cm，平纹织物，比草鞋山葛布的麻纺织技术更进一步，与现代的细麻布类似。

埃及开罗墓地出土的亚麻衫被认为是目前世界上最古老的衣服（图 2-15），距今至少有 5000 年的历史。新疆罗布淖尔孔雀河古遗址（距今 4000 年前）发现了裹尸的粗毛织品（图 2-16）。

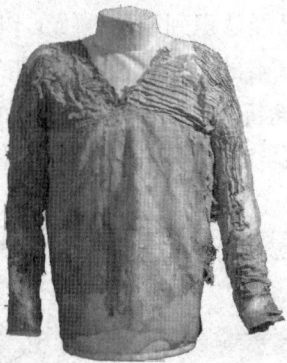

图 2-15 埃及开罗出土的亚麻衫

图 2-16 男尸上裹着的彩色毛织品

二、手工机器纺织时期

1. 原料

手工机器纺织时期使用的原料以天然纤维为主。

以我国为例，夏商时期纺织原料主要是以丝、麻为主。商朝蚕桑业有了新的发展，带动了丝织业的发展；且麻纺技术达到了较高水平，大麻粗布、葛布是主要的服用面料。西周是古代纺织发展史上的重要阶段，纺织品达到了相当精细华丽的水平，大麻、苎麻、葛是主要的植物纤维原料。秦汉时期，丝、麻、毛纺织技术达到很高水平，人们日常衣着广泛使用麻织物，葛逐渐被淘汰。隋唐时期是蚕桑生产技术全面发展的阶段，丝织产品向高档发展。南宋时期棉花种植技术由中亚传入我国，开始广泛种植。朱元璋时期棉花种植遍布南北，逐渐取代了丝绸和麻布，成为中国第一大纺织原料。

2. 纺织染机器

原始手工纺织生产经历了漫长的历史演进，各地区先后出现了由原动机件、传动机件和工作机件三部分组成的手工纺织机器。因为还需人手（或脚）发动，且需人手参与牵伸、引纬等加工动作，所以仍属于手工纺织机器。手工纺织机器通过传播、交流而逐步完善。最后，随着较完整的工作机件的产生，为转变到集中性动力机器大工业生产准备了技术条件。我国西周时期，具有传统功能的简单纺织机械，如缫车、手摇纺车、脚踏织机等已经相继出现。

纺专加捻是间歇进行的，生产效率低，且捻度不匀率较大。后逐渐演变成手摇纺车（图 2-17），右手摇动绳轮手柄转一圈，锭子转几圈，生产效率提高。同时左手握纤维后撤，实现开松、牵伸、加捻。左手变换方向，右手继续摇动手柄实现了卷绕。东汉画像石上的脚踏纺车（图 2-18），采用连杆和曲柄将脚的往复运动转变成圆周运动，代替手摇绳轮转动，且一架纺车上装 2~3 个锭子，劳动生产率进一步提高。

元代文献记载的多锭水转大纺车（图 2-19），采用退绕加捻法：下面锭子回转让纱线退绕出来同时加上捻回，由上面的纱框卷绕，使加捻和卷绕同时进行。

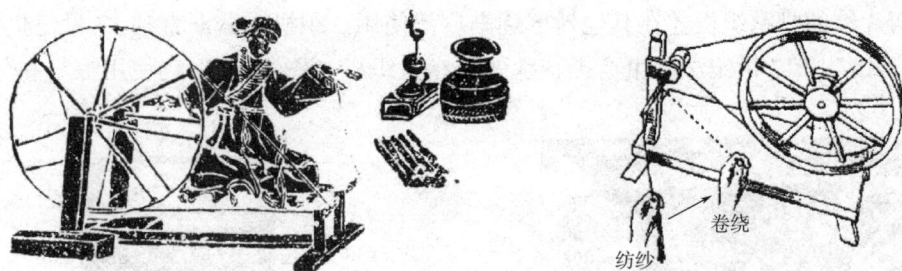

图 2-17　公元前 1~2 世纪的手摇纺车

图 2-18　东汉画像石上的脚踏纺车

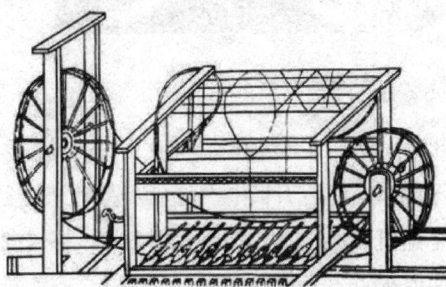

图 2-19　多锭水转大纺车（元　王祯《农书》插图）

16 世纪以后，欧洲手工纺织机器开始有了较大的改进。1533 年，德国 J. 于尔根制成装有翼锭和筒管的手工纺车，使加捻和卷绕动作可以同时连续进行，纺车的生产率大大提高。1764 年，英国 J. 哈格里夫斯制成竖式 8 锭珍妮纺车（图 2-20），预先制成的纤维条用罗拉喂入，从而摆脱了喂入纤维时的手工方式，是棉纺织业中出现的第一项有深远影响的发明。几经研究，于尔根又于 1769 年发明翼锭式罗拉纺纱机（图 2-21），并成功地将回转式蒸汽机引进纺织工业。

图 2-20　珍妮纺车

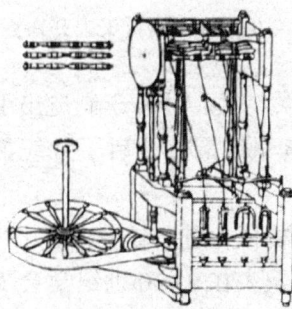

图 2-21　翼锭式罗拉纺纱机

挪威奥斯陆出土的公元 9 世纪的多综板织机（图 2-22）配有 52 片木棕板，而在公元 13 世纪前后两片综的脚踏织机才在其他地区逐渐广泛使用。织机在欧洲直到 17 世纪仍多沿用比较原始的形式，如 17 世纪法国生产提花毯的戈布兰织机（图 2-23）仍使用综竿和分经棍。

图 2-22　多综板织机

图 2-23　戈布兰织机

18 世纪以后，织机在欧洲取得较大进展。1733 年，英国 J. 凯发明手拉机件循筘座投梭的装置（飞梭），其后升降梭箱也创造出来，这是继脚踏提综之后的又一个划时代的发明。中国花本提花机（花楼机）（图 2-24）经欧洲人逐渐改进，到 18 世纪末，法国贾卡制成人力发动的纹板提花机（图 2-25）。

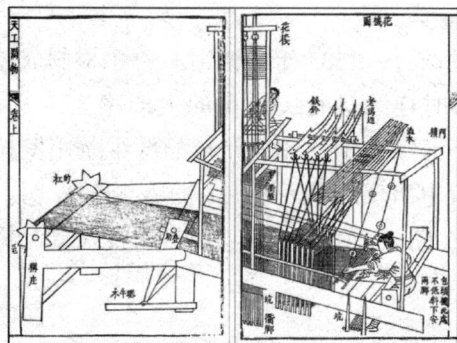

图 2-24　花楼机（明《天工开物》插图）

图 2-25　纹板提花机

1589 年，英国人 W. 李制造出手摇针织纬编机，有 3500 多个零件，钩针排列成行，一次可以编织 16 只线圈，开启了针织的半机械化生产。1775 年，英国人 J. 克雷恩制成针织经编机。

染整的机械化进展较晚，手工生产方式延续了很长时间。古印度人在 4 世纪前后掌握了扎染，古埃及人在 9~10 世纪学会了蜡防染色。这两个地区很早就已使用模版印花。欧洲在 12 世纪以前印花技术只在少数地区流传，如西欧的莱茵兰。到 17 世纪德国人学会蜡防染色，英国、法国、荷兰等居民则学会用茜草媒染。17 世纪末到 18 世纪初，欧洲开始出现滚筒印花。1785 年英格兰人 T. 贝尔综合前人成果研制成功滚筒印花机，使印花生产达到连续化。

3. 主要纺织品文物

这一时期由于纺织染手工机器的不断发展，加工的纺织品在品种、质量等方面都有了较大的发展，出土的文物丰富多样。

我国夏代以后，纺织生产无论在数量上还是在质量上都有很大的发展。商、周两代丝织技术迅速发展，丝织品品种较多。河北藁城台西商代遗址出土的丝织品中，平纹绉丝织物——縠是世界上最古老的泡泡纱丝织品实物，证明早在公元前14世纪我国人民已掌握了将蚕丝纺纱加捻，织成后使之缓劲产生绉纹的纺织技术；同时出土的两块大麻织物残片（图2-26），经纬

图 2-26 大麻织物残片

密度分别为14～20根/cm和6～10根/cm，是目前发现最早利用人工脱胶技术纺织的麻织品。经专家鉴定，麻纱中胶质含量很少，说明3400多年前我国人民已掌握了韧皮纤维脱胶技术。

辽宁朝阳魏营子西周墓出土有的20余层丝织品残片，其中有一块是经二重、三上一下斜纹组织的丝织物（图2-27），经密52根/cm，纬密14根/cm，说明西周的丝织提花技术已有进一步的发展。

福建崇安武夷山船棺（距今3200年）出土了青灰色棉（联核木棉）布（图2-28），经密和纬密均为14根/cm，经纬纱的捻向均为S捻。

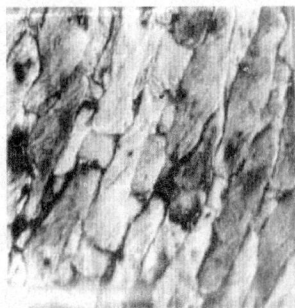

图 2-27 经二重丝织物

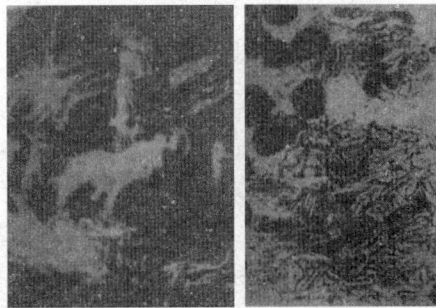

图 2-28 棉织物和棉纤维截面照片

新疆艾斯克霞尔墓地（3000年前文化遗址）出土了大量毛织物（图2-29），织造较精密，有平纹、斜纹组织，还有以绣花和彩绘作装饰，以彩色织成条格纹。

进入春秋战国时期，丝织品更是丰富多彩，十分精美，如湖南长沙楚墓出土的几何纹锦、对龙对凤锦和填花燕纹锦等。湖北江陵马山出土的动物纹提花针织绦（图2-30），是迄今为止中国最早的针织物。

新疆吐鲁番阿拉沟战国墓出土了一大批毛织品，据鉴定，不仅有绵羊毛，还有山羊毛和

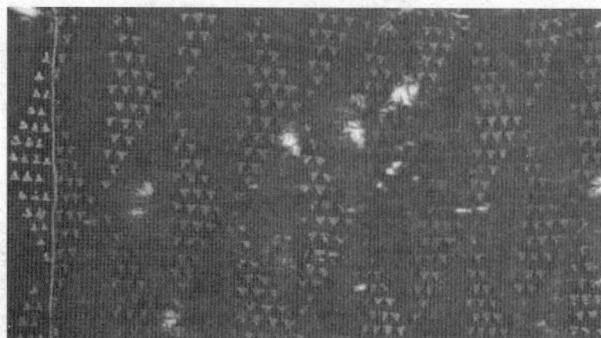

图 2-29　商代毛织物

图 2-30　动物纹提花针织绦

骆驼毛等。

秦汉时期纺织品以湖南长沙马王堆汉墓和湖北江陵秦汉墓出土的丝、麻纺织品数量最多，花色品种最为齐全。湖南长沙马王堆仅一号汉墓内出土的纺织品和衣物就多达200余种，有平纹的绢、缣、纱；绞经组织的素罗、花罗；斜纹的绮、锦、绒圈锦；袋状组织的绦带和彩绘印花纱。其中具有代表性的是一件轻薄的素纱禅衣（图2-31），浅赤色，绒圈锦作为衣襟的贴边，重49g。经纬丝线密度为 1.13~1.26dtex（10.2~11.3 旦），捻度 2500~3000 捻/m，密度稀疏，方孔平纹组织，充分体现了西汉高超的缫丝技术。

新疆民丰东汉遗址出土的棉织品有蓝白印花棉织物（图2-32）、白布裤和手帕等残片。蓝白印花棉织物的残片长 80cm，宽 50cm，是最早采用蜡防印染法的纺织品。

魏晋南北朝时期丝织品仍以经锦为主，花纹则以禽兽纹为特色。新疆吐鲁番阿斯塔那墓葬出土的北朝对鸡对羊灯树纹锦（图2-33），长 24cm，宽 21cm，锦面上的灯树显然是受西方生命树的影响，鸡、羊则又与"吉祥"谐音，图案对称，形象写实。

唐代纺织品在全国各地均有出土，以新疆、甘肃为最多。新疆吐鲁番阿斯塔那19号墓出土的唐元年麻布（图2-34），长 28cm，宽 19.5cm。从原料发展来看，到了唐代，葛已被麻所取代。

图 2-31　素纱禅衣

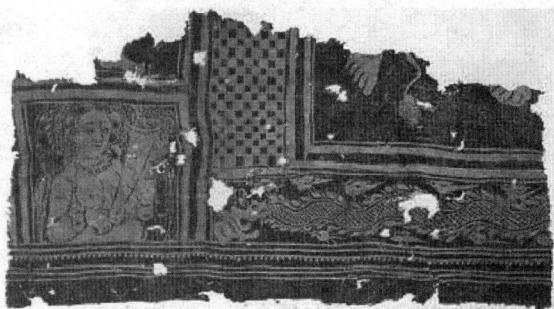

图 2-32　蓝白印花棉织物

图 2-33　北朝的对鸡对羊灯树纹锦

图 2-34　唐朝的麻布

唐代大提花机的发明与完善，使得图案自由循环和大幅织物的生产变为现实。由于唐代进入佛教发展的鼎盛时期，绣品用于佛教供养品较前代更为广泛和丰富。陕西法门寺地宫出土的盛唐真丝制品，其中缠金线的织金锦和蹙金绣最为珍贵。研究表明，金不是纯金，含15%左右的银成分。将它打制成很薄的金箔，裁成细条后，缠绕在芯线上。金箔的厚度只有 2.4~5.8μm，缠金（银）线的直径在 0.3~0.6mm。蹙金绣是一种用捻金线在织物表面盘成图案，然后以其他丝线把金线固定的绣法。大量的丝织品中最为精美的是紫红罗地蹙金绣随捧真身菩萨佛衣一套，共五件（图 2-35），原置于鎏金银菩萨捧真身像手捧的漆盒内，包括上衣、下裳、袈裟、案裙和坐垫。这套衣物所用原料均为紫红罗地蹙金绣面，绢里。上衣绣满了折枝花卉，花心有一颗珠；下裳和案裙饰以云纹；袈裟图案最为复杂，采用 7 节 21 水田格，格上绣着盛开的莲花；坐垫绣有正面莲花。这套衣物是目前发现保存最好的唐代蹙金绣品。

宋代纺、织、染、整工艺日趋成熟。纺织品花色繁多，现在所知的主要织物组织（平纹、斜纹和缎纹）在宋代已经全部出现。丝织物不但一直保持高档品的地位，而且还出现以观赏为主的工艺美术织品。宋代缂丝"仙山楼阁"（图 2-36）十分精美，长 40.8cm，宽 25.5cm，构图对称，织纹紧密，即使是极细微处如飞鸟的姿态、人物的表情都很仔细地刻画。

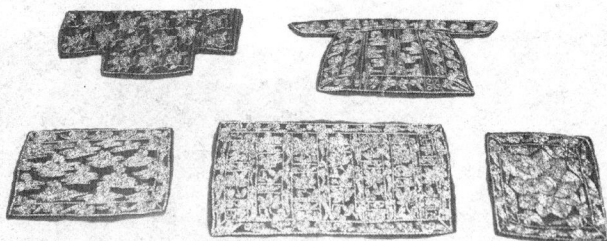

图 2-35　陕西法门寺的紫红罗地蹙金绣佛衣

图 2-36　宋代缂丝"仙山楼阁"

南宋后期，一年生棉花在内地的种植技术有了突破，棉花在全国广大地区逐渐普及。棉纺织生产突出发展，到明代已超过麻纺织而占据主导地位。浙江兰溪密山南宋潘慈明妻高氏墓出土的拉绒棉毯（图 2-37），是迄今为止发现的最早和最完整的棉毯。棉毯白色，由木棉纱织成。两面拉毛均匀，细密厚暖，上面有 81 枚开元通宝和北宋钱排列成 6 个互相连接的菱形图案。

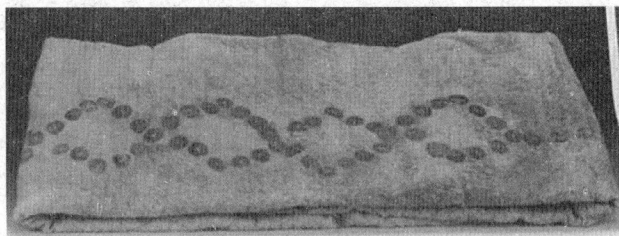

图 2-37　南宋的拉绒棉毯

元、明两代，棉纺织技术发展迅速，人民日常衣着由麻布逐步改用棉织物。棉织物生产已遍及全国各地。明代末年，仅官府需要的棉织物即在 1500 万～2000 万匹。

明、清纺织品文物传世较多，以江南三织造（江宁、苏州、杭州）生产的贡品技艺最高，妆花纱、妆花罗、妆花锦、妆花缎等极富特色（图2-38）。富于民族传统特色的蜀锦、宋锦、织金锦和妆花锦（云锦）合称为"四大名锦"。清代麻织工艺出现了交织技术，麻和丝的交织品轻盈柔软，麻和棉的交织布坚固耐用。图2-39所示为明黄缎绣五彩云蝠蓝色龙纹男夹吉服袍。

图2-38　明代云鹤纹妆花纱

图2-39　清乾隆年间的明黄缎绣五彩云蝠蓝色龙纹男夹吉服袍

中国古代彩色提花的织锦技术对日本、波斯、罗马等地影响很大。印度公元前300年生产的精美印花棉织物麦斯林薄纱对欧洲也颇有影响。波斯织品在公元前4世纪已享盛名。萨珊王朝时期以丝、毛为原料的斜纹重纬多彩提花织物受到世界各地人民的欢迎。埃及在3～12世纪生产的以亚麻和毛为原料的提花挂毯，7～10世纪秘鲁的棉经、驼羊毛纬的蒂华纳科织物，10～12世纪拜占庭的织物，巴格达、叙利亚、埃及和西班牙的伊斯兰教主题纹样的织物都曾广泛流行。12世纪以后，波斯和意大利开始生产天鹅绒。13～14世纪受中国纹样影响的意大利卢卡丝织物、法国毛织挂毯、英国刺绣丝织品等，成为欧洲最著名的品种。16～17世纪波斯天鹅绒和栽绒地毯，意大利和佛兰德亚麻单色提花织物，法国里昂丝织物、丝织挂毯、针织花边等相继盛行。印度的印花棉织物在欧洲也极流行。

三、大工业化纺织时期

1. 原料使用情况

纺织进入大工业化生产时期以来，规模迅速扩大，对于原料的需求，促使人工制造纤维技术的发展加快。19世纪末以来，人们开始尝试在化工技术和高分子化学发展的基础上创造出新型的纺织用原料，使其具备近似天然纤维的舒适性能，或者具备天然纤维所不及的特殊性能。化学纤维的出现使纺织原料初步摆脱了对天气的依赖。当然化学纤维的扩大利用，又使纺织工艺和机器系列产生新的变化。目前世界纺织纤维产量中，化学纤维所占比例越来越大，见表2-1。

表 2-1 世界纺织纤维产量

年份	纺织纤维总产量/万吨	化学纤维产量/万吨	化学纤维占比例/%
1900	392	0	0
1950	940.4	168.1	17.87
1980	2963.7	1373.4	46.34
2000	4892	2820	57
2008	7165.8	4580	63.9
2013	8449.4	5761.5	68.2
2015	9059	6647	73.4

我国的化学纤维工业虽很年轻，但从中国古代的典籍中却可找到用人工方法制造纤维的记载。据南宋周去非《岭外代答》一书记述，广西某县枫树上有"食叶之虫"，外形"似蚕而赤黑色"，每当五月，"虫腹明如蚕之熟"，当地人就捉回用醋浸之，然后擘开虫腹取其丝，"就醋中引之"，"一虫可得丝长六七尺"。这种用醋作凝固液来抽引野蚕丝的方法，与现代再生纤维的制取有异曲同工之妙，堪称人类人工制丝技术最早的记录。

人工制成的化学纤维品种很多，有的具有比较优良的纺织性能和经济价值，于是生产规模不断扩大。有的则由于性能不佳或者经济上不合算或者产生严重环境污染而趋于淘汰。近年来高性能、高功能、智能化新纤维不断投入使用，产业用纺织品和纤维复合材料正渗透到各应用领域。据联合国预测，到 2050 年全球化学纤维加工量将达到 2.53 亿吨。

2. 纺织染的工业化生产

18 世纪中期，欧洲发明了纺织机器的主要工作机构——牵伸罗拉和飞梭机构，为近代大工业化纺织的出现准备了技术条件。18 世纪下半叶，产业革命首先在西欧的纺织业开始，机器把工人的手从加工动作中初步解脱出来，为利用动力驱动的大工业化生产准备了条件。随着各种纺织机械的诞生，纺织科学也由手工业时期零散的加工方式发展成为系统、深入的一门应用学科。

纺织生产的大工业化，反过来又促进了纺织机器更多的革新与创造。1825 年，英国 R. 罗伯茨制成动力走锭纺纱机。1828 年，更先进的环锭纺纱机问世，经过不断改进，到 20 世纪 60 年代几乎完全取代了走锭纺纱机。翼锭和环锭纺纱机上加捻和卷绕两个动作同时连续进行，比走锭纺纱机的生产率高了很多。但是翼锭和环锭纺纱机上卷装尺寸与机器运转速度之间的矛盾无法解决。20 世纪中叶，各种新型纺纱方法相继产生，如转杯纺纱、静电纺纱、涡流纺纱、喷气纺纱、自捻纺纱等，加捻和卷绕分开，各由专门机构来进行，实现了高速、大卷装。图 2-40 所示为现代化纺纱车间。

自 1785 年动力织机出现后，1895 年制成了自动换纤装置，1926 年制成了自动换梭装置，织机进一步自动化。但是引纬还是利用梭子。为了引入很轻的一段纬纱，要让重几百到上千克的梭子来回迅速飞行，是能源的极大浪费。20 世纪上半叶，相继出现了片梭织机、剑杆织

图 2-40　现代化纺纱车间

机、喷水织机、喷气织机等，大大提高了织机速度，降低了噪声。但是打纬还是无法避免，因此织机仍是往复式的，噪声和速度的限制还不能突破。图 2-41 所示为现代化织造车间。

图 2-41　现代化织造车间

19 世纪 70 年代，随着电动机的发明，手摇针织机进而被高速运转的电动针织机所取代。图 2-42 所示为现代化针织车间。

图 2-42　现代化针织车间

纺织化学工艺从 18 世纪开始也有很大的进展。欧洲一些化学家对染料性能和染色原理的研究首先做出突破。到 19 世纪以后，人工合成染料取得了一系列的成果，如苯胺紫染料（1856 年）、偶氮染料（1862 年）、茜素染料（1868 年）、靛蓝染料（1880 年）、不溶性偶氮染料（1911 年）、醋酸纤维染料（1922～1923 年）、活性染料（1956 年）等。合成染料的制成使染料生产完全摆脱对于天气的依赖，使印染生产进入了新时期。同时，浸染、轧染的连续化、溢流染色等新工艺的产生，各种染色助剂和载体及相应染色设备的问世，使染色逐步实现了机械化大工业生产。印花也逐步实现了自动化，滚筒印花、圆网印花等机器先后投入生产，但是某些特别精细的印花品种仍用半自动或手工操作。

19世纪以后，纺织品整理技术发展也很快，新型整理方法不断出现，轧光、拉幅、防缩、防皱、拒水、阻燃等整理工艺都在不断完善。适应化纤制品的各种染整新工艺也已经配套。图2-43所示为现代化染整车间。

图2-43　现代化染整车间

3. 主要纺织品

现代纺织产品种类繁多，用途广泛。不但外护肢体，而且还内补脏腑；既能上九重霄，又能下铺地面；有的薄如蝉翼，有的轻如鸿毛；坚者超过铁石，柔者胜似橡胶；可以面壁饰墙，不怕赴汤蹈火；可护火箭之头，可作防弹之衣；足以滤毒，何惧电击；美有锦、绣，奇有缂丝。图2-44~图2-47所示为现代纺织产品在各领域的应用。

图2-44　消防服

图2-45　防弹衣

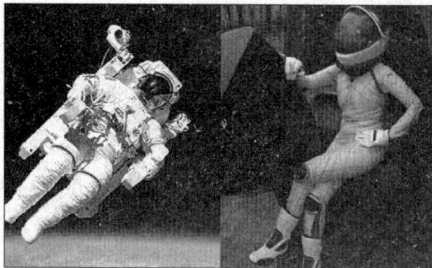

图2-46　航天服

图2-47　神舟十一号飞船

第二节　纺织商品种类及性能

　　纺织商品是指提供给市场交换、用于满足人民生活和社会需要的各种纺织制品，即市场上的由各种纤维经过纺织加工而形成的制品，包括纤维本身，以及纱线、织物、服装等，统称为纺织商品。

　　纺织商品一般有三个特征：一是其构成是以纤维为主体，或为纤维，或为纤维制品，虽然在形成纺织商品的过程中有非纤维材料被采用，但构成纺织商品的主体是各种纤维；二是经过制纤、纺纱、织造、染整、制衣等工艺的部分或全部加工过程，具有适应各种需要的使用价值；三是进入市场流通实现其使用价值，若未进入流通领域则不称其为商品，而只能是制品、物品或产品。

　　按商品形态，纺织商品分为纤维商品、纱线商品、服用织物商品、家用织物商品、产业用织物商品五大类。

一、纤维商品

1. 纺织纤维的种类

纺织纤维种类如图 2-48 所示。

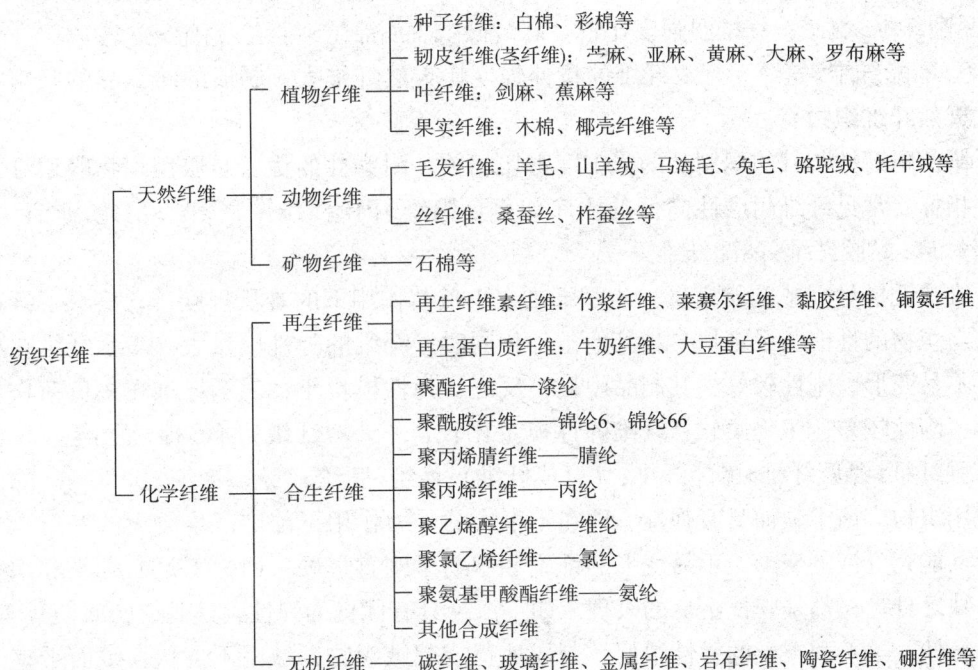

图 2-48　纺织纤维种类

2. 纺织纤维的性质

（1）纤维有一定长度，粗细在一定的范围内。纤维具有一定的长度才能纺制成连续的细纱。纤维越细，纺成的细纱就越细、越均匀。纤维的长度和细度是决定纺纱工艺和细纱品质的重要因素，也是评定纤维可纺性能的重要指标。

（2）服用纺织纤维应具备一定的吸湿性能。纺织纤维吸湿性的大小对其形态尺寸、重量、力学性能都有一定的影响，从而也影响其加工和使用性能。纤维吸湿性还直接影响服用纺织品的穿着舒适程度：吸湿能力强的纤维易吸收人体排出的水汽、汗液，传递到衣服表面，并发散到大气中去，使人体解除湿闷感，感到舒适。

纤维吸附水分后使导电能力大大提高，例如棉纤维的回潮率从 4% 增加到 7.5% 时，质量比电阻由 10^{10}（$\Omega \cdot g$）$/cm^2$ 降低到 10^7（$\Omega \cdot g$）$/cm^2$。纤维导电能力的提高，使加工或使用时摩擦产生的静电及时逃逸，消除或减轻了静电积累现象，减少因尘粒附着而成污垢的问题。

常见纺织纤维的公定回潮率见附录一。天然纤维和再生纤维都有优良的吸湿性能，符合穿着和加工的要求。合成纤维的吸湿能力普遍较差，其中维纶和锦纶的吸湿能力稍好，腈纶差些，涤纶更差，丙纶和氯纶则几乎不吸湿。一般来说，外衣主要是受雨水的浸湿，所以可选择吸水性小的纤维；内衣主要是受身体的不显性蒸发和出汗浸湿，要选择吸湿性强的纤维。

（3）纤维具有一定的力学性能。纺织纤维在各种外力的作用下，产生各种变形的性能称为纺织纤维的力学性能。

纤维强度是指纤维抵抗外力破坏的能力，它在很大程度上决定了纺织商品的耐用程度。标准状态下纤维断裂强度比较：锦纶>涤纶>丙纶>麻>维纶>腈纶>蚕丝>氯纶>棉>黏胶纤维>羊毛>醋酯纤维>氨纶；纤维湿强度比较：麻>涤纶>棉>锦纶>维纶>腈纶>蚕丝>氯纶>黏胶纤维>羊毛>醋酯纤维>氨纶。合成纤维的拉伸强度比天然纤维大，制成的纺织品的坚牢耐用程度也比天然纤维织物高。

纤维的耐磨性与其纺织制品的坚牢度密切相关。耐磨性的优劣是服用织物服用性能的一项重要指标。常见纤维耐磨性高低的顺序如下：锦纶>丙纶>维纶>涤纶>氯纶>腈纶>羊毛>棉>蚕丝>麻>黏胶纤维>醋酯纤维。

纤维弹性模量（或初始模量）表示纤维在小负荷作用下的难易程度，它反映了纤维的刚性，并与织物的性能关系密切。当其他条件相同时，纤维的弹性模量大，表示纤维在小负荷作用下不易变形，刚性较好，其制品硬挺；反之，弹性模量小，表示纤维在小负荷作用下容易变形，刚性较差，织物柔软。纤维弹性模量比较：（天然纤维）麻>棉>丝>毛；（再生纤维）富强纤维>黏胶纤维>醋酯纤维；（合成纤维）涤纶>腈纶>维纶>锦纶。

服用织物应该柔软而具有弹性，即在不很大的外力作用下能够产生较大的变形，当外力除去后又能充分恢复变形。不易变形的纤维和织物，刚直板硬；回弹不足的纤维和织物，不挺括，缺乏身骨，都是弹性不良的表现。如：涤纶具有优良的弹性，其制成的服装具有挺括、耐磨等特性。羊毛和蚕丝的弹性很好，制成地毯或起绒织物，绒毛不倒伏，绒面平整。但是羊毛和蚕丝纤维的吸湿性高，在附着较多的水分子时恢复变形的能力变差，因此用羊毛或蚕丝制成的服装，在长期穿用中，尤其在经过洗涤后，仍有生成褶皱的情况，表现出弹性不足。

纤维素纤维属刚硬的纤维，弹性较差。合成纤维的弹性优越，经过定形处理后恢复变形的能力更强。

（4）纤维有一定的化学稳定性。纤维在纺织染整加工中，会不同程度地接触水、酸、碱、盐和其他的化学物质，同时，纤维制品在使用过程中，也会接触各种化学品，如洗涤剂、整理剂等。所以，作为纺织纤维必须具备一定的耐化学性能，才能满足纺织染整加工和产品使用的要求。

常见纺织纤维的化学性能见附录二。纤维素纤维对碱的抵抗能力较强，而对酸的抵抗能力很弱。蛋白质纤维的耐化学性能与纤维素纤维不同，它对酸的抵抗力较对碱的抵抗力强，蛋白质纤维无论在强碱还是弱碱中都会受到不同程度的损害，甚至导致分解。合成纤维的耐化学性能要比天然纤维强，如丙纶和氯纶的耐酸、耐碱性能都非常优良。

（5）纤维具有一定的热塑性。合成纤维加热到一定程度时，纤维内的大分子之间结合力减弱，分子链段开始自由运动，纤维变形能力增大。这时以一定外力使变形后的纤维保持一定形状，使大分子间原有的化学键破坏，并在新的能量低点达到平衡态，然后冷却并除去外力，变形后的形状就保持下来，只要以后加热不超过先前这一处理温度，形状基本不会发生变化。这就是纤维的热塑性，利用纤维的热塑性可进行热定形或热变形加工。如涤纶混纺织物经热定形可获得免烫和洗可穿效应。

天然纤维和再生纤维热塑性差。羊毛纤维在湿热条件下定形效果比合成纤维差得多，即使在严格控制的工艺条件下，毛织物热湿处理所获得的定形效果也会在使用中逐渐消失，难以达到永久定形的效果。

3. 纤维商品的检验

锯齿加工细绒棉的质量要求按照 GB 1103.1—2012 执行。籽棉收购检验项目包括颜色级、长度、回潮率、含杂率、籽棉公定衣分率、籽棉折合皮棉的公定重量。锯齿皮棉检验项目分为两种：按批检验和逐包检验。按批检验项目包括颜色级、轧工质量、异性纤维、长度、马克隆值、回潮率、含杂率、公定重量，如采用纤维快速测试仪检验，增加反射率、黄色深度、长度整齐度指数、断裂比强度；逐包检验项目包括轧工质量、异性纤维、反射率、黄色深度、颜色级、马克隆值、长度、长度整齐度指数、断裂比强度。

皮辊加工细绒棉的质量要求按照 GB 1103.2—2012 执行。籽棉收购检验项目包括品级、长度、回潮率、含杂率、籽棉公定衣分率、籽棉折合皮棉的公定重量。成包皮辊皮棉检验项目分为两种：按批检验和逐包检验。按批检验项目包括品级、异性纤维、马克隆值、长度、回潮率、含杂率、公定重量，如采用纤维快速测试仪检验，增加长度整齐度指数、断裂比强度；逐包检验项目包括品级、异性纤维、马克隆值、长度、长度整齐度指数、断裂比强度。

绵羊毛的分等按照 GB 1523—2013 执行。同质羊毛型号、规格分类的考核指标包括平均直径范围、毛丛平均长度、最短毛丛长度、最短毛丛个数百分数、粗腔毛或干死毛根数百分数、疵点毛质量分数、植物性杂质含量。异质羊毛中的改良羊毛按毛丛平均长度、粗腔毛或干死毛根数百分数分等。

黏胶短纤维的分等按照 GB/T 14463—2008 执行。产品等级分为优等品、一等品、合格品和等外品。考核指标包括干断裂强度、湿断裂强度、干断裂伸长率、线密度偏差率、长度偏差率、超长纤维率（毛型和卷曲毛型黏胶短纤维，此项改为卷曲数）、倍长纤维、残硫量、疵点、油污黄纤维、干断裂强力变异系数、白度。黏胶长丝的分等按照 GB/T 13758—2008 执行。产品等级分为优等品、一等品、合格品和等外品。考核指标包括干断裂强度、湿断裂强度、干断裂伸长率、干断裂伸长变异系数、线密度偏差、线密度变异系数、捻度变异系数、单丝根数偏差、残硫量、染色均匀度。

涤纶短纤维的分等按照 GB/T 14464—2017 执行。产品等级分为优等品、一等品、合格品三个等级。考核指标包括断裂强度、断裂伸长率、线密度偏差率、长度偏差率、超长纤维率、倍长纤维含量、疵点含量、卷曲数、卷曲率、180℃干热收缩率、比电阻、10%定伸长强度、断裂强力变异系数。涤纶长丝的分等按照 GB/T 16604—2017 执行。产品等级分为优等品、一等品、合格品三个等级。考核指标包括线密度偏差率、线密度变异系数、断裂强度、断裂强度变异系数、断裂伸长率、断裂伸长率变异系数、4.0cN/dtex 负荷的伸长率、干热收缩率（177℃或190℃）、尺寸稳定性指数。

其他纺织纤维的检验项目参照相应标准执行。

二、纱线商品

1. 纺织纱线的种类

图 2-49 所示为纺织纱线的种类。

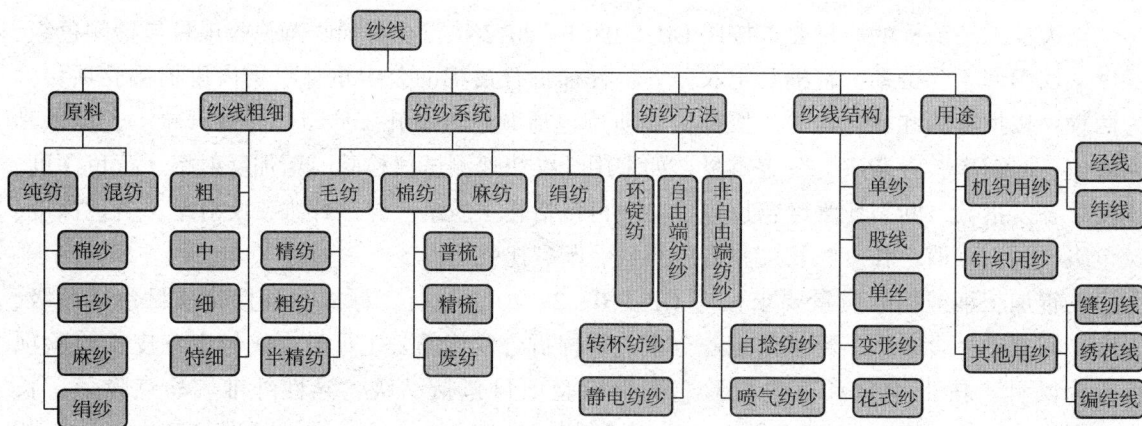

图 2-49　纺织纱线种类

2. 纱线的特征

（1）细度及不匀率。细度是表示纱线粗细程度的几何尺寸指标。

纱线的条干不匀率是指纱条沿长度方向上的短片段线密度不匀程度，是反映成纱短片段粗细均匀程度的指标。纱线的百米重量偏差是指纱线实际线密度和设计线密度的偏差百分率，即细纱 100m 长的片段之间的重量不匀率，反映成纱长片段粗细均匀程度的指标。

（2）纱线的捻度、捻向。纱线单位长度上的捻回数称为捻度，线密度制的捻度以 10cm 的捻回数表示。纱线的捻系数可以比较不同粗细纱线的加捻程度。捻向分反手（Z）捻和顺手（S）捻两种。

（3）纱线的毛羽。纱线毛羽是指暴露在纱线主干外的那些纤维头端或尾端。纱线毛羽的指标包括毛羽指数和毛羽根数。毛羽指数是指伸出纱线表面外所有纤维的累计长度与纱线长度的比值，无单位。毛羽根数是指 10m 长的纱线表面上的毛羽数量。

3. 纱线的检验

作为售纱，棉本色纱线的检验分等按照 GB/T 398—2018 执行，分为优等品、一等品、二等品和等外品。棉本色单纱的技术要求包括线密度偏差率、线密度变异系数、单纱断裂强度、单纱断裂强力变异系数、条干均匀度变异系数、千米棉结（+200%）、十万米纱疵，按这七项指标中最低的一项评等。棉本色股线技术要求包括线密度偏差率、线密度变异系数、单线断裂强度、单线断裂强力变异系数、捻度变异系数，按这五项指标中最低的一项评等。

粗梳机织毛纱的评等按照 FZ/T 22002—2010 执行，按内在质量和外观质量的检验结果综合评等，并以其中最低一项定等，分为优等品、一等品、二等品和等外品。内在质量按物理指标和染色牢度综合评定，并以其中最低一项定等。其中物理指标包括线密度偏差率、线密度变异系数、捻度偏差率、捻度变异系数、单根纱线平均断裂强力、断裂强力变异系数、纤维含量、含油脂率。染色牢度包括耐光色牢度、耐水色牢度、耐汗渍色牢度、耐摩擦色牢度、耐熨烫色牢度、耐干洗色牢度。毛纱的外观质量要求包括外观疵点和表面疵点。外观疵点包括大肚纱、超长粗纱、毛粒及其他纱疵，以最低一项定等。表面疵点以十块黑板正、反面所绕取长度内的疵点，并对照粗梳毛纱疵点样照进行评等。

精梳机织毛纱的评等按照 FZ/T 22001—2010 执行。按内在质量和外观质量的检验结果综合评等，并以其中最低一项定等。分为优等品、一等品、二等品和等外品。内在质量按物理指标和染色牢度综合评定，并以其中最低一项定等。其中物理指标包括线密度偏差率、线密度变异系数、捻度偏差率、捻度变异系数、单根纱线平均断裂强力、断裂强力变异系数、断裂伸长率、纤维含量。染色牢度包括耐光色牢度、耐水色牢度、耐汗渍色牢度、耐熨烫色牢度、耐摩擦色牢度、耐洗色牢度、耐干洗色牢度。毛纱的外观质量要求包括外观疵点和表面疵点。外观疵点包括大肚、竹节、超长粗，毛粒及其他纱疵两项，以最低一项定等。表面疵点以十块黑板正、反面所绕取长度内的疵点，并对照精梳毛纱疵点样照进行评等。

其他纱线的评等参照相应的标准。

三、服用织物商品

1. 服用织物的种类

服用织物包括制作服装的各种纺织面料以及缝纫线、松紧带、领衬、里衬等各种纺织辅料和针织成衣、手套、袜子等。

随着人们生活水平的提高，服装的款式和花式变换频繁，功能更趋完备，装饰性日益突出，服装面、辅料的品种也更加丰富多彩，质量更高。用于特殊环境和气候条件下的专用服装材料，如宇航服、登山服、南北极防寒衣、热带服、潜水衣、屏蔽服、防腐服等所用的面、辅料，必须具备防水、阻燃、隔热、保温、耐压等各种特殊功能，以保护人体的安全和健康。

2. 常见服用织物特征

机织物坚实耐穿，外观挺括，广泛用作各类服装的面料，特别适用于外衣和衬衣。针织物富于弹性、松软适体，过去多用作贴身内衣和运动衣，后来逐步推广用作外衣、衬衣。纺织辅料随着服装业的发展而不断改进：纯棉缝纫线已大部分被涤纶、锦纶等化学纤维缝纫线所取代。过去以马鬃、牦牛毛为原料制作黑炭衬，后来有了树脂衬、非织造布和热熔衬。

纯棉织物布面光泽柔和，吸湿性好，接触皮肤感觉柔软而不僵硬。保湿性好，穿着时感觉温暖。耐热性能良好，在常温下穿着使用、洗涤印染等都无影响。耐碱，可用洗衣粉、肥皂洗涤。与肌肤接触无任何刺激，卫生性能良好。弹性较差，易皱折，且折痕不易恢复原状。高温处理下易发黄。长期日光照射下会逐渐氧化而变脆，强力降低。

麻织物吸湿散湿速度快、断裂强度高，较棉织物硬、挺、爽，出汗后不贴身。耐热、耐日光性能较好。断裂伸长小、弹性差，所以织物保形性差、容易起皱。

纯毛精纺呢绒表面平整光洁，织纹细密清晰，光泽柔和自然，手感柔软，富有弹性。纯毛粗纺毛呢呢面丰满，质地紧密厚实，表面有细密的绒毛，织纹一般不显露，手感温暖、丰满，富有弹性。

山羊绒织物细腻、柔软、滑糯、重量轻、保暖性好。马海毛织物具有亮丽的风格，不易收缩，也难毡化，容易洗涤。兔毛与其他纤维混纺织物细软柔和、外观典雅。

真丝绸绸面平整细洁，光泽柔和，色彩鲜艳纯正。手感滑爽，柔软，外观轻盈飘逸。干燥情况下，手摸绸面有拉手感，撕裂时有"丝鸣声"。

黏胶纤维织物表面细洁平滑、色彩鲜艳、手感柔软、悬垂性好。但是保形性差，易起皱褶，且强度偏低，耐磨性差，不耐水洗，浸湿后的黏胶纤维织物除尺寸明显收缩外，强度显著下降。

涤纶织物外观挺括、耐穿、耐用、尺寸稳定、易洗快干，但吸湿性不好，织物吸汗、透气性差。而且涤纶织物穿用时容易产生静电，吸尘现象严重，影响美观。

锦纶织物耐磨性好，弹性好。与其他合成纤维相比，锦纶吸湿性、染色性较好。耐光和耐热性较差，光能使锦纶变脆、变黄，强力下降。

腈纶织物保暖、耐热，蓬松柔软，耐光性是所有天然纤维和化学纤维中最好的。强度比涤纶和锦纶都低，比羊毛高，保形性较好，但多次拉伸后的剩余变形较大。腈纶的保湿性、染色性差，摩擦后也易带静电，易吸尘，穿用时有闷热感。

氨纶织物的高伸长、高弹性是所有纤维中最好的。另外氨纶的耐化学试剂性、耐光性、耐磨性都较好。

维纶的吸湿性能是普通合成纤维中最高的，所以用它制作的服装穿着舒适，无闷热感。维纶织物结实耐用，轻盈保暖。缺点是耐湿热性较差，在沸水中明显收缩，强力下降，且弹性差，织物保形性差，不挺括，易发生折皱。织物色彩不鲜艳，光泽暗淡，对服装的美观有一定的影响。

氯纶化学稳定性很好，适宜制作有防护作用的特种工作服。氯纶织物强度和耐磨性好于棉织物，且重量轻，保暖性优于棉、毛织物。但是氯纶几乎不吸湿，染色困难，穿用时不易生静电。耐热性能很差，不能熨烫，也不能用热水洗。

丙纶织物结实耐用，外观挺括，保形性很好。化学稳定性很好，对酸碱有较好的抵抗能力，适宜制作工作服。丙纶几乎不吸湿，织物难染色。另外，丙纶织物耐光性、耐热性能不好。

混纺织物的纱线是由两种或两种以上的纤维按一定比例混合后纺成，例如涤/棉织物、棉/麻织物、毛/腈织物等。不同纤维原料的特性互相弥补、取长补短，改善织物的服用性能。

交织织物中的经、纬纱使用不同品种的纱线或纤维长丝（束），例如经纱用棉线、纬纱用毛纱织制的棉毛呢。

3. 服用织物的服用性能

在评价服用织物质量时，人们往往强调织物的服用性能。所谓服用性能是指在穿着和使用过程中所表现出来的一系列性能，包括耐用性、舒适性和外观性，以及安全性、健康性和环保性。

（1）耐用性。耐用性是指服装面料具有的抵御破坏的能力，包括拉伸、撕裂、顶破、耐磨、耐热、耐光、耐药品等。

①拉伸、撕裂、顶破性能。拉伸断裂强度反映织物在受外力拉伸时的牢固性。断裂强度表示织物断裂时单位截面积上的负荷。断裂伸长率表示织物在拉伸断裂时的伸长百分率。断裂功是织物拉伸到断裂时外力所做的功。断裂功越大，织物就越坚牢。

服装穿着过程中，织物上的纱线会被异物钩住而发生断裂，或是织物局部被夹持后受拉而被撕成两半，这种损坏现象称为撕裂。织物的撕裂与拉伸断裂不同，拉伸断裂是被拉伸的纱线同时受力，当拉伸到一定程度时各根纱线在较短时间内断裂。撕裂则是织物中的纱线依次逐根断裂。因此，织物的撕裂强度与纱线强度大体上成正比例。

顶破强度是衡量织物耐垂直力破坏（顶破）的坚牢程度，如衣服的膝部和肘部，手套和袜子头部的受力情况等。

②耐磨性。织物的耐磨性能是其抵抗磨损的特性。所谓磨损是指织物在使用过程中经常受到另一物体对它反复摩擦而逐渐损坏。磨损的类型很多，主要有以下几种。

平磨：织物受到往复或回转的平面摩擦，如衣服的袖部、裤子的臀部、袜子的底部等处的磨损状态；

折边磨：织物对折边缘的磨损，如衣服的领口、袖口、裤脚口等折边处的磨损状态；

曲磨：织物在弯曲状态下受到的反复摩擦，如衣服袖子的肘部、裤子膝盖部的磨损状态。

此外，还有受多种因素磨损的动态磨、洗涤时的翻动磨等。织物的耐磨性往往能反映织物的牢度。

③耐热、耐光性。织物在局部长时间受高热处理时，由于纤维的分解或熔融，会出现织物力学性能损失、炭化、变硬、变黄、皱缩等现象，所以纤维的耐热性决定了织物的耐热性。

服装在穿用过程中会受到光的照射，特别是经常户外穿用的服装受阳光照射的影响较大。阳光会使织物吸热升温、老化及变色。织物本身的色彩、光泽也影响吸热。纤维耐光性能比较：腈纶>麻>棉>羊毛>醋酯>涤纶>氯纶>维纶>黏胶纤维>氨纶>锦纶>蚕丝>丙纶。

④耐药品性。织物在洗涤、除污垢、染色、漂练等过程中，会遭遇不同程度的酸、碱、氧化剂、漂白剂等化学药品的作用。经不当的化学药品处理，织物会出现不同程度的色泽、手感、尺寸等方面的问题。

（2）舒适性。服装的舒适性是指服装在穿用时人的生理和心理感受的综合指标。服装舒适性包括织物的透气性、透湿性、保暖性等。

①透气性、透湿性。透气性是指织物透过空气的性能。夏季服装应具有较好的透气性，使穿着者感觉舒适、凉爽。而冬季织物应具有较小的透气性差，挡风遮寒，防止人体热量的散失。

织物的透湿性是指水蒸气透过织物的能力。当织物正反两面存在一定相对湿度差时，水汽从相对湿度较高的一面传递到相对湿度较低的一面。内衣、运动服、训练服及体力劳动者用的服装，必须具备很好的透湿性，解除人体闷热的感觉。

②保暖性。保暖性是指织物能保持体温的性能，包括绝热性、冷感性和防寒性。

绝热性是指织物阻止热量从温度高的一面传向温度低的另一面的性能，与之相反的是织物的导热性。冬季服装需要有良好的保暖性能，因此要求织物有较高的绝热性；而夏季服装则要求有较好的热传递性能，使人体多余的热量能够透过服装散发出去。

冷感性是织物刚与人体皮肤接触时对人体产生的一种冷热知觉反应。表面光滑的织物、导热性好的织物和吸湿放热小的织物冷感性大。如表面光滑的长丝织物、吸湿放热小的合成纤维织物、导热性好的麻织物等，都给人以冷感。

防寒性是指当气候变冷时，织物减少外界环境变化对人体的影响的特性。吸湿性能好，吸湿、放湿速度慢的纤维织制的织物防寒性好。比较典型的是羊毛织物，其吸湿性好，但吸、放湿的速度低，所以羊毛织物的防寒性优良。

（3）外观性。外观性是织物本身所具有的多种性能作用于人的触觉和视觉所产生的效应，包括抗皱性、刚柔性、悬垂性、收缩性、起毛起球性、勾丝性、光泽等。

①抗皱性。抗皱性是指织物经受外力会折皱变形，当外力去除后织物回复原形的能力。服装在穿着中会产生折皱，不仅影响外观，而且折皱处易磨损。涤纶在小变形下的拉伸回复性好，所以涤纶织物不易皱；锦纶易变形且回复慢，所以锦纶织物不挺括；羊毛的弹性好且弹性回复率较高，因此羊毛织物具有良好的抗皱性。

②刚柔性。织物的刚柔性是指织物抵抗所受弯曲应力的能力，也称抗弯刚度，通常用来评价织物的柔软程度。织物的刚柔性直接影响服装的廓形和合身程度。抗弯刚度越大，表示织物越硬挺；抗弯刚度小的织物柔软。羊毛、丝、黏胶纤维、锦纶织物柔软，麻、涤纶织物硬挺。

③悬垂性。织物的悬垂性是指织物在自然悬垂下形成平滑和曲率均匀的曲面的特性。织物越柔软，悬垂性越好。如裙类织物具有良好的悬垂性。悬垂性与刚柔性有关，抗弯刚度大

的织物悬垂性较差。蚕丝织物、针织物具有良好的悬垂性。

④收缩性。织物在使用和存储过程中会发生尺寸收缩，其中包括自然回缩、受热回缩和遇水回缩。

自然存放时产生的收缩叫自然回缩。一般新制成的衣料自然回缩的比率较大，随存放时间的延长，回缩逐渐减少。

受热回缩是指衣料在受热时发生的收缩，如衣料熨烫时的收缩，遇热水或热空气时的收缩。耐热性好的面料，受热回缩率小。

织物的遇水回缩又叫缩水，用缩水率表示，即织物浸水前后尺寸收缩比率。缩水的存在不仅影响衣物的尺寸，而且影响外观。一般吸湿性好的天然纤维和再生纤维织物以及厚重、松软织物的缩水率较大。合成纤维织物和轻薄、紧密的织物缩水率小。

⑤起毛起球性。织物在穿着和洗涤过程中不断经受摩擦，会起毛起球。起毛起球有损织物外观，降低服用性能。除毛织物外，天然纤维和黏胶纤维、醋酯纤维等再生纤维织物很少出现起球现象，但合成纤维强度高，伸长率大，耐疲劳和耐磨性好，纤维间抱合力差，头端容易滑出织物表面，故易起毛起球。

⑥勾丝性。织物在穿着洗涤过程中遇到尖硬物体将其中的纤维或单丝勾出，在表面形成丝环，甚至被勾断形成毛丝状，称为勾丝。勾丝会影响织物的外观和坚牢度。针织物往往因勾丝而脱散，破坏组织结构。

⑦光泽。织物的光泽是指当光线照在织物上时，反射光使纤维产生光泽。纤维表面平滑、排列平行一致，反射光较强，织物光泽就亮；反之，纤维表面粗糙不平，排列紊乱，反射光向不同方向漫射，光泽就暗。一般桑蚕丝和化纤长丝光泽较强，短纤维纱缺少光泽。织物的光泽视需要而定，人们可以对黏胶人造丝进行消光处理，对棉纱线进行丝光处理，对合成纤维则可利用各种异形截面使其具有各种特殊的光泽，例如，三角形锦纶丝具有金属光泽，Y形丝的光泽比三角形丝的光泽更强，三角形维纶的光泽比一般圆形纤维强。

4. 安全性、健康性和环保性

纺织品的安全性检验按照 GB 18401—2010 执行（附录三）。该标准提出了为保证纺织产品对人体健康无害而提出的最基本的要求。该标准将纺织产品分为三类：A 类婴幼儿用品，B 类直接接触皮肤的产品，C 类非直接接触皮肤的产品。检验项目包括甲醛含量、pH 值、色牢度（耐水洗、耐酸汗渍、耐碱汗渍、耐干摩擦、耐唾液）、异味和可分解芳香胺染料。不符合安全规范要求的纺织品有可能给穿着者健康带来一定的有害影响。

狭义的健康纺织品指在现有科学知识检测手段下，经过测试不含有损害人体健康物质的纺织产品；广义的健康纺织品是指纺织产品中不仅不具有损害性作用的物质，而且还能够对人的健康和环境的保护有某种促进作用，例如，能够反映人体健康状况或改善亚健康状态，促进人的身心处于完好、健康状态。有关健康纺织品的含义，应包括下列几方面特征：

①原料资源的无污染性、无危害性；

②生产、销售过程所涉及的有害物质或禁用物质要严格遵循国际安全、健康标准和国家强制性标准；

③在使用过程中，能够为消费者的机体、精神和环境的优化起促进作用。

环保性纺织品是指对环境与生态无害的纺织品，主要指资源可再生和可重复利用；生产过程对环境无污染；在穿着和使用过程中对人体没有伤害；废弃后能在环境中自然降解，不会对环境造成污染。环保性体现在生产过程、使用过程和废弃物三个方面。

国际环保纺织认证（Oeko-Tex Standard 100）是全球整个纺织行业进行安全测试的国际性基准。Oeko-Tex 100 标准将纺织品分为四个级别：婴儿产品（3 岁以下儿童使用的纺织品），直接与皮肤接触产品，不与皮肤直接接触产品，装饰材料（地毯、墙纸、席梦思等）。检测项目包括 pH 值、甲醛、可萃取重金属、镍、杀虫剂/除草剂、含氯苯酚、致敏染料、有机锡化物（TBT/DBT）、PVC 增塑剂、色牢度、有机挥发气体、气味等。Oeko-Tex 标准认证是世界上最权威的、影响最广的纺织品生态标签之一。Oeko-Tex 标准纺织品生态标签如图 2-50 所示。

图 2-50　Oeko-Tex 标准纺织品生态标签

四、家用织物商品

1. 家用纺织品的种类

家用纺织品指用于家庭及部分特定场所（如宾馆、剧场、休闲场所、交通工具等）的纺织用品。通常区别于服装用纺织品和产业用纺织品。作为纺织品中重要的一个类别，家用纺织品从传统的满足铺铺盖盖、遮遮掩掩、洗洗涮涮的日常生活需求一路走过来，如今的家纺行业已经具备了时尚、个性、保健等多功能的消费风格，在家居装饰和空间装饰领域正逐渐成为市场新宠。

家用纺织品分为六类：床上用品、毛巾、布艺制品、地毯、厨卫用纺织品和其他家用纺织品。

床上用品指用于遮盖、保暖、装饰、防护等用途的床上用纺织品，包括床单、床笠、被/被芯、被套、被面、床罩、毯、枕/枕芯、枕套、枕巾、毛巾被、床旗、褥/褥垫、席、睡袋、蚊帐、其他床上用品。

毛巾是起到吸湿、擦拭、装饰、保暖等用途的毛巾类纺织品，包括面巾、方巾、枕巾、地巾、浴巾、沙滩巾、毛巾被、毛巾浴衣、美容巾、干发巾、装饰巾、运动毛巾、儿童毛巾、其他毛巾。

布艺制品指应用于房间，起到遮挡、装饰等用途的布艺类纺织品，包括窗帘、窗纱、遮阳布、门帘、幕帘、浴帘、沙发布、墙布、台布、坐垫、靠垫、椅套、沙发套、桌旗、布艺饰品、其他布艺制品。

地毯是应用于地面或墙面，起到覆盖地面、装饰墙面等用途的铺敷用纺织品，包括块毯、铺满地毯、拼块毯、挂毯、其他地毯。

厨卫用纺织品是应用于厨房、餐厅或卫生间，起到清洁、擦拭、防护等用途的纺织品，包括墩布、抹布、洗碗布、围裙、隔热手套、隔热垫、餐巾、茶巾、餐桌布、酒瓶衣、纸巾盒罩、搓澡巾、洗衣袋、地垫、坐便器垫、套袖、其他厨卫用纺织品。

其他家用纺织品是具有特殊用途，没有包括在上述五大类之内的家用纺织品，包括发带、花边、头巾、家用帐篷、吊床、手帕、布拖鞋、哈达、户外用垫、收纳袋（箱）、空调罩、电视机罩、汽车罩衣、布艺玩具、护腕、其他。

2. 家用纺织品的性能

随着家纺市场的迅速发展，人们对家纺面料的功能性有了更高的要求：对毛巾类而言，面料的吸水性、抗菌除臭性要求较高；对床上用品而言，在追求保暖性的同时，又不能太过厚重；对窗帘类而言，不但要在室内起到装饰的作用，还对防风性、防水性有较高的要求；对沙发布类而言，除美观、手感好等要求外，面料具有良好的防污、去污性也是一个重要的衡量标准。这些性能的要求从纺织技术的角度而言是非常苛刻的，甚至很多指标是相互抵触的。任何一种单一的天然纤维或化学纤维都无法达到这些要求，只能通过多种纤维的复合以及多途径化学整理来尽量达到这些功能。对家用纺织品的通用性能要求如下：

（1）保暖性。虽然保暖性是与织物厚度密切相关的，但是使用者又不喜欢被子等床上用品过于厚重，因此既保暖又轻便成为目前床上用品的基本要求。最常见的方法是把涤纶内部做成多孔空心状，使纤维内包含大量不流通空气，外部做成螺旋卷曲状以保持蓬松性，能在保证质地轻盈的前提下起到良好的保温作用。

此外，在涤纶等合成纤维纺丝液中加入含氧化铬、氧化镁、氧化锆等的特殊陶瓷粉末，特别是纳米级的微细陶瓷粉末，它能够吸收太阳光等可见光并将其转化为热能，因此具有优异的保温、蓄热性能。还有把远红外陶瓷粉、黏合剂和交联剂配制成整理剂，对面料进行涂层处理，再经干燥和焙烘处理，使纳米陶瓷粉附着于面料表面和纱线之间，这种整理剂具有抑菌、防臭、促进血液循环等保健功能。

（2）抗菌、除臭性。由于毛巾类用品经常蘸水使用，一般又放在相对潮湿的环境中，微生物会大量繁殖，有可能导致毛巾散发气味并引起使用者的瘙痒感。因此对于毛巾类的要求相对较高，最好是经过抗菌防臭化学处理的。

（3）防污、去污性。沙发布类家用纺织品要求尽量不易被污渍所沾污，一旦被沾污之后又要易于洗涤去除。目前一般采用的技术是改变纤维的表面性能，大幅度提高面料的表面张力，使油污和其他污渍难以渗透到面料内部去，轻微的污渍用湿布揩擦即可除去，较重的污渍也易于清洗。而防污整理不仅能够防止油污的污染，还同时具有防水透湿的性能，属于比较实用有效的化学整理手段。

（4）防水性。窗帘、沙发布类家用纺织品要求面料具有良好的防水性。防水面料就是利用了水的表面张力特性，在织物上涂布一层 PTFE（与 "耐腐蚀纤维之王" 的聚四氟乙烯 PT-FE 的化学成分相同但物理结构不同）以增强织物表面张力的化学涂层，使水珠无法透过面料表面组织上的孔隙，从而达到防水的效果。

（5）透湿性。被套类家用纺织品因本身的使用特性，需要面料具有透湿性。如采用双层组织结构，贴身的内层用疏水性纤维，而外层用亲水性纤维，这样汗液就能依靠毛细管作用，从皮肤上转移到内层纤维上，再由于外层亲水性纤维与水分子的结合力强于内层疏水性纤维，水分子又再次从织物的内层转移到外层，最后散发出去。

（6）抗静电性。家用纺织品基本都是化学纤维面料制成，每当水分易于挥发、环境比较干燥的季节，静电就成了问题。静电一般会让家用纺织品易起毛起球，容易沾染灰尘污垢，贴近皮肤有电击感等。最好的抗静电面料是天然纤维织成的，但是纯天然纤维面料往往价格昂贵，难以满足不同层次的家纺用品消费者，而且就算是天然纤维面料，在非常干燥的环境下也会因为缺乏水分子而产生静电现象。家纺用面料的抗静电整理途径主要是采用具有吸湿作用的抗静电剂，给面料表面涂布一层可以吸附水分子的化学薄膜，使面料表面形成一层连续的导电水膜，将静电传导逸散。这种方法可使面料具有抗静电功能的同时不会影响到本身的柔软性和舒适性。

五、产业用织物商品

产业用纺织品是指经过专门设计的具有工程结构特点、特定应用领域和特定功能的纺织品，具有技术含量高、产品附加值高、劳动生产率高、产业渗透面广等特点。目前，产业用纺织品已被广泛应用于医疗卫生、环境保护、交通运输、航空航天、新能源等领域。有的直接用作篷盖布、枪炮衣、药纱布、降落伞绸、帐篷、船帆、过滤布、筛网、麻袋、印花衬布、印花毛绒布、路基布（土工布）等；有的是作为基布与橡胶或塑料黏合而成的复合制品，如传送带、轮胎帘子布、充气房篷布、塑料袋布、橡胶鞋里衬、打字带、印花机橡皮布、水龙带、人造血管等。

产业用纺织品以产品最终用途为主要依据进行分类，共分为16类。

（1）农业用纺织品。应用于农业耕种、园艺、森林、畜牧、水产养殖及其他农、林、牧、渔业活动，有助于提高农产品产量，减少化学药品用量的纺织品，包括在动植物生长、防护和储存过程中作用的纺织品。农业用纺织品包括温室用纺织品，土壤稳定用纺织品，种床保护用纺织品，农作物培育用纺织品，防虫、防鸟用纺织品，农业用防雹、防霜用纺织品，农业用防雨织物，防草织物，农业用防风织物，农业用遮阳织物，畜牧业用纺织品，园艺用纺织品，农业用覆盖织物，排水、灌溉用纺织品，地膜，水产养殖用纺织品，海洋渔业用纺织品及其他农业用纺织品。

（2）建筑用纺织品。应用于长久性或临时性建筑物和建筑设施，具有增强、修复、防水、隔热、吸音隔音、视觉保护、防日晒、抗酸碱腐蚀、减震等建筑安全、环保节能和舒适功能的纺织品。建筑用纺织品包括建筑用防水纺织品，建筑用膜结构纺织品，加固、修复用纤维增强和抗裂纺织品，建筑用填充、衬垫纺织品，建筑用装饰纺织品，建筑用隔热、隔音（吸声）纺织品，建筑安全网，建筑用减震纺织品及其他建筑用纺织品。

（3）篷帆类纺织品。应用于运输、储存、广告、居住等领域的帆布和篷布类纺织品，包括帐篷布，仓储用布，机器防护罩，遮盖帆布，广告灯箱布，广告布帘，鞋帽、箱包用帆布，遮阳篷布，液体储存囊袋及其他篷帆类纺织品。

（4）过滤与分离用纺织品。应用于气/固分离、液/固分离、气/液分离、固/固分离、液/液分离、气/气分离等领域的纺织品，包括高温气体过滤和分离用纺织品，中低温气体过滤和分离用纺织品，液体过滤和分离用纺织品，产品收集用纺织品，工业废水、废液处理用纺织品，食品工业过滤用纺织品，香烟过滤嘴用纺织品，筛网类纺织品及其他过滤用纺织品。

（5）土工用纺织品。由各种纤维材料通过机织、针织、非织造和复合等加工方法制成的，在岩土工程和土木工程中与土壤和（或）其他材料相接触使用的，具有隔离、过滤、增强、防渗、防护和排水等功能的产品的总称。土工用纺织品包括土工布、土工格栅、土工网、土工网垫、土工格室、土工筋带、土工隔垫、防渗土工膜、土工复合材料及其他土工用纺织品。

（6）工业用毡毯（呢）纺织品。以纺织纤维为原料，经湿、热、化学、机械等作用而制成的片状纺织品称为毡，具有丰厚绒毛的纺织品称为毯；把应用于工业领域具有特定功能特征的毡毯统称为工业用毡毯纺织品。包括纺织工业用毡毯（呢），造纸毛毯（造纸网），过滤用毡毯（呢），印刷业用毡毯（呢），电子工业用毡毯（呢），隔音毡毯（呢），密封毡毯（呢），清污、吸油毡毯（呢），防弹、防爆毡毯，抛光毡（呢）及其他工业用毡毯（呢）。

（7）隔离与绝缘用纺织品。采用纺织纤维材料加工而成的分别具有或同时兼有隔离作用和绝缘性能的纺织品，包括电绝缘纺织品、电池隔膜、电容器隔膜、变压器隔膜、电缆包布、电磁屏蔽纺织品及其他隔离与绝缘用纺织品。

（8）医疗与卫生用纺织品。应用于医学与卫生领域，具有医疗、（医疗）防护、卫生及保健用途的纺织品，包括医用缝合线、植入式医用纺织品、体外医用纺织品、手术室及急救室用纺织品、防护性医用纺织品、医用敷料、卫生用纺织品及其他医疗与卫生用纺织品。

（9）包装用纺织品。应用于存储和流通过程中为保护产品、方便储运、促进销售，按一定的技术方法而制成的纺织类容器、材料及辅助物的总称，包括食品包装用纺织品，日用品包装用纺织品，储运包装用纺织品，危险品包装用纺织品，易碎品包装用纺织品，仪器、电子产品包装用纺织品，粉末包装用纺织品，礼品包装用纺织品，填充包装用纺织品，购物袋及其他包装用纺织品。

（10）安全与防护用纺织品。在特定的环境下保护人员和动物免受物理、生物、化学和机械等因素的伤害，具有防割、防弹、防爆、防火、防尘、防生化、防辐射等功能的纺织品，包括防弹、防爆纺织品，防割、防刺纺织品，高温热防护用纺织品，防电磁辐射纺织品，防生化纺织品，防核污染纺织品，防火阻燃纺织品，防静电纺织品，抗电击纺织品，耐恶劣气候纺织品，安全警示用纺织品，救援、救生装备及其他安全防护用纺织品。

（11）结构增强用纺织品。应用于复合材料中作为增强骨架材料的纺织品，包括传输、传动、管类骨架材料，增强橡胶用纺织材料，增强轻质建筑材料用纺织材料，增强汽车、船舶和机器部件用纺织材料，增强航空、航天部件预制件用纺织材料，增强风力发电叶片用纺织材料，增强救生装备用纺织材料及其他结构增强用纺织品。

（12）文体与休闲用纺织品。应用于文化、体育、休闲、娱乐等领域的各种器具、器材、器械及防护用纺织品，包括运动防护用纺织品，运动场所设施用纺织品，运动器材用纺织品，户外休闲用纺织品，美术、音乐器材用纺织品，伞、旗类用纺织品及其他文体与休闲用纺织品。

（13）合成革（人造革）用纺织品。通过模仿天然皮革的物理结构和使用性能来制造人造革和合成革的基材，广泛用于制作鞋、靴、箱包、球类、家具、装饰物等的纺织产品，包括机织革基布、针织革基布、非织造革基布及其他合成革（人造革）用基布类纺织品。

（14）线绳（缆）带纺织品。采用天然纤维或化学纤维加工而成的细长并可曲折的，具有很高轴向强伸性能要求的纺织结构材料，其主要产品形式有线、绳（缆）和带，包括工业用缝纫线、球拍弦线、安全带、传动带、水龙带、输送带、降落伞用带、吊钩带、打包带、头盔带、装卸用绳、消防用绳、海洋作业缆绳、降落伞用绳、渔业用线绳及其他线绳（缆）带纺织品。

（15）交通工业用纺织品。应用于汽车、火车、船舶、飞机等交通工具的构造中的纺织品，包括交通工具内饰用纺织品，轮胎帘子布，安全带和安全气囊，车船用篷布、帆布，交通工具填充用纺织品，交通工具过滤用纺织品及其他交通工具用纺织品。

（16）其他产业用纺织品。具有特殊用途的、在实际生产和生活中只有小规模应用的、没有包括在上述15个大类之内的产业用纺织品，包括衬布、擦拭布、特种纤维及制品及其他产业用纺织品。

第三节　纺织品的家庭保养

纺织品的家庭保养包括洗涤、晾晒、保存、保形、保色等，其目的是使纺织品在使用时经常保持良好的质量，延长使用寿命。

一、洗涤

各种用途的织物使用后必须及时清洗干净，否则因污垢堵塞纱线之间、纤维之间的空隙，纺织品的透气性会降低；因为含气率减小，保温性也会降低。织物吸收汗液中的水分后，材料的热传导率增加而导致保湿性降低；吸附皮脂后因其疏水性会导致材料的吸水性下降。污浊的纺织品，细菌、霉菌等微生物易于繁殖，会发出异常气味，引起皮肤炎症，继续穿用会导致卫生健康问题。

污垢分干性、水性和油性三种类型。干性污垢以固体的微粒形式（如砂土、灰尘等）附着在织物上，一般不具有黏性；织物纤维吸收水溶性物质而产生的污染（如不含油性的饮食液体、果汁等）称为水溶性污垢；织物纤维吸着油、脂肪等而产生油性污垢，吸着较牢。

外来污黏性的难易，与纤维的外形、吸水性、电学性有关。如果排除纺织、染整中的不同因素，单从纤维本身来看，容易沾污程度的次序大致是：黏胶纤维>麻>真丝>棉>合成纤维>毛。即毛最不易沾污、不易见污。棉织物容易吸附极性污垢，毛织物容易吸附油性污垢，合成纤维因带静电容易吸尘。采用防污整理（包括拒油整理、拒水整理、防静电整理等）可提高织物的防污性能。

清洁纺织品上污垢的方法称为洗涤，即根据要求将污垢从不同物品上洗脱下来达到清洁目的的过程。纺织品服装的洗涤方法一般要根据其材料、款式及污垢类型等来确定。即使是相同的污物，材料不同，采取的洗涤方法也不同。

洗涤按所用溶剂的不同，分为水洗和干洗。

1. 水洗

在容器中用水洗涤纺织产品的方法称为水洗，即以水作为介质，加上各种机械作用，同时借助洗涤剂（洗衣粉、肥皂等）将衣物洗涤干净的过程。水洗能更好地去除水性污垢，如汗渍、血渍、咖啡渍、茶渍等。但有可能使部分质地的纺织品服装变形、产生皱褶、夹层分离、掉色等问题。

水洗包括家庭水洗和专业湿洗，后者是采用专用技术（清洁、冲洗和脱水）、洗涤剂和为降低副作用的添加剂，由专业人员在水中清洁纺织产品的程序。家庭常用的水洗方法可分为手洗和机洗两种。手洗是一种古老的洗涤方法，劳动强度大，花时较多，但是操作灵活，对一些易损坏的纺织品一定要用手洗的方法。使用机械的洗涤方法称为机洗，目前在我国应用普及的洗衣机有波轮、滚筒两种。波轮洗衣机通过衣物和桶内壁之间的摩擦力来洗涤衣物；滚筒洗衣机模拟了手搓的洗涤方法，利用上下甩动的动力来清洗衣物。滚筒洗衣机不损伤衣物，但洗净效果不如波轮洗衣机。

洗涤剂是按照配方制备、具有去污性能的产品。不同洗涤剂有不同清洗效果，对织物损伤也不同。水洗用洗涤剂是有比较严格要求的，要能洗清污垢，要在水洗条件下能随水漂去，洗涤剂在清洗后不留在织物表面或织物内部；洗涤剂对织物不损伤或者损伤不大，不会使织物发生褪色、沾色等后果；洗涤剂对洗涤机械和手不会产生损害；还要满足环保要求。洗涤剂主要成分是表面活性剂，主要包括以下品种：

（1）肥皂。肥皂主要成分是高级脂肪酸的钠盐或钾盐。优点是原料来源广泛，制作工艺简单；价格便宜，去污效果较好，对环境污染小。缺点是对水质要求较苛刻，不宜使用硬水、海水、酸性水；碱性较强，不适合洗涤丝、毛织物和某些化学纤维纺织品；不适合洗衣机使用。

（2）洗衣粉。洗衣粉主要成分是烷基苯磺酸钠、甲苯磺酸钠、月桂酸单乙醇酸胺、三聚磷酸钠、无水硅酸钠、荧光增白剂、硫酸钠等。普通洗衣粉的 pH 值在 9.5~10，碱性较强。适合机洗、手洗，抗硬水能力强。

（3）丝毛洗涤剂。丝毛洗涤剂中表面活性剂由阴离子型与非离子型复配而成，另含有少量的溶解助剂如肥皂、柠檬酸钠等。丝毛洗涤剂透明度较高，pH 值在 7~8，可用于丝、毛等织物的洗涤。

（4）衣领净。衣领净属于重垢液体洗涤剂，主要用于领口、袖口等污垢较重的部位的洗涤。其中含有表面活性剂、助剂、酶、荧光增白剂、抗再沉淀剂、香料等。主要优点是低温下溶解性好、易分散，可用于手洗预除去或直接去除污渍。使用时直接刷涂在干的衣物上，数分钟后再搓洗。

（5）织物柔顺剂。织物柔顺剂实际上是一种电荷中和剂，其活性物多为季铵盐类阳离子型表面活性剂，通过吸附在织物表面，改善纤维之间、织物之间的润滑性，从而使织物具有柔软、蓬松的手感。采用织物柔顺剂，赋予了织物抗静电性，这种抗静电作用使织物不易吸尘或变脏。柔顺剂还能改善织物的耐磨蚀度和抗裂强度；使熨烫更容易，加快脱水，减少干燥时间，还能为织物带来清新持久的芳香。柔顺剂不可与洗衣粉、肥皂同时使用，因为两者同时使用会失效。

一般的衣服，在正式用洗涤剂进行洗涤之前，应先在清水中浸泡一下，这样可以使附着衣物表面的尘垢和汗液脱离衣物而先进入清水中，在正式用洗涤剂洗涤时可以减轻洗涤剂的负担，减少洗涤剂的耗用量；另外，衣服经过预浸泡以后，织物在未与洗涤剂正式接触以前先浸湿、膨胀，使缝隙中的污垢受到挤压而浮于纤维外层，容易洗除。并且有些衣物在水洗时容易褪色或脱色，通过预浸泡可以及时发现，避免在正式加入洗涤剂以后褪色现象更严重以致把衣服染脏。TCL 家电研发中心的技术专家经过反复试验研究，发现 17min 是比较合适的浸泡时间。具体浸泡时间的选择，可根据衣物的材质、新旧、厚薄、脏污程度等做适当调整。

水洗时洗涤用水的温度对洗涤效果也有显著的影响。一般情况下，提高洗涤温度能够提高洗涤剂的溶解度，提高其对污垢的溶解能力和去除能力，洗涤效果也就越好。在洗涤过程中，要根据纺织品服装的纤维性质、着色牢度、着色方法、色泽深浅、沾污程度等情况选择适宜的洗涤温度。

需要注意的是，维纶不耐湿热，在 80℃ 水中强力会下降 60%；氯纶耐热性差，洗涤温度只能在 30~40℃，70℃ 以上就会收缩。在洗涤被蛋白质类污垢污染的纺织品服装时，绝不可以用高温。因为蛋白质类污垢一遇高温，就会扩大其与织物的接触面积，甚至会渗透到织物纤维内部，从而增强污垢与织物纤维的黏接牢度，导致污垢在织物上很难甚至再也不能去除。因此，在洗涤沾有血污、奶污等蛋白质类污垢的织物时，用冷水浸泡后，再用低温洗涤。各类织物的洗涤水温见表 2-2。

表 2-2　各类织物的洗涤水温

纤维种类	织物类型	洗涤水温/℃
棉麻	白色、浅色	50~60
	印花、深色	40~50
	易褪色的	微温或冷水
丝	白色、浅色	40 左右
	印花、深色	35 左右
	人造丝及交织物	微温或冷水
	合成丝及交织物	35 左右
	黑色绸、丝绒物	微温或冷水
毛	粗纺类	40 左右
	精纺类	30~40
	长毛绒、驼绒	微温或冷水

纤维种类	织物类型	洗涤水温/℃
化学纤维	再生纤维织物	微温或冷水
	涤纶、锦纶、腈纶混纺	30～40
	维纶、丙纶、氯纶混纺	微温或冷水
	经树脂整理的化纤衣物	30 左右

洗涤衣物应做到"三先三后"，即先洗浅色后洗深色，先洗小件后洗大件，先洗净的后洗较脏的。对衣服的重点部位（如领、袖、裤脚、袋口等）或较脏的地方，都需抹些肥皂或洗衣粉作重点洗涤，直到污垢除去。

2. 干洗

采用专用干洗的有机溶剂，由专业人员对纺织产品进行清洁的过程称为干洗。干洗包括清洁、冲洗和脱液过程，干洗后采用适当的方法进行干燥和外观恢复整理。

水洗时，由于天然纤维吸水后发生膨胀，干燥后又产生收缩，使得衣物变形走样。还有可能发生颜色变浅、手感变差、光泽不亮等问题。而干洗可以克服水洗的这些缺点。

干洗的主要优点是能较彻底地除去油性污垢；能保持服装原样，挺括、不变形；易保持服装色泽鲜艳；干洗后织物易保存，防虫蛀。适合干洗的衣物包括毛料、西服、西裤、大衣、丝绸衣服、领带、裘皮、皮革、绒面革（磨砂皮）等服装。不适合干洗的衣物包括有涂层的服装、静电植绒面料服装、人造革及有人造革配饰的服装、羽绒类服装、珠饰较多的服装、色差对比较大而又染色不牢的条格服装，贴身的衣服等。

干洗使用的溶剂即为干洗溶剂，也叫干洗油、干洗剂。要求是在常温下易蒸发的溶剂，我国以四氯乙烯和碳氢化合物溶剂为主。四氯乙烯是有机溶剂，其化学特性是不可燃、去油污能力极强、干洗效果很好，不属于破坏臭氧层的化学物质，不是温室效应气体，也不是形成化学烟雾的物质，在安全浓度下对人体健康没有长期负面的影响。碳氢化合物溶剂有类似汽油、煤油的味道，易挥发，易燃，可溶解脂肪酸、油脂、普通橡胶等，不能溶解蛋白质、糖类等，脱脂力温和。碳氢化合物溶剂溶解污垢范围比四氯乙烯相对窄一些，干洗洗净度稍差，但对各种织物后整理剂和大多数服装附件不会造成溶解性损伤。

二、晾晒

衣物在脱完水后，宜马上取出晾晒，因为湿的衣物堆放时间过长，容易沾色和滋生细菌。

晾晒衣物时需避免阳光直射。许多毛、丝、锦纶衣服，经阳光照晒后，往往颜色变黄。同样，白色毛织物也以阴干最合适。从衣物的材质上看，腈纶织物最不怕晒，真丝绸、纯棉类衣物最怕晒。从衣物的颜色上看，深色衣物比浅色衣物更怕晒。

毛衣洗毕脱水后，可放于平网上平展整形。稍微干燥后挂吊在衣架上，选通风阴凉处晾干，以防止发生变形。

裙子、女式西服等十分讲究形态，最好用专用衣架晾干。如果购置不到专用衣架，买些圆形、方形的小衣架也可以。晾时，腰围部分用夹子夹住，晾干后整件衣服就十分挺括。

三、保形

衣物在洗涤过程中会在各种因素（如机械、热等）的作用下发生变形，为保持其原有的挺括平整外观，应进行保形处理，即熨烫。熨烫的作用十分明显，业界有"三分洗、七分烫"之说。

对于非热敏性纤维，如棉、麻、丝、毛等织物，熨烫的原理主要是利用纤维受热而弹性模量降低，使织物容易平挺，而在一定热度下，纤维或多或少具有一些可塑性，从而保持平挺的形状（外观）。对于合成纤维和醋酯纤维等热敏性纤维来说，熨烫也是一种热定形过程。

熨烫温度是使织物纤维内部结构重新排列的主要因素，也是促使织物残留水分蒸发的主要因素，因此，熨烫操作中控制适当温度是非常重要的。温度太低，达不到蒸发水分和衣物定形的目的；温度太高，又易使纤维发黄，甚至炭化分解。不同材料使用不同熨烫温度，见表2-3。

表2-3　不同材料的熨烫温度

纤维种类	直接熨烫温度/℃	垫干布熨烫温度/℃	垫湿布熨烫温度/℃	纤维分解温度/℃
棉	175~195	195~220	220~240	150~180
麻	185~205	200~220	220~250	150~180
羊毛	160~180	185~200	200~250	130~150
桑蚕丝	165~185	190~200	200~230	130~150
柞蚕丝	160~180	190~220	200~220	130~150
黏胶纤维	160~180	190~220	200~220	150~180
涤纶	125~145	160~170	190~220	—
维纶	125~145	160~170	180~210	—
腈纶	115~135	150~160	180~210	—
丙纶	85~105	140~150	160~190	—
氯纶	45~65	80~90	不可	—

注　维/棉类宜干烫，棉/丙、氯纶尽量不熨烫，绒类宜悬浮喷汽。

熨烫的方式分干烫和湿烫。干烫是用熨斗直接熨烫，主要用于遇湿易出水印（柞丝绸）或遇热会发生高收缩（维纶）的纺织品服装的熨烫以及棉、化纤、丝绸、麻等薄型纺织品服装的熨烫。湿烫即在衣物上洒上点水或垫上一层湿布或施加蒸汽，借助水分子的润湿作用使纤维润湿、膨胀伸展，并较快地进入预定的排列位置，在热作用下定形。熨烫时给湿程度应根据纺织品服装的纤维种类和织物厚薄而定。质地较轻薄的衣物，可以在熨烫前喷水，等水均匀分散后进行熨烫，质地较厚重的衣物给湿量要略多一些，最好不要直接熨烫，以避免产生极光。

一定的整烫压力有助于克服分子间、纤维纱线间的阻力，使纺织品服装按照要求进行变形或定形。随着整烫压力的增大，平整度和褶裥保持性都会增加。但是，如果压力过大，纱线与织物会被压扁，使厚度变薄，产生极光，影响穿着使用。整烫压力应根据纺织品服装的材料造型褶裥等要求而定。对长毛绒、丝绒等衣物，应采用汽蒸而不宜熨烫，如果熨烫，则压力不能过大，以免使绒毛倒伏或产生极光而影响外观。麻纤维织物容易在折叠处断裂，应该轻烫。垫湿布熨烫时，用力要大，当湿布烫干后，压力要逐渐减轻，以免产生极光。

熨烫时间与熨斗（或蒸汽）在布面上的移动速度有关，为使熨烫热量能够在布面上均匀扩散，需要足够的熨烫时间。一般熨烫时间越长，整烫效果越好，但熨烫时间过长，容易使衣物产生极光，甚至烫焦。而熨烫温度越低，需要的熨烫时间就越长，熨烫温度越高，需要的熨烫时间就越短。质地轻薄的衣物，熨烫时间宜较短；质地厚重的衣物，熨烫时间宜适当延长。熨烫时，应避免在一个位置停留过久，以免在衣物上留下熨斗印痕或导致衣物变色。

无论是何种衣物，整烫完毕后不宜马上打包或收进衣橱，需吊在通风处蒸发烫衣的蒸汽，必要时可用吹风机吹干，才不致发霉。

四、保存

在使用和流通过程中对纺织品服装进行妥善保存，可以有效保持其内在品质和外观质量，避免造成不必要的品质劣化。由于不同纺织品服装的加工方法、纤维组成、整理方法等不同，保存方法也不尽相同。

光、湿和热对纤维的性能、光泽及色彩等均会产生不同程度的影响甚至破坏，它们是影响纺织品服装保存质量的主要因素。

纺织纤维受到太阳光照射，吸收太阳能，易引起纤维大分子的光裂解而失去原有的性能，导致强力下降、变色、变脆。因此纺织品服装在保管时应避免太阳光直射。

纺织品在收藏之前应晾干，并选择通风干燥处保存，避开多潮湿和有挥发性气体的地方。收藏存放期间要适当地进行通风和晾晒。当保管环境湿度较高，织物含水过多时，会为霉菌的生长繁殖提供有利条件，使织物发生霉变。

纺织品服装是否容易存放，要看它是否容易发生霉变和虫蛀。天然纤维素纤维和蛋白质纤维都易霉变，特别是在高温高湿条件下。若纺织品服装沾有油污，就会成为霉菌的营养，促使霉菌生长，导致纺织品服装霉烂变质。微生物作用于纤维，破坏纤维组织，在织物上形成破洞的现象称为霉烂。导致霉烂的微生物主要是霉菌、细菌等。它们在生长繁殖过程中，吸收纤维中的养分并分泌出酶，在酶的作用下会破坏纤维组织，使纤维强力下降，最终导致织物霉烂变质。微生物的生长、繁殖不仅需要营养，还需要适宜的温度和湿度。为了防止纺织品服装发生霉烂，在保管过程中要保持其洁净、干燥，且要低温保存。在梅雨季节，要将纺织品服装适时地拿出来通风、晾晒。

虫蛀是指纺织品服装在保管或流通过程中受到蛀虫的损害，形成破洞，导致品质下降，影响使用或无法使用。不同的纤维抗虫蛀性能不同。天然纤维和再生纤维素纤维因含有纤维素、蛋白质等营养物质，容易发生虫蛀。蛋白质是囊虫、衣蛾、蛀虫等的食物，尤其是沾有污物的蛋白质纤维制品更容易被虫蛀。因此，含蛋白质纤维的服装在存放保管时要保持清洁和干燥。为了避免纺织品服装受到虫蛀，应在衣柜里放几袋樟脑丸、芳香除虫剂或者用各种干花瓣制成的熏香防虫剂。樟脑丸和萘球都有微毒性，婴儿衣物忌放樟脑丸。卫生球中的化学物质对化纤织物有害，所以应避免接触化纤织物。薰衣草精油、樟木块等防虫防霉物，既助衣物防虫，又带来清新淡雅的香气。

合成纤维制品对霉菌和蛀虫的抵抗能力较强，所以存放较为方便。合成纤维的吸湿性较差，并且由于它们都是人工合成的高分子化合物，没有供霉菌、蛀虫繁殖的"营养"条件，所以一般来说它们是不霉、不蛀的。但在合成纤维的制造、加工、染整过程中往往加有某些添加剂，如油剂、浆料、色素等，因而在适当的湿热环境条件下，也会引起发霉，不过其程度要比棉、麻、黏胶等纤维制品轻得多。至于蛀虫，有时为了穿行通过，就会把合成纤维织物咬坏而串成一条"出路"，同时，在蛀虫已经繁殖生成的衣柜内，如果不再有其他蛀食对象，蛀虫也照样会把合纤织物当作"食物"来咬食，尽管多半蛀虫都会由于实际未吃到"营养"或吃了合成纤维中某些"毒素"而很快死亡。相比较而言，蛀虫对腈纶及红色织物似乎比其他合成纤维和其他色泽更有"偏嗜"，咬食较为严重。

外观平整、挺括的服装能给人以很强的立体感、舒适感，因此收藏时一定要将衣形保护好，不使其变形、走样或出现褶皱。不同衣服存放方法不同，对于棉毛衫、裤，直接平整叠放即可，这样做还可以节省衣橱空间。针织服装（包括羊毛衫裤）忌用衣架悬挂存放，否则会使其沿重力方向拉长，可以平整叠放在衣柜上层。有很重珠饰的服装，最好也以折叠方式收藏。外衣、裤在收藏之前要将口袋中的东西全部掏出来，再用适当的衣架、裤架悬挂，衣架之间应有适当距离，过于拥挤的衣柜也会使衣服变形。领带可用衣架悬挂于衣柜角落，既保持形状，又便于寻找。丝巾用硬板纸卷起后收藏，不会产生褶皱。毛类纤维及再生纤维织物存放时一定要防止受压；不同颜色最好分开存放，防止相互沾色。另外，麻纤维的制品容易在折叠处断裂，要避免重压。衣物收藏在箱橱内，不论折叠或悬挂，都宜把衣物的反面朝外，以防正面色泽受到影响。

五、保色

家庭中织物颜色变化的主要原因是水洗褪色、日晒褪色、熨烫褪色、跌破摩擦褪色和沾色。染料易溶于水及上染后染料和织物间引力较小是水洗褪色的原因，这类织物不宜多洗。染料不耐高温是日晒褪色和熨烫褪色的原因，这些织物不宜暴晒，熨烫时要控制温度。染料颗粒大和不易深入材料内部是织物跌破褪色的原因，这种织物穿着时要小心被钩破和磨坏。织物沾色的原因是深浅色服装混洗，深色褪至浅色织物上。

织物的色泽保持主要靠优良的染料性能和合理的染色工艺，家庭保色的作用不是很大。在穿着使用和保管清洗时，按照织物洗水标上的要求操作而发生重大色泽变化的应属质量问题。

六、纺织品和服装使用说明

GB/T 5296.4—2012中规定了纺织品和服装使用说明的基本原则、标注内容和标注要求。

所谓使用说明，是向使用者传达如何正确、安全使用产品以及与之相关的产品功能、基本性能、特性的信息。它通常以使用说明书、标签、标牌等形式表达。它可以用文件、词语、标志、符号、图表、图示以及听觉或视觉信息，采取单独或组合的方法表示。

1. 使用说明的内容

（1）制造者的名称和地址。纺织品和服装应标明承担法律责任的制造者依法登记注册的名称和地址。进口纺织品和服装应标明该产品的原产地（国家或地区），以及代理商或进口商或销售商在中国大陆依法登记注册的名称和地址。

（2）产品名称。产品应标明名称，且表明产品的真实属性。国家标准、行业标准对产品名称有术语及定义的，宜采用规定的名称。国家标准、行业标准对产品名称没有术语及定义的，应使用不会引起消费者误解或混淆的名称。

（3）产品号型或规格。纱线应至少标明产品的一种主要规格，如线密度、长度或重量等。织物应至少标明产品的一种主要规格，如单位面积质量、密度或幅宽等。床上用品、围巾、毛巾、窗帘等制品应标明产品的主要规格，如长度、宽度、重量等。服装类产品宜按 GB/T 1335.1—2008、GB/T 1335.2—2008（附录四）或 GB/T 6411—2008 表示服装号型的方式标明产品的适穿范围，针织类服装也可标明产品长度或产品围度等。袜子应标明袜号或适穿范围，连裤袜应标明所适穿的人体身高和臀围的范围。帽类产品应标明帽口的围度尺寸或尺寸范围。手套应标明适用的手掌长度和宽度。其他纺织品应根据产品的特征标明其号型或规格。

（4）纤维成分及含量。产品应按规定标明其纤维的成分及含量。皮革服装应按 QB/T 2262—1996 的规定标明皮革的种类名称。

（5）维护方法。产品应按 GB/T 8685—2008（附录五）规定的图形符号表述维护方法，可增加对图形符号相对应的说明性文字。当 GB/T 5296.4—2012 图形符号满足不了需要时，可用文字予以说明。

（6）执行的产品标准。产品应标明所执行的国家、行业、地方或企业的产品标准编号。

（7）安全类别。应根据 GB 18401—2010 标明产品的安全类别。

（8）使用和储藏注意事项。因使用不当可能造成产品损坏的产品宜标明使用注意事项；有贮藏要求的产品宜说明储藏方法。

2. 使用说明的形式

使用说明有以下几种形式：直接印刷或织造在产品上；固定在产品上的耐久性标签；悬挂在产品上的标签；悬挂、粘贴或固定在产品包装上的标签；直接印刷在产品包装上；随同产品提供的资料等。

可采用一种或多种形式。当采用多种形式时，应保证其内容的一致性。

号型或规格、纤维成分及含量、维护方法三项内容应采用耐久性标签，其余的内容宜采用耐久性标签以外的形式。如果采用耐久性标签对产品的使用有影响，如布匹、绒线袜子、手套等产品，可不采用耐久性标签。如果是团体定制且为非个人维护的产品，可不采用耐久性标签。如果产品被包装、陈列或卷折，消费者不易发现产品耐久性标签上的信息，则还应采取其他形式标注该信息。

3. 使用说明的位置

使用说明应附着在产品上或包装上的明显部位或适当部位。应按单件产品或销售单元为单位提供。

耐久性标签应在产品的使用寿命内永久性地附在产品上，且位置要适宜。服装的纤维成分及含量和维护方法耐久性标签，上装一般可缝在左摆缝中下部，下装可缝在腰头里子下沿或左边裙侧缝、裤侧缝上。床上用品、毛巾、围巾等制品的耐久性标签可缝在产品的边角处。特殊工艺的产品上耐久性标签的安放位置，可根据需要设置。

第四节　纺织品的鉴别与消费者权益保护

一、纺织纤维的鉴别

随着化学纤维的发展，各种纤维原料制成的纯纺、混纺和交织织物日益增多，正确地鉴别纺织品是极为重要的，可以使消费者在消费过程中清楚产品的使用价值，维护合法权益。

1. 纺织纤维的鉴别方法

纺织纤维的鉴别有手感目测法、燃烧法、显微镜法、溶解法、药品着色法以及红外光谱法等。在实际鉴别时，常常需要采用多种方法，综合分析和研究以后才能得出结果。

（1）手感目测法。手感目测法是用手触摸、眼睛观察，凭经验判断纤维类别的方法。这种方法简便、快速，不需要任何仪器，特别适用于散纤维状纺织原料的鉴别，但需要丰富的经验，且准确性有限，常用作初步鉴别。手感目测法能分出一些天然纤维品种，化学纤维具体品种无法准确鉴别出来。

用手触摸感受纤维的手感：棉、麻手感较硬，羊毛很软。蚕丝、黏胶纤维、锦纶手感适中。

用手拉伸纤维感受其强度：蚕丝、麻、棉、合成纤维强度大；毛、黏胶纤维、醋酯纤维则较弱。

用手拉伸纤维感受其伸长度：棉、麻的伸长度较小；毛、醋酯纤维的伸长度较大；蚕丝、黏胶纤维、大部分合成纤维的伸长度适中。

观察纤维的长度与整齐度：天然纤维长度整齐度较差，化学纤维的长度整齐度较好。棉纤维纤细柔软，长度很短。羊毛较长且有卷曲、柔软而富有弹性。蚕丝则长而纤细，且有特殊光泽。麻纤维含胶质且硬。

用手掂其重量：棉、麻、黏胶纤维比蚕丝重；锦纶、腈纶、丙纶比蚕丝轻；羊毛、涤纶、维纶、醋酯纤维与蚕丝重量相近。

棉织物手感柔软但不光滑，布面干爽，色泽暗淡。毛织物手感温暖、滑糯挺爽、活络丰满、富有弹性，手捏放松后皱褶迅速恢复，光泽柔和。麻织物手感粗硬、坚韧、挺括、易皱、凉爽，布面有经纬向随机分布的节。丝织物手感柔软、光滑爽洁，绸面明亮、柔和，色泽鲜艳，细薄飘逸，富有强力，揉搓时发出特有的丝鸣。再生纤维织物手感平滑柔软，有湿冷感，色彩鲜艳，光泽柔和，用手捏紧放松后皱褶较多，且恢复慢。再生纤维长丝有金属般的光泽。涤纶织物手感挺爽、弹性好，不易起皱，在阳光下有闪光。锦纶织物手感比涤纶滑糯，但比涤纶易起皱。腈纶织物手感蓬松，伸缩性好，类似毛织物，但没有毛织物活络。维纶织物类似棉织物，但不及棉织物细柔，色泽不鲜艳。

对面料进行鉴别时，除对面料进行触摸和观察外，还可以从面料边缘拆下纱线，予以解捻，然后根据纤维形态、手感、伸长、强度等特征加以识别。如果是长丝，可把丝湿润，若在湿润处容易被拉断，那就是黏胶长丝；如不在湿润地方被拉断则是蚕丝；如果纤维在干湿状态下的强度都很好，不容易被拉断的则可能是合纤长丝，即涤纶丝或锦纶丝。如果是短纤维，可先看看它们的长短情况。如若长度不一，那是棉花或羊毛等天然纤维，细的大多是棉花，稍粗些的是羊毛，而硬一些的是麻类。若长度比较均匀，可能是化学纤维的短纤维。

（2）燃烧法。燃烧法是鉴别纤维简单而常用的方法之一。它是利用各种纤维靠近火焰、接触火焰、离开火焰时的状态，燃烧时产生的气味，燃烧后残留物特征的不同来鉴别纤维类别。

具体方法是：从样品上取少许试样，用镊子夹住，缓慢靠近火焰，观察纤维对热的反应（熔融、收缩）情况；将试样移入火焰中，使其充分燃烧，观察纤维在火焰中的燃烧情况；将试样撤离火焰，观察纤维离火后的燃烧状态；当试样火焰熄灭时，嗅闻其气味；待试样冷却后观察残留物的状态，用手轻捻残留物。常用纤维燃烧状态见附录六。

（3）显微镜观测法。因为不同纤维具有不同的外观形态、横断面和纵向形态，所以用普通的生物显微镜（100~500倍）就能鉴别出来。参见附录七。

借助显微镜观察纤维纵向外形和截面形状，或配合染色等方法，可以比较准确地区分天然纤维和化学纤维。

（4）溶解法。利用纤维在不同温度下的不同化学试剂中的溶解特性来鉴别纤维。将少量纤维试样置于试管或小烧杯中，注入适量溶剂或溶液，在常温（20~30℃）下摇动5min（试样和试剂的用量比至少为1∶50），观察纤维的溶解情况。对有些在常温下难以溶解的纤维，需加温沸腾3min，观察纤维的溶解情况。溶解情况分为立即溶解、溶解、部分溶解、微溶、块状、不溶解、溶胀。

常用的溶剂有硫酸、盐酸、次氯酸钠、氢氧化钠、硝酸、甲酸、冰乙酸、氢氟酸、铜氨、硫氰酸钾、N，N-二甲基甲酰胺、丙酮、四氢呋喃、苯酚、苯酚四氯乙烷、吡啶、1，4-丁内酯、二甲苯、环己酮、四氯化碳、二氯甲烷、二氧六环、乙酸乙酯等。

一种溶剂往往能溶解多种纤维，因此用溶解法鉴别纤维时，要连续进行不同溶剂溶解试验才能确认所鉴别纤维的类别。在鉴别混纺产品的混合成分时，可先用一种溶剂溶解一种成分的纤维，再用另一种溶剂溶解另一种成分的纤维。这种方法也可用来分析混纺产品中各种纤维的成分和含量。

（5）含氯含氮呈色反应。若纤维中含有氯、氮元素，会呈现特定的呈色反应。

含氯试验：取干净的铜丝，用细砂纸将表面的氧化层除去，将铜丝在火焰中烧红立即与试样接触，然后将铜丝移至火焰中，若火焰呈绿色，就说明纤维中含有氯，如氯纶、偏氯纶、腈氯纶。

含氮试验：试管中放入少量切碎的纤维，并用适量碳酸钠覆盖，在酒精灯上加热试管，试管口放上红色石蕊试纸。若红色石蕊试纸变蓝色，说明有氮存在，如蚕丝、动物毛绒、大豆蛋白纤维、牛奶蛋白改性聚丙烯腈纤维、聚乳酸纤维、腈纶、锦纶、氨纶。

（6）试剂着色法。根据各种纤维对某种化学试剂的着色性能不同鉴别纤维。这种方法适宜于鉴别未染色的纤维及其纯纺产品。

着色剂分两种：一种是专用着色剂，用以鉴别某一类特定纤维，如酸性染料是羊毛、蚕丝等蛋白纤维的专用着色剂；另一种是通用着色剂，由各种染料混合而成，能使各种不同纤维呈现不同的颜色。

（7）熔点法。不同种类的合成纤维具有不同熔点，例如，锦纶 6 熔点 216℃，锦纶 66 熔点 244℃。熔点法不适用于天然纤维素纤维、再生纤维素纤维和蛋白质纤维。由于某些合成纤维的熔点比较接近，有的纤维没有明显的熔点，所以熔点法一般不单独应用，而是作为验证手段。

（8）密度法。利用密度梯度管测定未知纤维的密度，并与已知纤维密度表进行对比，来鉴别未知纤维的类别。由于此法需要配置标准的梯度密度液柱，消费者无法进行。

（9）红外吸收光谱鉴别法。各种材料由于结构基团不同，对入射光的吸收率也不同，在红外吸收光谱中表现出的特征吸收峰不同，以此来鉴别纤维类别。由于此法需要专门的仪器，消费者无法进行。

2. 一般的鉴别步骤

（1）鉴别前要对试样进行预处理，因为若试样上附着整理剂、涂层、染料等物质可能掩盖纤维的特征，干扰鉴别结果的准确性。一定要选择适当的溶剂和方法除去这些物质，不能使纤维形态或性质有任何改变。

（2）用燃烧法区别出天然纤维和化学纤维。

（3）采用显微镜法将待测纤维进行大致分类。天然纤维素纤维（如棉、麻等）、部分再生纤维素纤维（如黏胶纤维等）、动物纤维（如羊毛、羊绒、兔毛、驼绒、羊驼毛、马海毛、牦牛绒、蚕丝等），因具有独特的形态特征，用显微镜法即可鉴别。

（4）如果是合成纤维、部分再生纤维（如莫代尔、Lyocell 等）及其他纤维，采用燃烧法、溶解法等一种或几种方法进行进一步确认。

（5）在鉴别混合纤维和混纺纱时，一般可用显微镜观察确认其中含有几种纤维，然后再用适当方法逐一鉴别。

（6）对于经过染色或整理的纤维，先要进行染色剥离或其他适当的预处理，才可能保证鉴别结果可靠。

（7）对双组分纤维或复合纤维，常先用显微镜观察，然后用溶解法和红外吸收光谱法等逐一鉴别。

3. 系统鉴别法

系统鉴别法是综合运用上述物理和化学方法，根据纤维的特点，按照一定的步骤由简单到复杂，范围逐渐缩小，分层逐级鉴别的方法，是一种准确、灵活、有效的方法。图2-51所示为纺织纤维系统鉴别图

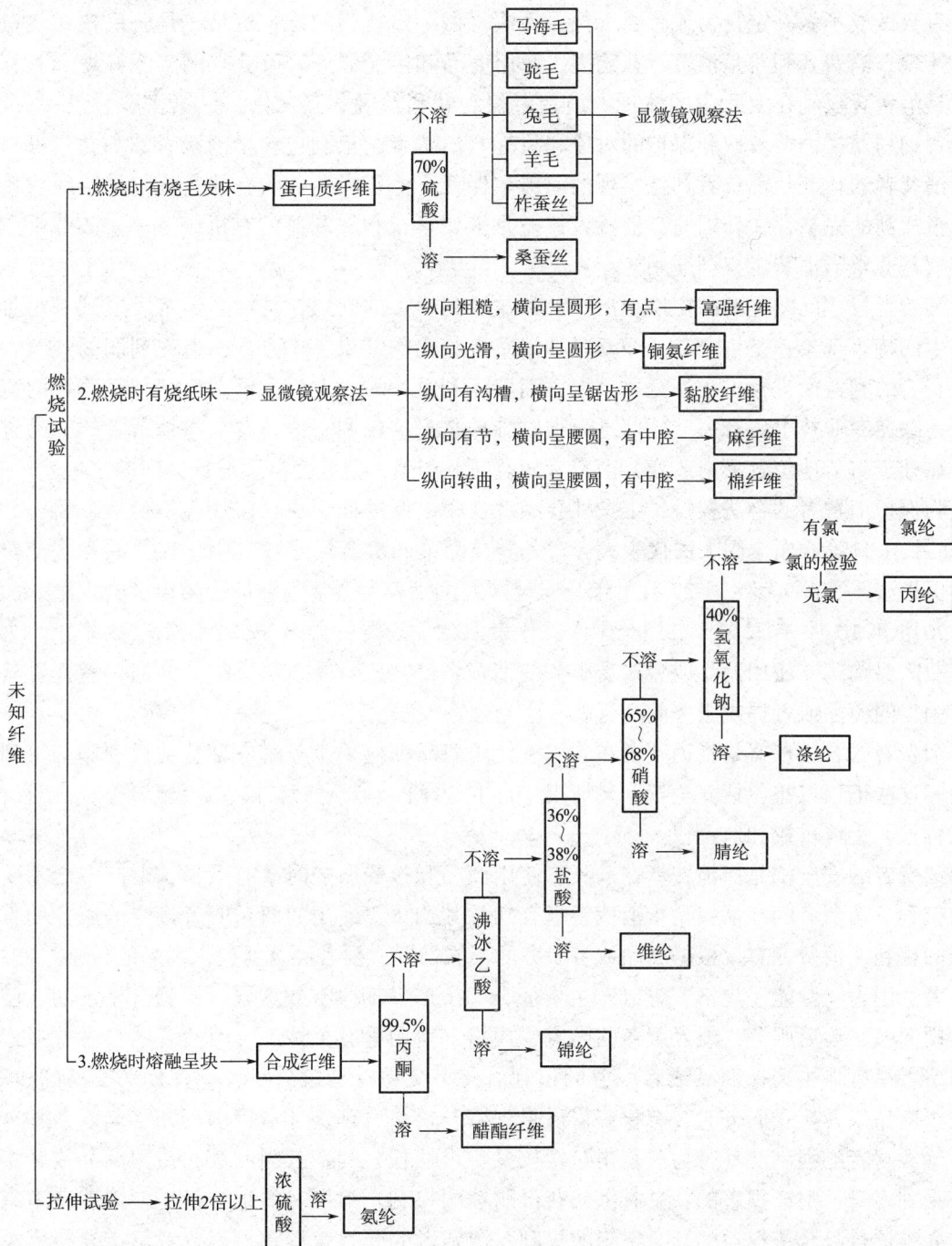

图 2-51　纺织纤维系统鉴别图

二、消费者权益与消费者权益保护

消费者权益是指消费者在购买、使用商品和接受服务时所享有的权利及权利得到保护时带来的利益的总称，它反映生产者及经营者与消费者之间经济利益关系的规则或准则。

消费者权益包含消费者权利和消费者利益。消费者权利是指消费者在消费领域中所具有的、有权做或不做一定行为或者要求他人做或不做一定行为的法定资格，是公民权在消费领域的体现。消费者利益是消费者在购买、使用商品和接受服务时所获得的实际好处和有利条件，是消费者权利在实际中的体现。消费者权利和利益既相互区别，又紧密联系。一方面，消费者的利益是消费者权利保护的对象和目标，消费者的权利包含了消费者的利益；另一方面，消费者的权利是消费者利益实现的前提和保证，消费者利益的有效实现归根结底依赖于消费者权利的完整存在。因此，消费者权益是消费学权利和利益的有机统一体。实践中，消费者权益通常与消费者权利通用。

消费者权益问题是商品交换中消费者利益受到损害的问题，是社会经济发展到一定阶段所产生的特有现象，是生产者、经营者和消费者分离的结果。一方面，追逐利润的经营者不顾消费者的利益而进行不正当竞争，损害消费者利益；另一方面，消费者在与经营者的博弈中因为缺乏专业技术和有关产品信息而难以维护自身的权利。消费者在与经营者的交易过程中明显处于劣势地位且无力改变，消费者权益问题产生，并成为严重的社会问题之一。

为保护消费者的合法权益，维护社会经济秩序，促进社会主义市场经济健康发展，1993年10月31日第八届全国人民代表大会常务委员会第四次会议通过《中华人民共和国消费者权益保护法》，2009年8月27日第十一届全国人民代表大会常务委员会第十次会议第一次修正，2013年10月25日第十二届全国人民代表大会常务委员会第五次会议第二次修正。为生活消费需要购买、使用商品或者接受服务的消费者，其权益受该法保护；为消费者提供其生产、销售的商品或者提供服务的经营者，应当遵守该法。

消费者的合法权益是指消费者在购买、使用商品和接受服务时应享有的权利和应得到的利益。这些正当权益包括安全权、知情权、自主选择权、公平交易权、获得赔偿权、结社权、受教育权、受尊重权和监督权。

消费者的安全权是指消费者在购买、使用商品和接受服务时享有人身、财产安全不受损害的权利。消费者的知情权是指消费者享有知悉其购买、使用的商品或者接受的服务的真实情况的权利。消费者有权根据商品或者服务的不同情况，要求经营者提供商品的价格、产地、生产者、用途、性能、规格、等级、主要成分、生产日期、有效期限、检验合格证明、使用方法说明书、售后服务，或者服务的内容、规格、费用等有关情况。消费者的自主选择权是指消费者享有自主选择商品或者服务的权利。公平交易权是指消费者享有公平交易的权利，在购买商品或者接受服务时，有权获得质量保障、价格合理、计量正确等公平交易条件，有权拒绝经营者的强制交易行为。获得赔偿权又称求偿权，消费者因购买、使用商品或者接受服务受到人身、财产损害的，享有依法获得赔偿的权利。消费者的结社权是指消费者享有依法成立维护自身合法权益的社会组织的权利。消费者的受教育权是指消费者享有获得有关消费和消费者权益保护方面的知识的权利。消费者的受尊重权是指消费者在购买、使用商品和接受服务时，享有人格尊严、民族风俗习惯得到尊重的权利，享有个人信息依法得到保护的权利。消费者的监督权是指消费者享有对商品和服务以及保护消费者权益工作进行监督的权利。

当消费者和经营者发生消费者权益争议的时候，可以通过下列途径解决：

（1）与经营者协商和解。

（2）请求消费者协会或者依法成立的其他调解组织调解。

（3）向有关行政部门申诉。

（4）根据与经营者达成的仲裁协议提请仲裁机构仲裁。

（5）向人民法院提起诉讼。

商家侵犯消费者权益，消费者进行投诉需要准备的内容包括：

（1）投诉方和被投诉方的基本信息，包括投诉方的姓名、身份证号码、地址、邮政编码、联系电话等；被投诉方的单位名称、地址、邮政编码、联系人、联系电话等。

（2）损害事实发生的时间、地点、过程及与经营者协商的情况。

（3）有关证据。消费者要提供与投诉有关的证据，证明购买、使用商品或接受服务与受损害存在因果关系，法律法规另有规定的除外。消费者协会一般不留存争议双方提供的原始证据（原件、实物等）。

（4）明确、具体的诉求。

第三章　纺织品价格

教学要求

1. 认知纺织品价格的意义。
2. 理解影响纺织品价格的因素。
3. 掌握纺织品的定价步骤。

第一节　纺织品价格含义及意义

纺织品是人民生活的主要消费品之一。2017 年我国社会消费品零售总额 366262 亿元，其中服装鞋帽、针纺织品类 14557 亿元，占 3.97%。纺织品在我国对外贸易和为国家财政提供积累方面也有重要地位。纺织品的价格是否合理，对发展纺织业、实现供求平衡、稳定市场、提高人民生活水平和扩大对外贸易等方面有重要影响。

一、价格的含义

在日常生活中，价格一般指进行交易时，买方所需要付出的代价或付款的金额。按照经济学的严格定义，价格是商品同货币交换比例的指数。在微观经济学中，资源在需求者和供应者之间重新分配的过程中，价格是重要的变数之一。

价值是商品的属性之一。商品价值量和社会劳动生产率成反比，和社会必要劳动时间成正比。不经过人类劳动加工的东西，如空气，即使对人们有使用价值，也不具有价值。价格是以货币为表现形式，为商品、服务及资产所订立的价值数字。所以说，价值是商品的社会属性，价格是价值的外在表现。

商品的价格受价值规律支配和其他因素影响。虽然商品价格是变现价值的，但是，仍然存在着商品价格和商品价值不相一致的情况。价值规律表明，价格围绕价值上下波动，也就是，价格高于或低于商品价值都是价值规律的表现形式。价格还与社会需求量有密切的关系，虽然同一件商品所包含的无差别的人类劳动相同，但是当一件商品的供应量大于需求量，其价格就会降低；当其供应量小于需求量，供不应求时，其价格就会上升。从某一次具体交换看，商品价格和它的价值往往是相脱离的；但从较长时间和整个社会的趋势上看，商品价格仍然符合其价值。价值是价格的基础，价格是价值的表现形式。价值决定价格，价格围绕价值上下波动。

一般说来，价格是由产品价值决定的，价格是产品价值的货币表现，价值越高，价格往往也越高，反之亦然。但由于企业和消费者的立场不同，在主观上对价格的确定有不同的倾向，而市场的最终价格又必须为双方同时接受。因此市场上的价格是由顾客需求、成本函数和竞争者价格组成的。

二、价格的职能

所谓价格职能是指价格本身所固有的功能。它是由商品价格的固有本性所决定的，是价格产生时就具有的，因此是客观存在的，不依社会经济条件变化而变化。但不同的社会经济条件，却使价格职能的发挥具有不同的特点。商品价格具有以下六项职能。

1. 标度职能

标度职能即价格所具有的度量、标记商品价值量的功能。在商品经济条件下，劳动时间是商品的内在价值尺度，而货币是商品内在价值尺度的外部表现形式。货币作为价值尺度的作用是借助价格来实现的，价格承担了表现社会劳动耗费的职能，成为表现商品价值量大小的货币标记。

2. 调节职能

调节职能即价格所具有的调整经济关系、调节经济活动的功能。由于商品的价格和价值经常存在不相一致的情况，价格的每一次变动都会引起交换双方利益关系的转换，因而使价格成为有效的经济调节手段和经济杠杆。最典型的例子就是当有许多人想要买某商品时，该商品的价格就会自动上升，从而使那些买不起的人放弃消费，调节有限的资源。

3. 信息职能

信息职能即价格变动可以向人们传递市场信息，反映供求关系变化状况，引导企业进行生产、经营决策。价格的信息职能，是在商品交换过程中形成的，是市场上多种因素共同作用的结果。

4. 表价职能

表价职能就是价格表现商品价值的职能。表价职能是价格本质的反映，它用货币形式把商品内含的社会价值表现出来，从而使交换行为得以顺利实现，也向市场主体提供和传递了信息。商品交换和市场经济越发达，价格的表价职能越能得到充分体现，也越能显示出其重要性。

5. 核算职能

核算职能是指通过价格对商品生产中企业乃至部门和整个国民经济的劳动投入进行核算、比较和分析的职能，它是以价格的表价职能为基础的。我们知道，具体的劳动和不同商品的使用价值是不可综合的，也是不可进行比较的。价格的核算职能不仅为企业计算成本和核算盈亏创造了可能，而且也为社会劳动在不同产业部门、不同产品间进行合理分配，提供了计算工具。

6. 分配职能

分配职能是指价格对国民收入再分配的职能，它是由价格的表价职能和调节职能派生出来的。国民收入再分配可以通过税收、保险、国家预算等手段实现，也可通过价格这一经济杠杆来实现。当价格实现调节职能时，它同时也已承担了国民经济收入企业和部门间的再分配职能。

三、价格的心理功能

价格作为一个客观因素，它对消费者的购买心理必定产生影响，从而在一定程度上影响消费者的购买行为，这种影响作用称为价格的心理功能。具体包括以下几个方面。

1. 衡量商品价值和品质的功能

在现实生活中，价格是消费者用以衡量商品价值和品质的工具。"一分钱，一分货""便宜没好货、好货不便宜"，便是这种心理的具体反映。由于生产技术的突飞猛进，商品品种越来越多，新产品不断出现，一般的消费者都感到对商品的优劣难以辨别，更难知道哪种商品的价值是多少。因此，一般都在心理上把商品价格看成是商品价值和品质的代表。

2. 自我意识比拟

商品价格本来是商品价值的货币表现，其作用是有利于商品交换。但从价格心理的角度看，它还有另外一种作用，就是购买者把商品价格作为自我意识比拟的心理作用。也就是说，商品价格不仅具有劳动价值的意义，也有社会心理价值的意义。原因在于购买者通过联想与想象，把商品价格与个人的愿望、情感、个性心理特征结合起来，通过这种比拟来满足心理上的要求或欲望。

这种自我意识比拟包括多方面的内容，一般包括社会地位的比拟、文化修养的比拟、生活情操的比拟、经济收入的比拟等。例如，有些消费者热衷于追求时尚、高档、名牌的商品，对折价处理品不屑一顾；有的还认为到地摊小店购买商品有损身份。这就是把商品价格和个人的社会地位进行比拟。

3. 决定消费需求量增减的功能

商品价格高低对需求有调节作用。一般来说，在同等条件下，当商品价格上涨时，消费需求量将减少；当商品价格下跌时，消费需求量将会增加。但在市场经济发展中，商品价格对需求的影响，还受消费者心理因素的制约。如当一种产品的价格下降时，人们不一定增加购买而是产生疑虑心理，担心商品质量；或怀有期望的心理，等待继续降价等。所以会出现商品降价反而抑制购买行为的现象。当价格上涨时，人们不一定减少购买，有时会产生紧张心理，担心价格继续上涨，所以会在储备动机的支配下大量或重复购买，以致出现商品涨价反而刺激购买行为的现象。当然这种调节功能，还取决于商品的种类和消费者对此商品的需求程度。

由此可见，一种商品的市场价格变动后，可对消费需求产生多种不同的影响。其中消费者的心理因素起着非常重要的作用。消费者对商品价格的反应特征有以下四种。

（1）习惯性。有些商品价格在长期的营销活动中，逐步形成某种程度的固定性，消费者对此也形成一种购买习惯，在价格上形成买卖双方都能接受的习惯价格。习惯价格不仅给营销活动带来方便，同时在价格心理上还起着稳定性和合理性的作用。

对形成习惯价格的商品，消费者往往十分敏感。他们用"习惯"的标准，评价、比较和决定购买。违背习惯的标准会使他们产生疑虑，在心理上难以接受或导致行为变动。如果同一商品在市场上有多种价格，消费者便会对习惯价格产生信任和认同，而对其他价格产生怀疑和拒绝。因此，在调整价格特别是提高价格时，一定要采取慎重态度，多做宣传解释，使消费者心理上趋于平衡。

（2）敏感性。越是与日常生活密切相关，购买频率高的商品，消费者对其价格敏感性越高，反应越强烈。相反，非生活必需品，购买频率低的商品，价格敏感性就低，反应相对迟缓。一般来说，当商品价格轮番上涨之初，必定会使消费者反应强烈，并产生心理抵抗。但久而久之，消费者的心理承受能力可能逐渐增强，慢慢适应价格上涨而变得有些"麻木"起来，这时，消费者反而会对价格的下降表现较为敏感。

（3）感受性。个体对商品价值的感知受多种因素的影响，诸如商品本身的外观、质感、重量、大小、包装；商品对于消费者的使用价值和社会价值；商品在出售中的环境气氛、展示方法、商标或商家声誉、服务方式等都会作用于消费者的心理，使他们对商品价格产生不同的感知。

（4）倾向性。不同类型的消费者对商品的档次、质量、品牌要求不一，因而对一种商品的价格也往往具有明显的倾向性。表现为以某一价格决定是否购买或事先确定可接受的价格标准。这一特征与消费者的经济地位、购买经验和生活方式有关系。在我国目前的经济条件下，多数消费者由于受到收入水平和支付能力的限制，比较倾向于选择中档的消费品。

四、纺织品价格的特点

同其他商品相比，纺织品的价格具有以下特点。

（1）纺织品价格与人民生活息息相关，它的水平及波动直接关系到每名消费者的利益。在名义收入不变的情况下，物价水平持续走高，就意味着老百姓的实际收入减少，从而生活质量下降。

以衣着消费为例。衣着消费是生活消费的基本结构之一，其遮身护体功能相对弱化，美学属性日趋重要，并向享受方向发展。2019 年，全国居民人均消费支出 21559 元，城镇居民人均消费支出 28063 元，农村居民人均消费支出 13328 元，其中人均衣着消费支出 1338 元，占人均消费支出的比重为 6.2%。当纺织品价格发生较大波动时，会对消费者的生活质量，尤其是幸福感带来一定的影响。

（2）在纺织品成本中，原材料费用比重较高，因而原料的价格水平及其波动直接影响纺织品价格水平及其波动。

原材料价格波动考验着企业成本风险控制的能力，这是纺织行业必须面对的老问题，多年来仍未得到很好的解决。业内素有"七纱八布"的说法，是指原料在纱类产品的成本占七成，在布类产品的成本占八成，而在服装成本中原料所占比例一般也达到六成。纺织原料价格受气候、石油价格的影响较大，原材料的价格和质量直接影响产品的价格和质量。一旦发生价格上较大的波动，不但对企业成本控制带来较大的考验，而且还会影响到消费者的利益。

（3）纺织品的品种规格复杂，花样款式繁多，市场需求变化较快，产品差异化较小。需要纺织企业采用灵活多变的价格管理方式，及时调整产品价格，既保证企业获得一定利润，又能保护消费者的利益。

五、纺织品价格的意义

价格是重要的经济杠杆,也是企业的重要竞争手段。为纺织品制订合理的价格具有如下作用。

1. 对纺织品生产有调节作用

在市场经济中,价格是最灵敏的杠杆。企业要生存、发展,一靠质优,二靠价廉。有了价格这一杠杆,优质、低价才有竞争力,企业才能生存、发展。

2. 企业的正确核价、定价有利于企业自身的经济核算

符合价值的价格,是按社会必要劳动消耗水平制订的。如果企业经营管理得好,出售产品所获得的收入,就能补偿生产中的一切消耗,并获得一定的盈利,否则就要亏损。所以正确的定价是计算企业劳动消耗和劳动成果的尺度,也是评价企业经营管理水平的尺度,能促进企业加强经济核算,努力改善经营管理,动员内部资源,挖掘潜力,厉行节约,降低成本,增强企业的活力。

3. 有利于企业运用新技术开发新产品,提高产品质量

在市场竞争机制中,总是运行着优质优价、劣质低价的价值规律,企业的产品受到价格的鞭策,这就使得企业不得不重视新技术、设计新花样、开发新产品,增大产品附加值,不断提高产品质量。

4. 有利于企业考虑经济效益的同时,也顾及社会效益

目前的生产都是社会化的大生产,每一个企业都是社会大生产的一部分。如企业一味追求高额利润,甚至偷工减料,以次充好,搞假冒伪劣,损害社会总体利益,最终会毁了企业本身的社会信誉,并受到应有的惩罚。

六、影响纺织品价格的因素

1. 纺织品成本

产品成本是以货币形式表现的产品生产和销售过程中的全部费用支出。纺织品成本是定价的基础,也是制订产品价格的最低经济界限。如果商品低于生产成本出售,生产中消耗的资本就无法得到补偿,生产不能得以维持下去。纺织品成本项目一般包括以下几项。

(1)原料及主要材料。包括外购纱(线)及纺织纤维。

(2)辅助材料。包括包装材料、浆料等。

(3)燃料和动力。包括工艺用燃料(如蒸汽、煤气、煤等费用)和工艺用动力(如工艺用电、工艺用水等)。

(4)生产工人薪酬。包括生产工人的工资、职工福利费、社会保险费、住房公积金等。

(5)产品厂外加工费。包括企业委托外单位加工产品所支付的全部费用。

(6)制造费用。指基本生产车间为管理和组织车间正常生产而发生的各项费用,包括车间管理人员的薪酬、折旧费、修理费、办公费、差旅费、保险费、水电气费、机物料消耗、低值易耗品摊销、劳动保护费、季节性停工损失、产品盘亏及毁损、经营性租赁费等。

2. 供求关系

商品的价格受供求关系的影响较大，供不应求时价格上涨，供过于求时价格下降，甚至低于商品应有价值。只有当供求平衡时，商品的价值和价格才会达到一致。实际纺织品市场中价格与供求关系经常处于变动之中，而流行趋势、季节气候、地域文化、民族观念、经济收入等因素影响产品的供求关系，进而影响产品价格。

3. 竞争因素

在市场经济条件下，纺织品价格通过市场才能实现，市场上的同类产品必然展开激烈的竞争。竞争是多方面、多角度的，有价格竞争，也有非价格竞争。在我国虽然非价格竞争的作用日益增大，但价格竞争仍然是最重要的手段。

价格竞争是利用价格，影响消费者的购买力投向变化，从而吸引消费者，扩大销售额，提高市场占有率。激烈的市场竞争要求企业充分利用价格与需求的变化规律，制订合理的、消费者能够接受的、具有竞争力的价格，使企业在竞争中立于不败之地。

企业为获得竞争优势和持久效益，还要运用品牌、信誉、款式、色泽、花型、工艺质量、特色服务等手段来取得竞争优势。而这些手段都是凝结在商品中的复杂劳动价值的外在表现，理应在价格中得到回报。

4. 差价、比价

制订和调整纺织品价格，就必须正确处理相同产品不同情况下的差价和相关产品的比价问题，这是保证按照价值规律要求制订和调整纺织品价格的具体表现。

差价是指同种纺织品由于流通环节、购销地区、季节或质量不同而形成的价格差额。商品在生产和流通过程中社会必要劳动耗费量的差异，是形成商品差价的主要基础。纺织品差价一般有进销差价、批零差价、地区差价、季节差价和质量差价等。随着产品质量的提高，或品牌的形成，纺织品的差价也会经常调整，从而影响纺织品在市场上的价格。

比价是指同一市场、同一时间，互有联系的不同商品价格之间的比例关系。纺织品比价形成的基础是不同的，纺织品所耗费的社会必要劳动时间多少不一，也就是说，它们各自的价值量不同。纺织品之间价值量的比例通过货币来表现时，就形成了价格上的比例关系。如棉、毛、丝、麻、化纤及各种纺织品之间的比价。各种纱、线、织物以至服装，使用的纤维原料不同，它们之间在服用上可以互相代替，但又存在一定差异。

5. 消费者心理

纺织品市场是一个消费者占主导地位的买方市场。定价的目的是要让消费者接受，而消费者的心理价位通过其"货币选票"影响纺织品的销售，反过来制约纺织品的价格。消费者的心理价位因人而异、因时而异，不同的纺织品市场会构成消费者不同的心理价位。例如，高档服装商店陈列的名牌服装，使消费者在优雅的环境中购物，享受到良好的服务，同时也认可了高昂的服装售价。专业批发市场或集贸市场的大批量同一款式成衣，在消费者心目中则可能是中低档价位。而廉价商店或地摊出售名牌高级服装，消费者看到后自然产生疑虑，定出的心理价位肯定是低价。

第二节　纺织品的定价步骤

价格是企业在进行市场经营活动中最活跃的变量。价格是否合理直接影响企业产品销售和经济效益的提高。但在企业实际定价过程中，情况却要复杂得多，如何科学、准确、合理地为产品定价已成为企业所面临的一个棘手问题。

一、企业定价步骤

选择定价目标 → 确定市场需求 → 估算成本 → 分析竞争状况 → 选择定价方法 → 确定最终售价

二、产品定价的目标

定价目标是指企业通过制订一定水平的价格，所要达到的预期目的。任何企业制订价格都必须按照企业的目标市场战略及市场定位战略的要求来进行，定价所考虑的因素较多，定价目标也多种多样。企业定价目标主要有以下几种。

1. 维持企业生存

当企业遇到生产力过剩、产品积压、竞争激烈或者要改变消费者需求时，特别是面临严重的经济危机时，往往把维持企业生存作为定价的主要目标。为避免倒闭，企业必须制订一个低的价格，借助于大规模的价格折扣，以保本价格，甚至以低于成本的价格出售产品，以期迅速收回资金，争取研制新产品的时间，重求生机。当然这是极端情况下采取的一种策略，不可能长期使用。

2. 市场份额领先

这是很多企业普遍采用的一种定价目标。市场份额是企业经营状况和企业产品在市场上竞争能力的直接反映，对企业生存和发展具有十分重要的意义。较高的市场份额可以保证企业产品的销路，便于企业掌握消费需求变化，易于企业形成控制市场和价格的能力。拥有最大的市场份额后，企业将享有最低的成本和最高的长期利润。为争取市场份额领先，企业需要制订一个尽可能低的价格，广开销路。

3. 产品质量领先

当市场上存在数量较多的关心产品质量胜于关心价格的消费者时，企业可以考虑产品质量领先这样的定价目标。企业必须制订一个高的价格来保证高的产品质量，弥补高额的研究及开发费用。

4. 当期利润最大化

追求当期利润最大化，并不等于制订最高售价。一般而言，定价越高，需求就会减少；需求量越小，单位产品成本就越高，从而影响利润最大化的实现。而定价越低，需求量越大，单位成本就越低，但由于单位产品利润低，就不一定能当期利润最大化。所以企业要做的是找到其中的平衡点。

5. 企业形象最佳化

良好的企业形象是企业的无形资产。企业形象好，能得到消费者的长期依赖，获得较好的长期利益，此时制订的价格要与企业整体定位一致，与目标市场消费者的需求相一致，并遵循社会和职业的道德规范，负起相应的社会责任。企业不可以以暴利来制订价格策略。

企业确定定价目标，必须做到具体情况具体分析。当企业的技术水平还不高时，就不应立即以争取产品质量领先作为定价目标；当低价有可能引发一场价格战，而自己的实力又不够强时，就不能以扩大市场占有率为定价目标。

三、测定需求弹性

一般来说，需求的大小随价格而变。需求弹性是描述市场需求对价格变动的反应的一个指标。当市场需求对价格变动反应不大时，我们认为需求弹性小；反之则认为大。在正常情况下，需求和价格成反比例关系——价格提高，市场需求减少；反之增加。

1. 需求弹性的类型

（1）需求弹性等于1：价格的变动会引起需求量等比例的反方向变动。如某产品提价2%，需求量减少2%，企业的总销售收入基本保持不变。价格的变化对销售收入影响不大，利用价格变动来促进销售就没有太多意义。要更多地考虑成本、竞争对手等因素。

（2）需求弹性大于1：价格的变动会引起需求量较大的反方向变动。如某产品提价2%，需求量降低10%，企业的总销售收入减少很多。应通过低价、薄利多销来达到增加利润的目的。

（3）需求弹性小于1：价格的变动会引起需求量较小的反方向变动。如某产品提价2%，需求量降低1%，企业的总销售收入有所增加。企业定价时，可以订立较高的价格，以此来达到增加利润的目的。

2. 决定需求弹性大小的因素

（1）商品的需要程度。需要程度越高，需求弹性越小。

（2）商品的替代性。替代性越高，需求弹性越大。

（3）商品的供求状况。供大于求，弹性越强。

（4）消费者的购买习惯。拥有品牌忠诚市场的商品，需求弹性小。

（5）消费者的购买心理。如果消费者认为产品质量有所提高，或者认为存在通货膨胀，价格提高也能接受，需求弹性就小。

（6）购买频率。购买频率高，则需求弹性大。

纺织品需求在很大程度上决定着纺织品的最终价格。如纺织品的流行性表现极为明显，流行的周期长短也很不一样。同一纺织产品因其在流行周期中所处的流行时段不同，内在价值会存在较大的差异，因而市场价格差别很大。在流行初期，纺织品价格较高且表现为不断上升；在流行中期，纺织品价格较高且保持稳定；在流行末期，纺织品价格则较低且不断下降。

纺织品市场需求还受到季节气候、地域文化、民族观念等因素的影响。

四、估算成本费用

产品成本是企业在生产、经营过程中各种费用的总和，是确定产品价格的下限。一般来说，企业生产和销售纺织品所发生的一切成本和费用都必须得到足额补偿，企业才能得以持续生存；而只有在补偿之外拥有一定的盈利余额，企业才能得以持续发展。

从管理的角度看，纺织企业的全部经营成本可分为固定成本和变动成本。固定成本是指在短期内不随企业产销量变化而变化的成本，如产品开发费用、厂房租金、设备的折旧费、保险费、管理人员薪酬等，与企业的生产水平无关。变动成本是指一定时期随商品销售量或生产量变动而变动的成本费用，如原材料费或进货成本、贷款利息、仓储费、促销费用、直接人工费等。企业不开工生产，变动成本等于零。

纺织企业应认真分析变动成本与固定成本的相互关系，平均固定成本和变动成本的静态与动态差异，以寻求一定生产经营规模下的成本最小化和利润最大化。

五、分析竞争状况

市场经济最显著的特点是竞争。纺织品市场的竞争非常激烈，需求和成本决定的价格并不一定适应竞争的需要，而合理的价格是有效参与竞争的最好方式。

消费者在购买产品时，一般都会在同类商品中从产品的性价比、产品包装、产品价格等多方面进行比较，因此在进行产品定价时，应参照竞争者的情况：目前或潜在的能够影响该市场盈利能力的竞争对手是谁？目前市场上，竞争对手的实际交易价格是多少？从竞争对手以往的行为、风格和组织结构看，他们的定价目标是什么？与本公司相比，竞争者的优势和劣势是什么？他们的贡献毛益是高还是低？声誉是好还是坏？产品是高档还是低档？产品线变化多还是少？

六、纺织品定价的方法

根据定价时所采取的基本依据不同，纺织品定价方法一般分为三类，即成本导向定价法、竞争导向定价法和顾客导向定价法。不同导向的定价法各有利弊，纺织企业定价时必须要考虑三种导向的合理结合。在维护生产者和消费者双方经济利益的前提下，以消费者可以接受的水平为基准，根据市场变化情况，灵活反应。也就是说，产品定价策略必须符合两方面的要求，既能被消费者接受，又能与企业的目标相吻合。

1. 成本导向定价法

以产品单位成本为基本依据，再加上预期利润来确定价格的成本导向定价法，是中外企业最常用、最基本的定价方法。成本导向定价法又衍生出了以下四种具体的定价方法。

（1）总成本加成定价法。在这种定价方法下，把所有为生产某种产品而发生的耗费均计入成本的范围，计算单位产品的变动成本，合理分摊相应的固定成本，再按一定的目标利润率来决定价格。

（2）目标收益定价法。目标收益定价法又称投资收益率定价法，是根据企业的投资总额、预期销量和投资回收期等因素来确定价格。

（3）边际成本定价法。边际成本是指每增加或减少单位产品所引起的总成本变化量。由于边际成本与变动成本比较接近，而变动成本的计算更容易一些，所以在定价实务中多用变动成本替代边际成本，而将边际成本定价法称为变动成本定价法。

（4）盈亏平衡定价法。在销量既定的条件下，企业产品的价格必须达到一定的水平才能做到盈亏平衡、收支相抵。既定的销量就称为盈亏平衡点，这种制订价格的方法就称为盈亏平衡定价法。科学地预测销量和已知固定成本、变动成本是盈亏平衡定价的前提。

2. 竞争导向定价法

在竞争十分激烈的市场上，企业通过研究竞争对手的生产条件、服务状况、价格水平等因素，依据自身的竞争实力，参考成本和供求状况来确定商品价格，这种定价方法就是通常所说的竞争导向定价法。竞争导向定价主要包括以下 4 种。

（1）随行就市定价法。在垄断竞争和完全竞争的市场结构条件下，任何一家企业都无法凭借自己的实力而在市场上取得绝对的优势，为了避免竞争，特别是价格竞争带来的损失，大多数企业都采用随行就市定价法，即将本企业某产品价格保持在市场平均价格水平上，利用这样的价格来获得平均报酬。此外，采用随行就市定价法，企业就不必去全面了解消费者对不同价差的反应，也不会引起价格波动。

（2）产品差别定价法。产品差别定价法是指企业通过不同营销努力，使同种同质的产品在消费者心目中树立起不同的产品形象，进而根据自身特点，选取低于或高于竞争者的价格作为本企业产品价格。因此，产品差别定价法是一种进攻性的定价方法。

（3）密封投标定价法。在国内外，许多大宗商品、原材料、成套设备的买卖和承包，以及出售小型企业等，往往采用发包人招标、承包人投标的方式来选择承包者，确定最终承包价格。一般来说，招标方只有一个，处于相对垄断地位，而投标方有多个，处于相互竞争地位。标的物价格由参与投标的各个企业在相互独立的条件下来确定。在买方招标的所有投标者中，报价最低的投标者通常中标，它的报价就是承包价格。这样一种竞争性的定价方法就称密封投标定价法。

3. 顾客导向定价法

现代市场营销观念要求企业的一切生产经营必须以消费者需求为中心，并在产品、价格、分销和促销等方面予以充分体现。根据市场需求状况和消费者对产品的感觉差异来确定价格的方法叫作顾客导向定价法，又称市场导向定价法、需求导向定价法。具体又包括以下三种方法。

（1）理解价值定价法。所谓"理解价值"，是指消费者对某种商品价值的主观评判。理解价值定价法是指企业以消费者对商品价值的理解度为定价依据，运用各种营销策略和手段，影响消费者对商品价值的认知，形成对企业有利的价值观念，再根据商品在消费者心目中的价值来制定价格。

（2）需求差异定价法。所谓需求差异定价法，是指产品价格的确定以需求为依据，首先强调适应消费者需求的不同特性，而将成本补偿放在次要的地位。这种定价方法，对同一商品在同一市场上制订两个或两个以上的价格，或使不同商品价格之间的差额大于其成本之间的差额。其好处是可以使企业定价最大限度地符合市场需求，促进商品销售，有利于企业获取最佳的经济效益。

（3）逆向定价法。这种定价方法主要不是考虑产品成本，而重点考虑需求状况。依据消费者能够接受的最终销售价格，逆向推算出中间商的批发价和生产企业的出厂价格。逆向定价法的特点是：价格能反映市场需求情况，有利于加强与中间商的良好关系，保证中间商的正常利润，使产品迅速向市场渗透，并可根据市场供求情况及时调整，定价比较灵活。

4. 各种定价方法的运用

企业应根据不同经营战略和价格策略、不同市场环境和经济发展状况等，选择不同的定价方法。

从本质上说，成本导向定价法是一种卖方定价导向，它忽视了市场需求、竞争和价格水平的变化，有时候与定价目标相脱节。此外，运用这一方法制订的价格均是建立在对销量主观预测的基础上，从而降低了价格制订的科学性。因此，在采用成本导向定价法时，还需要充分考虑需求和竞争状况，来确定最终的市场价格水平。

竞争导向定价法，是以竞争者的价格为导向的。它的特点是：价格与商品成本和需求不发生直接关系；商品成本或市场需求变化了，但竞争者的价格未变，就应维持原价；反之，虽然商品成本或市场需求都没有变动，但竞争者的价格变动了，则相应地调整其商品价格。当然，为实现企业的定价目标和总体经营战略目标，谋求企业的生存或发展，企业可以在其他营销手段的配合下，将价格定得高于或低于竞争者的价格，并不一定要求和竞争对手的产品价格完全保持一致。

顾客导向定价法，是以市场需求为导向的定价方法，价格随市场需求的变化而变化，不与成本因素发生直接关系，符合现代市场营销观念要求，企业的一切生产经营以消费者需求为中心。

七、企业定价策略

1. 阶段定价策略

产品生命周期是指产品从进入市场到被淘汰的整个过程，也就是产品的市场生命周期。任何产品生命周期都有导入期、成长期、成熟期、衰退期四个阶段，它反映了商品价值在市场上的变化过程。导入期是商品投放市场的初期阶段，又称试销期、投放期，初进市场的商品以创新或改良的面貌出现在消费者面前。成长期是指商品在市场上已初步站住脚并逐步扩展市场的时期。成熟期是指产品在市场上已被广泛认识和接受，产品销售量达到最高点的时期。衰退期是指商品在市场上面临被淘汰的时期。

在产品生命周期的不同阶段有不同的特点，因此价格也要适应这些特点，做出相应的调整。纺织品尤其是服装，其生命周期对价格的影响是相当大的，企业应当牢牢把握产品下阶段的特点制订价格，以达到进一步扩大市场占有额、提高利润的目的。

（1）导入期定价。此时的产品作为投放市场的新产品，消费者对其价格会过分关注，而且新产品的定价直接关系到企业产品在市场的销售情况及市场占有率。一般对新产品可考虑以下四种定价策略。

①撇油定价策略。又称取脂定价策略，先高价后低价。利用消费者的求新、求奇心理，抓住激烈竞争尚未出现的有利时机，有目的地将价格定得很高，以便在短期内获取尽可能多的利润，尽快地收回投资的一种定价策略。其名称来自从鲜奶中撇取乳脂，含有提取精华之意，俗称"赚头蚀尾"。

这种策略通常适用于能更好地满足消费者需要，需求量较大，需求弹性较小，仿制较难的新产品。这种定价法的好处是：单位产品利润大，短时间内即可收回投资，当竞争者跟上来时，企业已获得了丰厚利润；能提高新产品的身价，能使顾客产生质量优良的印象，更有利于吸引求新消费者的注意；可以随时调价，在竞争中处于主动，如销路不理想时，通过降低价格，可以扩大销路。这种定价法的不足是：以高价投入市场，可能会出现产品形象尚未树立，而销售增长缓慢的不利形势；畅销、高价带来的高额利润会诱使大批竞争者进入市场，造成价格猛跌直至无利可图。

②渗透定价策略。又称薄利多销策略，先低价后高价。利用消费者求廉的消费心理，有意将价格定得很低，使新产品以物美价廉的形象吸引顾客，占领市场，以谋取远期的稳定利润，又称"蚀头赚尾"。

这种方法一般适用于一些低档品、生活必需品、市场已有类似代用品、消费者对价格较为敏感或易于仿制的新产品。这种定价策略的初期，使竞争对手感到得益不大，不想积极仿制，待到消费者使用习惯又非用不可，并且找不到类似的代用品时，把价格涨到一定高度。此时，消费者虽有不满，但也只能无可奈何地接受了。这种定价法的优点是：企业以薄利多销迅速吸引大批消费者，在短时期内打开产品销路；对竞争者诱惑不大，可减少竞争，使企业获得并保持较高的市场占有率；可使企业经营稳定，获得长期利润。

③引导试用策略。免费试用样品、有奖销售、附送优惠券、配套供应和现金折扣等，满足人们不花钱拥有某产品的心理，为日后的重复购买奠定基础。

④反向定价策略。依据市场需求大小与消费者的反应不同，以消费者对商品价值的理解度为定价依据，根据新产品在消费者心目中的价值和成本来定价。适用于日用品和技术要求不高的产品。

（2）成长期定价。此时市场迅速扩大、竞争加剧，价格应以稳健为主。可保持导入期价格，也可稍高于导入期价格，但不可降价倾销，以免损害产品的优良形象。

一般根据投资总额的一定比例计算利润总额，然后分摊到单位产品成本来确定价格。这样能够保证企业获得目标投资利润，并随产品数量的增加，实现利润总额的增加。

（3）成熟期定价。此时市场竞争最为激烈，销量达到最大，成本也得到下降。企业可以主动变价，进行适当降价，以抵制竞争者带来的竞争压力，保证销售量。此时掌握好降价的幅度十分关键，如果降价幅度过大，虽然排斥竞争者，但也易使企业盈利过低，甚至亏损，难以维持正常的经营活动；降价幅度过小，虽然获得一定盈利，但不能保证击败竞争对手。

（4）衰退期定价。此时产品定价目标主要是最大限度回收资金。可采用下面的策略。

①驱逐法。指企业大幅度降低价格，倾销商品，尽量将竞争对手挤出市场并占领其份额。这样可延长产品寿命，回收资金，为转产做准备。

②维持法。指企业维持原价不变并尽量延长产品生命周期，维持产品在消费者心目中的形象。

③重塑法。如果产品出现再循环，或因竞争者退出而造成市场份额扩大时，企业可以根据需要，配合其他营销策略给产品重新定位。

2. 心理定价策略

从心理学的角度看，消费者的价格心理，是在购买活动中对价格的认识的心理现象，它反映出消费者对价格的知觉程度，也反映出消费者的个性心理。因此，要掌握消费者心理特点，适应消费者购买商品的心理变化要求，采取灵活的定价策略。以下列举几种心理定价策略。

（1）整数定价策略。即在定零售价时有意识地不留零头，定为整数的策略。

对于价格特别高的商品采用整数价格，往往会使消费者感到进入更高级的价目中，可以满足其自尊心理的需要。对于特别低价的商品也可采用整数价格，不仅在销售时减少找零钱的麻烦，而且会给购买者造成商品价格便宜、合算的感觉。

对于一些新产品或消费者不太熟悉的商品，消费者往往以价格辨别商品质量。此时采用整数价格有利于增进产品的信任感和知名度，因而便于销售、开拓市场。

（2）非整数定价策略。这种定价策略又称尾数定价、零头定价，其心理依据是利用消费者对商品价格的感知差异所造成的错觉而刺激购买。消费者普遍存在着"奇数比偶数小，带小数点的比整数小"的心理定势。如某商品标价99.8元，给消费者的感觉是价格还不到100元；但假如标价100.5元，消费者感觉这是一百多元，心理上有一定的差距。求廉求实是消费者的普遍心态。

另外，带零头的价格会给消费者造成定价认真、准确的心理反应，增加信任感。某些数字的发音、含义对某些地区或某类消费者群具有特殊的意义，将其巧妙地运用于定价中，可以激发消费者的情感，给予心理上的满足。同时，在定价中也要避免使用消费者忌讳的数字。

心理学家的研究表明，价格尾数的微小差别，能够明显影响消费者的购买行为。一般认为，5元以下的商品，末位数为9最受欢迎；5元以上的商品末位数为95效果最佳；百元以上的商品，末位数为98、99最为畅销。尾数定价法会给消费者一种经过精确计算的、最低价格的心理感觉；有时也可以给消费者一种是原价打了折扣，商品便宜的感觉。

（3）炫耀定价策略。又称声望定价，就是根据客户炫耀身份、显示地位、满足虚荣心的心理需求而制订的价格策略。商品的价格定得非常高，以确保只有很少一部分消费者有能力拥有它，从而满足这部分消费者的需要，以显示其雄厚的经济地位或社会地位。如用于正式场合的西装、礼服、领带等商品，且服务对象为企业总裁、著名律师、外交官等职业的消费者，则可采用炫耀定价。

（4）廉价品价格策略。主要是针对那些因种种原因而造成损坏的商品所采取的低价抛售的方法。这种策略若运用及时、得当，不仅可以减少损失，甚至可以带动其他正常价格商品的销售。如纺织品中的布头可采取这种价格策略，以减少库存和损失。

（5）折扣定价策略。大多数企业通常都酌情调整其基本价格，以鼓励顾客及早付清货款、大量购买或增加淡季购买。这种价格调整叫作价格折扣和折让。

①现金折扣。如"花100元买130元商品"，错觉折价等同打七折，但却告诉顾客我的是优惠不是折扣货品。

②数量折扣。企业给大量购买某种产品的顾客的一种折扣，以鼓励顾客购买更多的货物。大量购买能使企业降低生产、销售等环节的成本费用。例如，顾客购买某种商品100单位以下，每单位10元；购买100单位以上，每单位9元。

③职能折扣。也叫贸易折扣，是制造商给予中间商的一种额外折扣，使中间商可以获得低于目录价格的价格。

④季节折扣。是企业鼓励顾客淡季购买的一种减让，使企业的生产和销售一年四季能保持相对稳定。

⑤推广津贴。为扩大产品销路，生产企业向中间商提供促销津贴。如零售商为企业产品刊登广告或设立橱窗，生产企业除负担部分广告费外，还在产品价格上给予一定优惠。

（6）合意定价策略。又称满意定价，这是迎合消费者某种心理状态，引起对美好事物联想的定价策略。如近几年我国消费者对数字"8"的偏爱，很多商品定价都以"8"结尾。

3. 差别定价策略

所谓差别定价，也叫价格歧视，就是企业按照两种或两种以上不反映成本费用的比例差异的价格销售某种产品或劳务。差别定价有四种形式。

（1）顾客差别定价。即企业按照不同的价格把同一种产品或劳务卖给不同的顾客。例如，某经销商按照目标价格把某种型号产品卖给顾客A，同时按照较低价格把同一种型号产品卖给顾客B。这种价格歧视表明，顾客的需求强度和商品知识有所不同。

（2）产品形式差别定价。企业对不同型号或形式的产品分别制订不同的价格，但是，不同型号或型式产品的价格之间的差额和成本费用之间的差额并不成比例。

（3）产品部位差别定价。企业对于处在不同位置的产品或服务分别制订不同的价格，即使这些产品或服务的成本费用没有任何差异。

（4）销售时间差别定价。企业对于不同季节、不同时期甚至不同钟点的产品或服务也分别制订不同的价格。

如蒙玛公司在意大利以无积压商品而闻名，其秘诀之一就是对时装分多段定价。新时装上市，以3天为一轮，凡一套时装以定价卖出，每隔一轮按原价削10%，以此类推，那么到10轮（一个月）之后，蒙玛公司的时装价就削到只剩35%左右的成本价了。这时的时装，蒙玛公司就以成本价售出。因为时装上市还仅一个月，价格已跌到1/3，所以一卖即空。蒙玛公司最后结算，赚钱比其他时装公司多，又没有积货的损失。

八、国际产品定价技巧

定价策略是国际市场营销中一个十分敏感的组成部分，企业开拓国际市场时必须加以高度重视。国际产品在定价时除了考虑前面所述问题外，还应考虑以下因素。

1. 汇率波动和通货膨胀

国际企业在签订合同特别是长期合同时，一定要考虑到汇率波动，稍有不慎，可能导致重大损失。

出口产品的销售周期一般较长，因此必须考虑通货膨胀对成本的影响，尤其是一些国家的通货膨胀率很高时，更应着重考虑。在通货膨胀时期企业为维护自身经济利益，可采取如下措施。

（1）延期报价，即在订货合同中不明确价格，而是在产品制成以后或者交货时才进行定价。

（2）在合同中规定调整条款，即在订货合同中加进价格调整条款，规定在交货时把合同确定的价格按某个物价指数的提高而自动提高。

（3）把产品和服务项目分开定价，即把以前属于免费提供的零配件、免费的服务项目进行定价，在随产品出售时收取一部分费用以抵偿通货膨胀造成的损失。

2. 价格管制因素

影响国际产品定价的另外一个重要因素是政府或其他工商集团组织对价格的管制。

由于进入国际市场的各国在经济发展水平、竞争能力、国内资源情况等方面各不相同，许多国家的政府都会在一定程度上对价格实行管制，主要表现在规定毛利、限定最低价或最高价、限制价格变动等。

在国际市场营销领域，还有一些获得垄断地位的工商集团出于保护本集团利益的目的，总是要设法控制价格，采用的方法也有多种，如定价协议、价格安排、专利权特许协议、贸易协会等。

第三节　价格调整策略

现代市场环境复杂多变，为了适应不同时期不同情况的竞争，调整价格的行为是企业必然重视的选择。价格调整策略是指企业在市场营销活动中，根据市场状况、企业条件等价格影响因素的变化适时修订和调整产品基本价格的手段。其目的在于促使产品价格适应供求变化，并与营销组合的其他因素更加协调，发挥最佳促销作用，提高营销效益。在调价前要考虑的几个问题有：需求弹性、价格与利润、消费者、竞争对手、总体营销战略、调价方式。

企业的价格调整有两种情况：一是主动变价，即根据市场条件的变化主动进行调价；二是应对变价，即当竞争对手价格变动以后进行的应变调价，此时，企业成为变价的发动者或应动者。

一、主动变价

在营销过程中，由于内外部环境的变化而要求企业调整其价格。这时，企业需要决策的是是否充当变价的发动者，即主动发动降价或提价。

1. 降价策略

（1）降价的原因。

①企业的生产能力过剩，需要扩大销售，而通过其他营销策略（比如产品改进、加强促销等）来扩大销售的余地很小。

②在强大的竞争压力之下，企业的市场份额下降。

③企业的成本费用低于竞争者，降价可以扩大销售，提高市场占有率。

④由于技术的进步而使得行业生产成本大大降低。

⑤宏观经济环境和政府政策变动。当出现通货膨胀，导致物价上涨和经营者成本费用上升时，经营者趋于提高价格；而当出现通货紧缩时，由于币值上升，竞争产品的价格下降，因而经营者也须削价。同时，政府对国民经济的宏观调整政策将对市场供求、产业结构的变化及消费者收入水平等产生影响，经营者应根据上述方面的变化及时调整自己的经营方向及产品结构，并相应调整价格，与之相适应。

（2）降价方式。企业降价有直接将企业产品的目录价格或标价绝对下降和变相降价两种方式。变相降价包括：折扣、优惠、提供免费服务、延期付款，以及在价格不变的情况下，提高产品质量、增加产品的性能等。这种价格技术较为灵活与隐蔽，不会很快招致竞争者的攻击。

（3）注意事项。经营者采取降价措施时，应注意降价的幅度、频率和降价时机的选择。主要注意以下三方面问题。

①降价幅度要适宜。降幅过小，不能引起消费者的注意和兴趣，起不到降价的效果；降价幅度过大，则会引起消费者对商品质量的疑虑，同样达不到降价的目的。因此消费者对降价客观存在一个知觉"阈限"，经营者降价应在此阈限范围内。根据经验，消费者对价格降低 10%~30%，能正常知觉和理解。当然这一知觉阈限依商品特性及经济环境的不同而有差异。

②降价不宜过频。为避免由于商品价格降低幅度把握不准，造成多次降价，使消费者产生不信任的心理效应，必须保持降价后的相对稳定。

③准确选择降价时机。流行性商品的流行高峰一过就要马上采取降价策略，否则，失去时机后即使降价也难以收到预期效果；对于季节性商品，当时至季中仍然库存过大，应立即采取适当的降价措施；对于一般性商品，降价的最佳时机有可能会延后，因为消费者对产品评价尚高，降价有可能刺激需求，延长成熟期。

2. 提价策略

提价是企业主动调整价格的另外一种形式。提价容易引起竞争力的下降、消费者的不满、经销商的抱怨等，甚至还会受到政府的干预和同行的指责。但成功的提价能大幅地提高企业利润。

企业提价的原因之一是成本的提高。为了保证利润率不降低，企业通过提价将成本的增长转嫁到消费者身上。另一个引起价格上涨的原因是需求过量，当企业的产量无法满足所有消费者的需求时，企业会提高价格，限量购买，缓解市场的供需矛盾。

企业提价可采取以下几种方式。

（1）直接提高商品目录的价格。在企业提价原因不明的情况下，很容易招致消费者的反感。

（2）在通货膨胀时期，延缓报价。企业决定暂时不规定最后价格，等到产品制成时或交货时方规定最后价格。对于生产周期较长的商品，采用延缓报价的方法可减少通货膨胀对企业造成的不利影响。

（3）采用价格自动调整条款。企业要求顾客按当前价格付款，但在交货时可按某种价格指数调整价格，如在交货时支付由于通货膨胀引起增长的全部或部分费用。

（4）将免费项目独立收费，如免费的零配件都可被重新加以定价。

（5）减少或取消价格折扣，如数量折扣、现金折扣等。

在方式选择上，企业应尽可能多地采用间接提价，把提价的不利因素减到最低程度，使提价不影响销量和利润，而且能被潜在消费者普遍接受。同时，企业提价时应采取各种渠道向顾客说明提价的原因。另外，在确定价格调整幅度时，企业应考虑到消费者的反应，采取合适的提价策略。

二、应对变价

有时，企业为了和竞争者保持均势，在竞争对手率先变动价格后，被动改变产品价格，参与竞争。

企业对竞争者调价的反应会因市场的不同而不同。在同质产品市场，如果竞争者降价，企业必随之降价，否则企业会失去顾客。如果竞争者提价，且提价对整个行业有利，其他企业会随之提价，但如有一个企业不提价，提价的企业将不得不取消这次提价。在异质产品市场，企业对竞争者价格变动的反应有更多选择的自由，因产品和消费者偏好的差异性，企业可以利用非价格因素影响消费者的价格意识和心理感受。

企业适应竞争对手的价格变动还必须考虑以下几点：产品在其生命周期中所处的阶段；它在企业产品业务组合中的重要性；竞争者的意图和资源；市场对价格和质量的敏感性；成本费用随着销售量和产量的变化的情况；企业可选择的机会等。

为应对竞争者变价迅速做出反应，企业需预先准备好备用的反应措施，并建立一个价格反应程序来缩短价格反应的决策时间。应对竞争者的价格变化，企业可采取以下三种价格策略。

（1）价格不变，任顾客随价格变化而变化，靠顾客对产品的偏爱和忠诚度来抗御竞争者的价格进攻，待市场环境发生变化或出现有利机会时，企业再做决策。

（2）部分或完全跟随竞争者的价格变动，采取较稳妥的策略，维持原来的市场格局和市场地位。

（3）价格保持不变，用非价格手段实施反击。例如，加强广告攻势，增加销售网点，强化售后服务，提高产品质量，或在包装、功能、用途等方面对产品进行改进。

三、消费者对价格变动的反应

不同市场的消费者对价格变动的反应是不同的，即使处在同一市场的消费者对价格变动的反应也可能不同。从理论上来说，可以通过需求的价格弹性来分析消费者对价格变动的反应，弹性大表明反应强烈，弹性小表明反应微弱。但在实践中，价格弹性的统计和测定非常困难，其状况和准确度常常取决于消费者预期价格、价格原有水平、价格变化趋势、需求期限、竞争格局以及产品生命周期等多种复杂因素，并且会随着时间和地点的改变而处于不断变化之中，企业难以分析、计算和把握。所以，研究消费者对调价的反应，多是注重分析消费者的价格意识。

价格意识是指消费者对商品价格高低强弱的感觉程度，直接表现为顾客对价格敏感性的强弱，包括知觉速度、清晰度、准确度和知觉内容的充实程度。它是掌握消费者态度的主要方面和重要依据，也是解释市场需求对价格变动反应的关键变量。

价格意识强弱的测定，往往以购买者对商品价格回忆的准确度为指标。研究表明，价格意识和收入呈负相关关系，即收入越低，价格意识越强，价格的变化直接影响购买量；收入越高，价格意识越弱，价格的一般调整不会对需求产生较大的影响。此外，由于广告常使消费者更加注意价格的合理性，同时也给价格对比提供了方便，因而广告对消费者的价格意识也起着促进作用，使他们对价格高低更为敏感。

消费者可接受的产品价格界限是由价格意识决定的。这一界限也就规定了企业可以调价的上下限度。在一定条件下，价格界限是相对稳定的，若条件发生变化，则价格心理界限也会相应改变，因而会影响企业的调价幅度。

依据上面介绍的基本原理，可以将消费者对价格变动的反应归纳为以下几种。

（1）在一定范围内的价格变动是可以被消费者接受的；提价幅度超过可接受价格的上限，则会引起消费者不满，产生抵触情绪，而不愿购买企业产品；降价幅度低于下限，会导致消费者的种种疑虑，也对实际购买行为产生抑制作用。

（2）在产品知名度因广告而提高、收入增加、通货膨胀等条件下，消费者可接受价格上限会提高；在消费者对产品质量有明确认识、收入减少、价格连续下跌等条件下，下限会降低。

一般情况下，当某种商品的价格发生变化时，由于顾客受到各种主客观条件的限制，他们很难正确理解商品价格的调整变化。所以，当一些商品调低价格后，本来应刺激顾客大量和重复购买，结果却有相当部分一顾客做出相反的反应，反而使购买量减少。这种心理反应主要包括：认为商品降价是由于品质下降造成的；商品款式旧时，将有新的替代品出现；降价幅度仍不够；经营者财务困难，经营前景悲观，售后服务无保障等。当一些商品价格调高时，本来应抑制一些消费者的需求，减少购买这些商品的数量，结果却发现，一些顾客反而积极购买。这类心理反应主要有：产品畅销才提价，不赶紧买就买不到了；提价幅度还不够，尽早买以防将来付出更高的代价；产品质量和功能提高才提价，买后肯定不吃亏；等等。

第四章　纺织品市场调查和预测

教学要求

1. 掌握市场调查、市场预测的步骤。
2. 能熟练应用市场调查和市场预测的方法进行实践活动。

人们习惯所说的市场是指商品交换的地点或场所。但是从市场营销的角度看，市场指的是具有特定需要和欲望，愿意并能够通过交换来满足这种需要或欲望的全部顾客。人口、购买能力和购买欲望三个因素相互制约，它们结合起来构成现实的市场，并决定市场的规模和容量。所以，市场营销中表达的"市场很大"并不是指交易场所的面积宽大，而是指对某商品的需求很大。这同时意味着研究市场也是在对消费者进行研究。

对于生产企业或营销公司来讲，认识市场、了解市场、了解同行其他企业的生产和经营情况对营销策略的制订和产品开发有重要意义。市场调查就是认识市场、获取市场信息的最基本的方法，也是进行市场预测和商业决策的前提和基础。

第一节　市场调查概念与调查内容

进行市场调查就是要了解市场情况，认识市场现状、历史和未来。一个企业如果掌握市场信息，了解市场动向，势必会为正确决策奠定可能。目前，已经有越来越多的企业把抓好市场调查工作看作是企业决策和经营成败的关键。

一、市场调查的概念

市场调查，也称为市场研究、市场调研、营销研究等。狭义的市场调查主要针对顾客（即购买商品、消费商品的个人或集团），调查与探讨其商品的购买、消费等各种事实、意见及动机。广义的市场调查还包括产品分析。市场调查所从事的产品分析，与工厂里对商品进行的物理和化学分析不同，它是从商品的使用以及消费等角度出发，对商品的效用、使用的方便性、美观程度、价格等方面进行研究。这些分析既可以作为商品计划的基础，也是所有市场运营的出发点。

市场调查的概念是以产品为主要目标，以市场供需为内容，运用科学方法，有目的、有系统地收集市场信息资料，分析研究市场的客观情况，进而掌握市场现状和发展趋势的一种活动。

美国营销协会（AMA）关于市场调查也有一个定义：市场调查是一种通过信息识别和明确市场营销的机会和问题，形成、优化和评估市场营销活动，监督市场营销运作，从而有效地把消费者和社会公众与市场营销主体相联接的手段。

从上述的定义可以看出，市场调查是一个系统，是对市场营销活动全过程的分析和研究，也说明了市场调查的实际作用是收集、分析并解释相关信息，可为企业管理者制订有效的营销决策提供基础性的数据和资料。

市场调查具有认识市场的功能和信息功能。通过调查市场环境、市场供求和企业营销活动进行信息搜集、记录、整理和分析来认识和了解市场，是对市场经济现象的一项认识活动。除此以外，市场调查要准确、及时、全面、系统地搜集各种市场信息，如生产信息、供求信息、需求信息、消费信息、价格信息和市场营销环境信息等。

二、市场调查的意义

对于营销管理来说，进行系统客观的市场调查与预测是必要的。仅凭经验或不够完备的信息做出种种营销决策，对企业来讲是十分危险的，这也是十分落后的一种行为。

企业生产的目的是满足人们的物质和文化生活需要，最终获得利益。市场调查使企业能够及时了解民众的需求，有助于企业制订生产计划；及时了解企业外部和内部的环境及信息，有助于企业针对某些问题进行决策或修正原定策略，如产品策略、定价策略、分销策略、推广策略等；及时了解经济动态和有关科技信息，有助于企业改进技术，提高管理水平。

与此同时，作为市场营销活动的重要环节，市场调查也给消费者提供一个表达自己意见的机会，使他们能够把自己对产品或服务的意见、想法及时反馈给企业或供应商。

三、市场调查的类型

市场调查的分类方法很多，不同的分类方法，所描述的侧重点不同。

1. 按调查目的分类

按调查目的分为探测性调查、描述性调查、因果性调查、预测性调查。

（1）探测性调查。探测性调查也叫探索性调查、试探性调查，是一种非正式调查。探测性调查常常用于大规模的正式调查之前。当提出要考虑的调查事项后，需要对与其相关的情况，如问题性质、市场范围、周围环境等做一般性了解。探测性调查的目的是提供一些资料以帮助研究者认识和理解所面对的问题，使问题定义更准确，找出问题的关键所在，发现想法并洞察内部，以明确调查对象，确定调查重点，为问卷的设计提供更好的思路和更多的相关资料。例如，某服装公司近几个月来，产品的销售量持续下降，原因是什么？是顾客偏好转移，是营销渠道不畅，是市场上出现了新的替代品，还是服装质量出现了问题？探测性调查回答的是"可以调查什么"，也即是"投石问路"。探测性调查时采用没什么代表性的小样本，一般通过试点调查、搜集第二手资料或请教专家，或参照以往发生的类似实例来进行。

（2）描述性调查。描述性调查的目的是描述总体市场的特征或功能。描述性调查针对确定要调查的问题搜集资料并经甄别、审核、记录、整理、汇总，做出更深入、更全面的分析，从而确认问题真相，并对问题的性质、形式、存在、变化等具体情况做出现象性和本质性的描述。如某公司欲了解购买其产品的是哪些消费者，他们会调查消费者具体的年龄分布、收入水平等。通过这种描述性调查，把市场活动的面貌如实地描述出来，不必做出结论。描述性调查回答"是什么"的问题，一般可用于纺织品服装市场占有率的调查、竞争状况的调查、销售渠道的调查、消费者行为的调查和市场潜在需求量的调查等。描述性调查以有代表性的大样本为基础，需要事先制订好具体的假设，事先设计好调查方案。常用方法有二手资料分析、抽样调查、固定样本连续调查、观察法、模拟法等。

（3）因果性调查。因果性调查的目的是获取原因与效果间的关系。管理者常根据一些假设的因果关系做决策，比如降价与销量、广告与购买的关系等，但真实的情况未必与假设相符。应该通过正式的因果关系调查来检验其有效性。调查结论中需要对导致研究对象存在或变化的内在原因和外部因素的相互联系和制约关系做出说明，并对各因素之间的因果关系、主从关系等进行定量的与定性的分析，指出调查对象产生的原因及其形成的结果。因果性调查在描述性调查的基础上，找出纺织品市场上出现的各种现象之间、各种问题之间相互关联的原因和结果，它回答的是"为什么"的问题，常用调查方法是实验法。如为什么某品牌时装畅销国际服装市场，为什么某企业产品的市场占有率今年比去年下降10%。通过因果性调查，可以弄清问题产生的前因后果，以便企业对症下药。

（4）预测性调查。预测性调查是在调查研究的基础上，对市场未来的发展和可能出现的市场行情的变化趋势进行预测，用于支持企业营销战略决策。如建立纺织品品牌销售与广告的因果关系，得知二者比例关系，由此预测下半年由于广告费增加而增加的销售额；预测某纺织品市场消费趋势、某纺织品需求量及其变化趋势、市场容量等。预测性调查着眼于市场现象的未来，它回答"将来怎么样"的问题。

2. 按调查的组织方式分类

按调查的组织方式分为全面调查和非全面调查。

（1）全面调查。全面调查又称市场普查，简称普查，是对市场整体或局部范围内所有的调查对象无一例外地进行的调查。全面调查的目的是了解市场的非常重要的一些基本情况，对市场状况做出全面的、准确的描述，从而为制订政策和规划提供可靠的依据。这种方式收集到的信息不仅覆盖面广，而且细致、精确，可由此得出较可靠的结论，避免产生以偏概全的错误。全面调查需要花费较多的时间、人力、物力和财力，应用范围比较狭窄，适用性小，通常只能用于对有关全局性的、至关重要的基本情况的调查，不宜经常使用。进行商业调查时，如果选用全面调查的方式，前提条件应该是调查对象不多。

（2）非全面调查。非全面调查是就调查对象总体中的某一方面进行调查。与全面调查相比，非全面调查耗费较省且较灵活。同时，由于是选择代表性的一部分对象进行调查，所以可以掌握较细、较全、较准确的资料，对问题的认识也更透彻。纺织品市场调查大多属于非全面调查。

非全面调查具体包括典型调查、重点调查和抽样调查。典型调查就是通过对典型单位的调查来认识同类市场现象总体的本质及其发展规律的调查方法。调查的关键是恰当地选择典型单位，也就是要在对调查对象进行全面分析、比较的基础上，从调查对象中有意识地选择少数有代表性的调查样本作为典型。典型单位的选择必须保证客观性，而且必须可以反映市场现象总体的一般性特征。这种调查方法需要对典型单位进行比较系统的、深入的、面对面的调查，而且主要是进行定性的调查。重点调查是从市场调查总体中选取少量重点单位进行的调查，并用重点单位的调查结果来反映市场总体的基本情况。重点调查的目的是对某个市场总体的数量状况做出基本的推断，主要是进行定量调查。重点调查涉及的对象较少，调查单位数目不多，比较节省人力、物力和财力。例如，要了解全国棉花收购的公司，只要调查湖北、河北、江苏、山东、新疆等主要棉产区的收购进度，就可以大致掌握整体情况。抽样调查是按照一定方式，从调查总体中抽取部分单位作为样本，并根据对样本的调查结果来说明总体情况的一种调查方法。

3. 按调查资料的来源分类

按调查资料的源分文案调查和实地调查。

（1）文案调查。文案调查也叫二手资料分析，或二手数据分析、间接调查法、室内研究法。这种调查方法经常在探测性的研究阶段中使用。它根据调查课题的目的和要求，从各种历史的和现行的文书档案或统计资料中检索出所需的资料，然后加以归类、分析和研究。文案调查的优点是可以充分利用第二手资料，节省调查费用。

（2）实地调查。实地调查必须是在制订详细的调查方案的基础上，由调查员亲自深入现场，单独或是与当地有关机构人员联合，直接向被访问者收集第一手资料，再进行整理和分析，最后写出调查报告。实地调查又分为观察调查、询问调查和实验调查三种。

观察调查是对消费者的现场反应和公开行动以及对市场实况做直接的测定，如消费者对纺织品价格、款式、材料等，或是对橱窗设计等的反应。询问调查是根据所拟调查事项，以当面、电话、书面或网络问卷的形式向被调查者提出询问，来获得有关市场信息资料的调查活动，也叫访问调查法。如询问纺织品花色、品种、价格等方面的意见。询问调查是最常用的纺织品市场调查方法。实验调查是指针对企业所要调查的问题，通过实验来获得资料，并从中取得答案的活动。如针对纺织新科技产品，通过小规模内的试穿、试销，再经过总结、分析、修正、完善，然后逐步推广。

4. 按调查分析的方法分类

按调查分析的方法，市场调查可分为定量市场调查和定性市场调查。

（1）定量市场调查。定量市场调查主要指收集或了解有关市场变化的各种数据，并进行量化或模拟分析，可用来预测市场潜在的需求量以及商品销售的变化趋势。如果一项研究的目的是要找出使用某一种产品的目标消费者数量，以及使用这种产品的频率，那么会选择定量研究，借助得出的量化信息来制订针对特定消费群体的营销战略。

（2）定性市场调查。定性市场调查是根据问题性质和内容对市场进行调查，对环境及消费者各方面的反映进行定性分析，为企业的营销决策提供可靠依据。如果研究目的是获得新想法，如新产品定位或产品重新定位，这时通常采用定性研究。

5. 按照调查的范围和层次分类

如纺织服装市场调查可按产品层次分为女装市场调查、男装市场调查和童装市场调查等；按区域层次可分为国际性市场调查和国内性市场调查；国内性市场调查又可分为全国性市场调查、地区性市场调查和局部性市场调查等；按时间层次可分为经常性市场调查、定期性市场调查、临时性专题市场调查等。

四、市场调查的基本内容

市场调查的内容广泛，涵盖的领域包括市场运营的各个方面。不同企业提供的产品或服务不同，所面对的问题不同，调查的内容以及对调查的理解也不相同。在不同的市场条件下，商品供求双方的力量表现有所不同，表现为通常所说的"买方市场"和"卖方市场"。在买方市场条件下，市场调查的重点放在买方；在卖方市场的条件下，市场调查的重点放在卖方。对于我国纺织品消费市场来讲，目前明显是买方市场。市场调查主要考虑市场的需求，同时也要考虑商情变化、流通渠道和竞争对手的情况。

1. 市场需求的调查

市场商品需求是指一定时期内消费者在一定购买力条件下的商品需求量。无购买力的需求并不计入市场需求中。纺织品市场需求调查是纺织品市场调查中最基本的内容，是纺织企业生产的依据。它包括以下三方面内容。

（1）市场需求量调查。市场需求量也是消费需求量，指某一产品在某一地区和某一时期内，在一定的营销环境和营销方案的作用下，愿意购买该产品的顾客群体的总数。市场需求量直接决定市场规模的大小，它包含着消费购买力与人口数量的影响。分析消费购买力主要看消费者的货币收入的来源、数量、支出方向以及储蓄状况等。人口数量是计算需求量时必须考虑的因素。一般来说人口数量大，说明市场规模大，对产品的需求量大。在考虑人口数量时，也要分析人口的属性状况，如性别、年龄、教育程度等。在拥有一定的支付购买力的条件下，人口数量与消费需求量有密切的相关关系。

（2）消费结构调查。消费结构是指消费者将其货币收入用于不同商品消费的比例。它决定了消费者的消费投向，其组成包括生活必需品、服装、交通、娱乐、卫生保健、旅游及教育等，能在一定程度上反映文化及经济发展水平和社会的习俗。对消费结构调查，主要了解人口构成、家庭规模构成、消费构成、收入增长状况等。

（3）消费者行为调查。对消费者的行为模式和顾客特征及需求等方面的调研是企业一切经营和营销活动的起点。企业必须知道自己的顾客是谁，他们需要什么，导致他们采取购买行动的最直接的刺激因素是什么，以及他们对企业、企业产品和产品品牌的态度。

消费者行为是受消费者的个性心理、个人偏好、宗教信仰、文化程度、消费习惯及周围环境等多方面因素影响的，既有主观因素，也有客观原因。因此消费者行为调查难度较大，需要通过直接调查法和间接调查法相互结合来了解影响消费者行为的影响因素、表现类型等。

2. 纺织产品调查

产品是市场营销组合中最重要、最基本的因素。纺织产品调查的目的是了解消费者对本企业产品的质量、性能、款式、包装、服务等方面的态度，有助于纺织企业提高产品竞争力，同时也为产品整体形象定位提供咨询意见。通过产品调查研究，使企业了解应该向市场提供什么产品，认知到为适应市场，产品品牌、款式、功能、性能和包装应该如何设计。

比如，通过纺织产品调查了解各种产品的实际年销售率的变化及其动态（实际年销售率是排除人口、价格、商品供应不足、普遍提高工资等因素对产品销售带来的影响后的销售率），并以明显的实际销售率增长或下降为转折点，来区分产品处于其生命周期的哪个阶段。

随着消费者价值观念的转变和购买服装心理的变化，服装品牌已成为影响消费者选购服装的主要因素之一，服装企业为了创出名牌也不惜花费巨大代价。因此，服装品牌市场调查也是一项重要的工作，主要包括服装品牌形象、服装品牌的知名度等。对纺织品企业来讲，能否把握纺织品和服装的流行趋势，对生产经营具有重要的影响。此时调查目的主要是了解服装款式、色彩、面料、服饰配件等的趋势与变化。

产品调查既要了解竞争对手的产品情况，也要了解本企业产品的市场情况。通过分析，比较各自的优缺点，才能有助于产品策略的展开。

3. 纺织品价格调查

价格是市场营销组合因素中最活跃的因素，它直接关系到市场对产品的接受程度，影响市场需求和企业利润，涉及生产者、经营者、消费者等各方面的利益。价格研究也是市场营销调研的重要内容之一。产品打入市场，必然要考虑成本与利润。制订纺织品价格的意义不仅在于弥补成本和其他支出费用，以及获得利润，还与竞争密切相关。价格调查主要包括成本研究、利润分析、价格弹性分析、需求分析（市场潜量、销售潜量、销售预测等）及竞争价格分析等内容。

4. 市场商情变动与流通渠道变化情况的调查

纺织品市场环境调查是影响纺织品市场需求和纺织企业营销的重要因素。企业的任何活动脱离不开其所处的外部市场环境，这些外部市场环境是客观存在的，不以人的意志为转移。对于企业来讲，深入细致地了解市场环境，才能抓住市场机遇，避开威胁。对市场商情变动与流通渠道变化情况进行调查的目的就是为企业寻求市场机会或使企业掌握外部环境的变化，为企业的营销决策提供咨询。

对纺织市场基本环境的调查主要包括以下方面：

（1）政治法律环境调查。对现在和将来一定时期国内外的政治形势以及与纺织企业经营活动有关的国家政策、法律、法令、法规情况和社团维护群众利益等情况的调查。

政治环境调查主要了解政府对纺织行业和有关产品的方针、政策，以及政治制度、管理体制等。法律环境调查主要是了解有关的法规、法令，如专利法、商标法、企业法、公司法、合同法、广告法以及法律的执行效果。

（2）社会文化环境调查。每一个地区或国家都有自己传统的思想意识、风俗习惯、思维方式、宗教信仰、艺术创造、价值观等，这些构成了该地区或国家的文化，并直接影响人们的生活方式和消费习惯。社会文化环境调查有利于纺织品营销活动的展开和产品的开发。比如，在构成文化的诸因素中，知识水平可以影响消费者的需求构成及对产品的评判能力。此外，宗教信仰和风俗习惯也是极为重要的调查内容。

（3）经济地理环境调查。经济环境调查主要了解经济发展状况和重要的经济指标，如国民生产总值、国民收入、人均国民收入、产业结构、物价水平、储蓄、信贷、进出口贸易、外汇、基础设施、能源等。任何企业总是处于一定的经济环境中，经济环境对企业的市场活动有着直接的影响。企业对经济环境的调查主要可以从经济发展水平和消费水平两个方面进行。经济发展水平主要影响市场容量和市场需求结构。经济发展水平增长快，就业人口就会相应增加。企业开工率高以及经济形势好，必然引起消费需求的增加和消费结构的改变。消费水平决定市场的容量，也是经济环境调查不可忽视的重要因素。消费水平的调查主要是了解某一地区的国民收入、消费结构、物价水平和物价指数等。

地理环境、气候的调查主要了解地理位置、面积、地形、地貌、自然资源、温度、湿度、光照、气候变异等。气候会影响消费者的服饰、饮食习惯、住房及住房设施等，地理环境决定了地区之间资源状态分布、消费习惯、结构及消费方式的不同。

5. 市场竞争对手调查

任何产品在市场上都会遭遇竞争对手，不同的企业所处的行业不同，其竞争者数量和竞争程度也不同。针对竞争对手的调查要了解的内容包括竞争者是谁，主要竞争者所占有的市场份额多少，主要竞争者竞争优势在何处，劣势行业竞争者采取的营销战略和策略是什么等，这样才能判断出本企业所具备的与竞争对手相抗衡的条件和特性，清楚自己的竞争地位，才能有效确定自己的竞争策略。

五、市场调查行业的结构

市场调查是企业市场营销活动的一项重要职能，越来越受到重视，已经迅速发展成为一个产业。目前市场调查机构大体可以分为两部分，即企业内部的市场调查机构和专业性的市场调查机构。

1. 企业内部的市场调查机构

在企业内部设置调查机构可以保持调查研究的连贯性，易于保密，反馈迅速，而且可培养人才，具体有下述三种情况。

第一种，企业内部设有专业的市场调查机构并配有专职的市场调查人员。第二种，企业中明确有某个或某几个职能机构或业务机构，如计划科、经营科、市场部、计统科等，兼职市场调查职能。第三种，企业中没有明确的组织机构承担市场调查任务，由企业的经营决策人员、计划人员、供销人员、统计分析人员、财会人员等兼职市场调查人员。

需要指出的是，任何市场调查都存在误差。调查本身存在错误的风险，误差可以通过一定的措施加以控制，但不会消除。另外，一次调查不能解决市场中出现的各种问题，如果企业希望以市场调查为指导来制订企业营销战略，必须要进行长期的市场跟踪调查，只有这样才有可能把握市场和商机。最后，若市场调查不委托第三方进行，那就需要避免将企业领导者的想法带入调查之中，影响调查的客观性。

2. 专业性的市场调查机构

市场调查专业机构的职能是根据委托方的要求，进行各种市场调查、研究和预测，提供企业所需的各类数据、资料、情报、信息，为企业的经营服务。对于企业来讲，借助于专业性调查机构的好处是调查更客观，调查结果不受企业内部纷争的影响，并且专业性调查机构具有专长，价格成本可能会更低一些。

市场调查专业机构类型多样，包括专门从事市场调查业务的市场调查公司，办理企业经营指导和市场调查业务的咨询公司，政府部门、大专院校、研究部门等设置的调查机构。

（1）市场调查公司。市场调查公司专门负责市场调查任务，针对委托人提出的调查范围，制订调查方案，然后开展工作。市场调查公司可以承担多种类型和行业的调查，有些市场调查公司是专业性的，精通某一专业或行业的知识，并有一定的联系渠道和某一专业的大量信息资料。市场调查公司所获得的一手数据可能是通过发放问卷或者是专家访谈（通过第三方智库去寻找一些在行业里面比较有经验的专家来做付费访谈）的方式拿到。其所获得的二手数据的来源很多，包括搜索引擎、市场公开报告、咨询报告、券商报告以及国家统计局协会、企业发布的公开数据等。公司需要通过交叉验证才能拿到最接近真实情况的数据。

（2）咨询公司。咨询公司一般由资深的专家、学者和有丰富实践经验的人员组成，可为企业和一些部门的生产、经营提供指导性的建议，即发挥顾问的作用。咨询行业的本质是帮助客户去解决商业环境中遇到的一系列问题，比如说利润下降，成本上升；或者客户想进入一个新市场，到底能不能进；想买一家公司，到底该不该买等。进行咨询时，通过市场调查对企业的咨询目标进行可行性分析，以调查的结果为依据，结合专家的实际经验和专门知识，提出对咨询目标的看法和建议。咨询公司为客户提供解决方案需要依托于大量数据，然而咨询公司劳务费比较高，所以调研、访谈等资料可以从专业公司购买。

（3）调查机构。政府机构设立的调查部门，如统计部门、审计和工商行政管理部门所设的调查机构等，主要是根据国家经济形势的发展和制定相应政策的需要，对现实的政治、经济状况进行调查，以便对下属企业进行指导和咨询，提供他们所需的资料和信息，从而减少企业的盲目经营。

第二节　市场调查步骤与方法

一、市场调查的基本原则

市场调查应该科学准确地获取数据进行分析，所以要遵循一定的原则。

1. 科学性原则

科学性原则是指市场信息必须是通过科学的方法获得的，应全面收集有关企业生产和经营方针方面的信息资料。既要了解企业的生产和经营实际，又要了解竞争对手的有关情况；既要涉及企业内部机构设置、人员配备、管理素质和方式等对经营的影响，又要调查社会环境对企业和消费者的影响。

2. 客观性原则

客观性是指在调查过程中，尊重客观事实，真实准确地反映客观情况，避免主观偏见或人为地修改数据结果。市场调查时必须实事求是，尊重客观事实，切忌以主观臆断或固态思维来代替科学的分析。同理，片面的、以偏概全的做法也是不可取的。

3. 时效性原则

市场调查的时效性表现为应及时捕捉和抓住市场上任何有价值的情报、信息，及时分析和反馈，为企业能够在营销过程中适时地制订和调整策略创造良好的条件。在市场调查工作开始之后，要充分利用有限的时间，尽可能地搜集所需要的资料和情报。

4. 经济性原则

市场调查是一项费时费力费财的活动，它不仅需要消耗调查人员的体力和脑力，同时还要利用一定的物质手段，以保证调查工作的顺利进行和调查结论的正确性。调查方法不同，调查方案不同，产生的调查费用支出和调查效果也不同。市场调查讲求经济效益，力争以较少的投入取得最好的结果。

二、市场调查步骤

1. 预备调查阶段（市场调查准备阶段）

这一阶段的工作内容主要包括确定调查目标、确定调查项目、选择调查方法、估算调查费用、编写调查建议书等。具体过程包括下面两步。

（1）明确调查的课题，初步分析情况。市场研究的首要工作就是要清楚地界定研究的问题，确定研究的目的，具体包括企业产品问题、经营中出现的困难、市场竞争问题及未来的发展方向等。研究目标的准确确定有助于保证收集到需要的信息，避免产生严重错误。

针对初步提出的调查课题，调查机构需要搜集资料做进一步分析，有时需要组织非正式的探测性调查，以判明问题的症结所在，弄清调查内容。同时要根据调查的目的，考虑调查的范围和规模，调查的力量、时间和费用负担等是否有保证，也就是从经济效益和社会效益的角度来衡量调查是否可行。

（2）编写调查计划书。调查目标确定后，需要拟定调查方案和工作计划。调查方案是对某项调查的具体设计，目的是使调查有秩序、有目的地进行。调查方案主要包括调查的对象、调查的地区范围、调查资料收集与整理的方法等内容。工作计划就是研究设计，就是研究人员为取得所需资料采用的方法、程序、人员配备和考核、完成时间、工作进度和成本预算的详细计划书。

调查方案是指导调查实施的依据，对大型的市场调查显得更为重要。一般大型的市场调查需要分别制订调查方案和调查工作计划。对于一些小型的、内容不很复杂的市场调查，可以统一考虑调查方案和工作计划，只拟订一个调查计划，附以调查提纲即可。

调查计划书需要介绍所涉及的决策问题以及相关影响因素，说明提出该项目的背景，要研究的问题和调查结果的用途；需要提出调查结果可能带来的社会效益或经济效益，或是在理论研究方面的重大意义；调查书需要明确调查的范围和对象，说明调查的主要内容。最后，调查计划书也要给出调查方法、调查进度与经费预算。

2. 正式调查阶段

市场调查方案和调查计划经审核后，就进入了正式调查阶段。此阶段就是要根据研究方案抽取样本、收集资料。正式调查阶段是整个调查研究中最繁忙的阶段，收集到必要的材料，并加以科学的整理是调查取得成功的最根本的条件。

（1）建立调查组织。根据调查任务和调查规模的大小，配备好调查人员，建立市场调查组织。调查规模大的可以建立调查队或大组，下面再分设若干小队或小组；调查规模小的一般可成立一个调查小组。对调查人员要进行短期培训，如明确调查方案、掌握调查技术、了解有关的政策方针与法令等。

一个高效的市场调查队伍包括实施主管、实施督导和调查员。实施主管负责了解项目、制订计划、实施督导、调查员挑选与培训及评价的工作。实施督导负责调查员培训，有计划地陪访和检查指导与监督，并且有效地鼓舞和激励调查员。调查人员应该有事业心、责任感，对市场高度敏感，知识广博，兴趣广泛，综合分析能力强，工作作风严谨，为人诚恳热情。

（2）收集第二手资料。第二手资料也叫间接资料，是为了之前某一研究目的而不是当前研究所收集的信息。二手数据可能会为当前研究问题提供解决方案，省去整个原始研究过程。调查中检查有无二手数据，二手数据如果可以部分解答当前研究问题，就可以压缩一项新研究了。收集二手资料就是从别人调查中所收集和积累起来的材料中，整理摘取出来的关于市场或与市场有紧密联系的社会经济现象的有关资料，如常见的报纸、杂志、经济年鉴、大众媒体等都是间接资料的重要来源。间接资料的主要优点是节省费用，可以获得企业无法通过自己调查取得的有关资料。但是间接资料的适用性没有直接资料强，往往需要对资料进行再整理，此外还需对间接资料的可信程度进行考查。

在实际调查中，应当根据调查方案提出的内容，尽可能组织调查人员收集第二手资料。收集时，必须保证资料的时效性、准确性和可靠性。

（3）收集第一手资料。第一手资料也叫直接资料。直接资料是由市场调查部门采用各种市场调查方法，如定性调查、重点调查、抽样调查等方式，观察法、实验法和访问法等方法对市场信息进行收集、整理、分析的结果，都是通过实地市场调查取得的市场资料。直接收集的市场资料实用性强、可信程度高，但有些资料企业可能无法获得，所得资料在反映市场及影响因素的广度上也有一定的局限性，且花费的时间较长，费用较高。在实地调查中，应当根据调查方案所确定的方式，选择好调查单位后，运用各种不同的调查方法取得第一手资料。

3. 结果处理阶段

（1）资料的整理和分析。市场调查资料的整理分析阶段是调查全过程的最后一环，是市场调查能否充分发挥作用的关键。市场调查所获得的大量信息资料，往往是分散的、零星的，某些资料可能是片面的、不真实的，必须经过细致的整理分析，才能客观地反映被调查事物的内在联系。

（2）编写调查报告。市场调查报告的结构多种多样，格式不固定。一般有两种类型，一种是专门性报告（或叫专业性报告），针对对象是市场研究人员，报告要求内容详尽具体，并介绍调查的全过程，说明采用何种方法，对信息资料怎样进行取舍，怎样得到调查结论；另一种是一般性报告，针对对象是经济管理部门、职能部门的管理人员、企业领导者。这种报告要求重点突出，介绍情况客观、准确、简明扼要，避免使用调查的专门性术语。这两类报告都可以附有相应的图表，以便直观地说明市场情况。

调查报告格式上除封面、目录和摘要外，主要是正文。正文大体上是由导言、主体、建议与附录组成。导言部分介绍调查课题的基本状况，对调查目的进行简单而基本的说明；主体部分概述调查的目的，说明调查所运用的方法及其必要性，对调查结果进行分析并进行详细说明；附录部分是用来说明主体部分有关情况的资料，如资料汇总统计表、原始资料来源等。

编写市场调查报告应当注意以下几个问题：坚持实事求是原则，要集思广益，要突出重点，结论明确。

（3）总结反馈。市场调查全过程结束后，要认真回顾和检查各个阶段的工作，做好总结和反馈，以便改进今后的调查工作。总结的内容主要有调查方案制订和调查表设计是否切合实际；调查方式、方法和调查技术的实践结果得出的实践性经验；实地调查中还有哪些问题需要继续组织追踪调查；考核调查工作的参与人员，达到促进调查队伍的后期发展的目的。

三、市场调查技术方法

市场调查的方法很多，可以分为文案调查法和实地调查法。实地调查法又可细分为观察法、询问法和实验法等。调查方法的选择是否适当，对调查结果影响较大。一般是根据调查的目的、内容和被调查对象的特点进行选择。

（一）文案调查法

文案调查法是指调查人员在充分了解调查目的后，通过收集各种有关的文献资料，选取现成的文献资料和数据加以整理和分析，进而提出市场调查报告及有关建议的一种市场调查方法。

通过文案调查法可以推测出市场供求趋势的情况，通过回归分析，研究现象间相互影响的方向和程度，并可进行预测。还可算出市场占有率，了解市场需求及本企业所处的市场地位。利用企业内部和外部、过去和现在的有关资料，运用统计理论加以汇总分类整理，用以分析市场供求和销售变动情况，经综合研究、判断，探测其未来发展趋势。

该法便于取得那些不可能直接接近，用其他方法不能取得的资料。这种方法不需要亲临现场，可减少人力、物力和财力，时间弹性大。缺点是因有些资料保密而拿不到，真实性也不能保证。

文案调查可为实地调查创造条件，并且协助鉴定实地调查资料的准确性。文案调查不受时空限制，省时省力，便于组织，适合于经常性的市场调查。文案调查法所收集的资料主要是历史资料，过时资料比较多，对现实中正在变化的新情况、新问题难以及时地反映。文案调查所收集、整理的资料和调查目的往往不能很好地吻合，数据对解决问题不完全有效，收集资料时容易出现遗漏。文案调查所收集的资料的准确程度也较难把握。

（二）观察法

所谓观察法是指在日常市场营销活动中，观察者依靠自己的视听器官，有目的、有计划地观察消费者的言语、行动和表情等行为，并把观察的结果按时间顺序系统地记录下来，进而分析其内在联系，以研究消费者心理活动规律的方法。观察法是科学研究中最一般的、最简便易行的研究方法，也是心理学的一种最基本的研究方法。观察法所观察的内容是根据需要和目的确定的，也是经过周密考虑的，不同于人们日常生活中对事物简单的观察。在流通领域，现场观察法用于商品质量调查、批发贸易市场调查等，以及了解消费者的潜在需求。

采用观察法时，调查员或机器在调查现场，从旁观察被调查者行为，而被调查者从心理上讲并不感觉到正在被调查。调查内容包括消费者喜爱的品种、品牌、花色、款式、包装等。调查场所包括商品销售现场、展销会或订货会等。观察的方法可以是人力的，但在现代科学技术发展条件下，观察者可以通过采用先进的技术和设备作为视听器官的延伸，如摄像机、录音机、电视机等，可以大大增强观察的效果。

观察前需要设计关于观察项目和观察方式的具体方案，以减少观察错误，防止以偏概全，提高调查资料的可靠性。因此，观察法对观察人员有严格的要求。

采用观察法进行调查，因为被调查者心理上没意识到自己正在接受调查，动作自然，调查准确性较高。此外，调查员极为客观，若是利用仪器进行观察，所得资料会更为深入、详细。

观察法比较简单易行，花费也比较低廉，无论是大商场或小店铺均可进行。其缺点是观察深度不够，观察不到内在因素，有时需要长时间的观察才能得出结果。

观察法主要用于研究消费者的现期行为，基本上不适用于预期消费心理的研究。为了使观察得来的资料真实、可靠，被观察的人和事的数量要多、面要广，因此所需的人力和时间自然要多，这些都是观察法的局限性。

1. 观察法的内容

（1）顾客动作观察。由调查人员观察并记录商店内有关事项或用摄像机摄取顾客在商店内活动情况。如在美国一些超级市场里，设有专门用来观察消费者购买过程的摄像机，企业决策者定期观看那些顾客购买商品的拍摄记录，观察消费者购买行为，如顾客在购买前主要观察的内容是商品价格、质量还是款式，以及顾客间的议论等，通过这些记录来分析消费者需要和潜在需要。在我国，近年来也有不少企业和商场借助人力或仪器观察消费者行为。如纺织厂的调查人员亲自观看用户选购纺织品的情况，观察了解最吸引用户注意的是哪些纺织品，用户最关注纺织品的哪些特征，以便研究改进产品设计，增加产品的销量。

（2）商品库存观察。对库存商品直接盘点计数，以便掌握商品库存的精确数字、库存结构和商品实际状况。

（3）客流量观察。为研究某一商店的经营状况或观察顾客进入商店的流量情况等，常常需要观察某一时间内进入商店的人员流量，其方法就是由调查人员本人或用仪器记录客流量。通过结果分析，可合理安排营业员工作的时间、更好地为顾客服务以及优化营业网点的布置，为商店选择地址。

（4）痕迹观察。这种方法不是直接观察被调查对象的行为，而是观察被调查者留下的实际痕迹。例如，企业在几种报纸杂志上刊登同一广告，在广告下面附有一张表格或回条，并请读者阅读后把表格或回条剪下寄回企业的有关部门。企业从这些收回的表格或回条中可以了解到在哪种报纸或杂志上刊登的广告最有效，为今后选择广告媒体和测定广告效果提供可靠资料。

2. 观察法的方法

（1）完全参与观察法。调查员展开调查时不暴露自己的身份，置身于被调查的群体之中，成为他们的一员，与他们生活在同一环境中。此法能更快更直接地掌握事态发生与发展情况，取得更深入的、更全面的，而且从外部观察不到的资料与信息。

在这种调查中，调查员要注意避免让被调查者发觉，否则被调查者会产生戒备心理，导致行为失真；同时也要防止自己在长期与被调查者群体的共同生活中，受到同化而失去客观的立场。这种方法适用于有深度的专题调查，或用于社区的群体活动，尤其是在社会学、人类学的调查研究中应用较多。

（2）不完全参与观察法。调查员参与被调查者群体活动，但不隐瞒自己的真实身份，并取得被调查者的接纳与信任，将自己置身于观察事项之中去获取资料。

在这种调查中，调查员虽也亲临其境，参与被调查群体的一些活动，但被调查者往往会为避免对自己不利而有所掩饰，或是掩盖更深层的隐秘信息。

（3）非参与观察法。调查员不置身于被调查群体之中，不参与被调查对象的任何行动，也不干预事件发生过程。他们主要依靠耳闻目睹，完全处于旁观立场，只是记录事件发生、发展的真相。

在这种调查中，调查员虽然能保持客观、冷静，做到旁观者清，但他只能看到表面现象，不能深入了解行为背后的真实原因，无法取得全面细致的调查资料。

3. 观察法的适用范围

观察法一般运用于研究广告、商标、包装和柜台等的设计效果，研究商品价格对购买的影响，或者新产品的铺货和商店的营销状况等。例如，为了解商店橱窗设计的效果，可以在布置好的橱窗前观察注意橱窗或停下来观看橱窗的行人人数，以及观看橱窗人数在过路行人中所占的比例。还可以通过重新设计和布置橱窗，然后再观察、统计观看的人数占过路行人的比例，以此来比较两种设计效果的优劣。

1966年，美国的威尔斯和洛斯克鲁，在超级市场内所进行的消费者心理研究，就是运用观察法的典型实例。他们在超级市场的谷物食品、糖果、洗衣粉等柜台前进行了600h的观察，从消费者进入柜台的过道开始，直到离开过道为止，观察消费者的各种活动，做了1500条记录。通过观察记录，分析研究消费者的结构，如男性和女性所占的比例，成人和儿童所占的比例等；研究当几个人在一起时，是谁影响购买，谁决定购买，以及消费者在购买前对商品包装、商标、价格的注意程度等。这些观察，不仅为了解消费者的一般心理规律提供了资料，同时还为商店改进经营策略提供了依据。

（三）实验调查法

实验调查源于自然科学的实验求证法。此处所谓的"实验"是先进行一项推销方法的小规模实验，然后再用市场调查方法分析这种实验性的推销方法是否值得大规模推行。这种实验称为"销售实验"。实验调查法是指市场调研者有目的、有意识地改变一个或几个影响因素，在一定范围内观察经济现象中自变量与因变量的变动关系，并做出相应的分析、判断，认识市场现象的本质特征和发展规律，为决策提供依据的一种调查方法。企业经营中经常进行品质、包装、设计、价格、广告、陈列方法等销售实验，来测验这些措施在市场上的反映，进而推断市场总体情况。实验调查法的应用范围较广，是较实用的一种研究方法。在对实验结果进行分析研究之后，了解顾客和消费心理的发展变化，改善销售服务。

实验调查使用的方法较为科学，具有客观性价值，而且简便易行，不需要太多的精密仪器。但实验的时间过长、成本高，而且市场变化错综复杂，不可能完全受实验所控制。

采用实验调查法时先进行实验设计，确定实验方法，然后选择实验对象进行实验。最后整理实验资料并做实验检测，得出实验结论。实验调查法主要有以下几种。

1. 事前事后实验调查

事前事后实验调查是最简便的一种实验调查。采取这种实验调查，事先要对正常经营状况进行测量，然后再测量实验后情况，进行事前事后对比后，得到实验效果。

设实验的事后测量值为 Y_2，事前测量值为 Y_1，则事前事后试验效果 $= Y_2 - Y_1$。如某公司为了扩大衬衫的销售量，研究认为应该改变原来的包装，为验证新设计的包装效果，决定运用事前事后实验调查法。公司记录五种品牌原包装衬衫在一个月期限内的市场销售量，然后改用新包装衬衫，一个月后再统计新包装衬衫的市场销售量。那么，改变包装前后的销售量的差值就是事前事后实验效果。

这种方法的不足在于，在事前、事后实验时间不同的条件下，往往由于市场形势发展，商品购买力变化，以及价格、消费心理、季节变化等，不同程度地影响到实验效果。

2. 有控制组的事后实验调查

为排除因对比时间不同而可能出现的外来变数的影响，采用有控制组的事后实验调查。这种方法通常把调查对象分为一个实验组，一个控制组，即非实验组，调查同一时间内调查数据的变化。采用这种方法要注意的是控制组与实验组之间要有可比性，要求两组的主客观条件基本相同。

设 X_2 为实验组事后测量值，Y_2 为控制组事后测量值，则实验效果 $= X_2 - Y_2$。如某公司准备改变其衬衫的包装，由纸盒改为塑料盒，并决定采用控制组与实验组对比实验来观察效果，实验时间为一个月。将一个月内实验组的销售总量与控制组的销售总量进行对比，二者差值就是实验效果。

3. 有控制组的事前事后实验调查

有控制组的事前事后实验调查，是指控制组事前事后与实验组事前事后之间进行对比的一种实验调查方法。采取这种方法，必须对实验组和控制组分别进行事前测量和事后测量，然后进行事前事后对比。

设事前实验组和控制组的测量值分别为 X_1、Y_1，事后实验组和控制组的测量值分别为 X_2、Y_2，则 $X_2 - X_1$ 表示实验组的实验变量，它表示在实验前后不同时期实验组测量值的增加量（或减少量），它不仅反映实验效果，而且包含由其他非实验因素引起的增加（或减少）部分。$Y_2 - Y_1$ 表示控制组的测量值在实验前后不同时期的增加量（或减少量），它完全由非实验因素引起。实验效果 E 为 X 的变化率与 Y 的变化率之间的差。如某公司欲测量其产品的新包装效果，控制组用原包装，实验组在实验期内用新包装，三个星期后进行统计。分别计算实验组的变化率和控制组的变化率，然后相减，得到实验效果。

在实验中，对实验前后的经济变量要求增加（如销售、利润额等），则正值越大，说明效果越好；相反，对实验前后的经济变量要求减少的（如成本额、费用额、物资消耗等），则正值越小，效果越好。

（四）询问法

询问法，也称访问法，是实地调查中最基本、最常用的方法。这种方法是将所拟调查的事项，以当面、电话或书面的形式向被调查者提出询问，以获得所需资料的调查方法。询问法最大的特点是它是一个社会互动交往的过程，这是其他调查方法所不具备的。询问法不仅能收集到其他调查方法所能收集的资料，而且还能获得其他调查方法所不能获得的资料。

询问调查按问卷送递方式的不同分为直接访问和间接访问，直接访问是指调查者直接与被调查者接触，面对面进行访问的形式，如面谈调查。间接访问是指调查者通过邮寄问卷或电话等方式对被调查者进行调查的一种访问形式，如电话调查、邮寄调查、留置问卷调查、日记调查等。

1. 面谈调查

面谈调查是访谈者与受访者之间面对面进行有目的的交谈，通过口头信息的沟通，了解受访者对所调查内容的态度和心理的一种方法，可用于商品需求、购物习惯等方面的调查。

面谈调查分个人面谈与小组面谈，一次面谈与多次面谈，发问式面谈与自由式面谈。个人面谈即一对一访谈，是一种深度访谈。小组面谈即座谈会，一般6人左右。座谈时则可能是由6~8个采访员面对30个被采访对象进行采访。

面谈时，调查者可以根据预定目标，事先拟定谈话提纲，访谈时按部就班地向受访对象提出问题，受访对象逐一加以回答，这是发问式面谈。发问式面谈时，研究者能控制访谈的过程，所得资料较系统，节省时间，但易使受访对象感到被动、拘束，所得资料深刻度就会有折扣。发问式面谈的缺点是费时，另外只有访谈者的访谈技巧高超和访谈经验丰富时，才能得到有价值的资料。面谈时也可以没有严格固定的程序，不拘形式、不限时间，这是自由式面谈。自由式面谈气氛随和轻松，受访者不存戒心，便于交流感情，表达真实情感。

一般来说，这种访谈会在专业采访室内进行。室内设有录像录音设备和单面的镜子，客户可以看到采访过程，但又不会打断采访。有时企业在进行营销调研时，可能选择的面谈访问方法是直接入户访问、街头拦截式面访调查或是利用计算机辅助个人面访调查。

面谈调查的优点是调查人员可通过解释和启发来帮助被调查者完成调查任务，回复率和可信度高；可以当面听取被调查者的意见，并观察其反应，便于深入交换意见；根据被调查者性格特征、心理变化、对访问的态度及其他非语言信息，扩大或缩小调查范围，具有较大的灵活性。而且，调查员还可以从被调查者的住所及其家具，推测其经济情况。面谈调查的缺点是调查成本较高，人力、物力耗费较大；对调查人员的素质要求高，如技术熟练程度、诚实程度、心理情绪等。另外，有时受访者会意识不到自己的需要或无法说清自己的行为是由哪些需要引起的；有时受访者出于各种原因，或者只谈表面情况，不愿发表真实看法，或者编造一些内容来回答访谈者，从而使调查的准确性受到影响。面谈调查有时会受到一些单位和家庭的拒绝，导致调查任务无法完成。

厂家、商店可以定期或不定期地派人员登门拜访顾客，当面向顾客征询对产品性能、商品销售服务等方面的意见，聆听他们的要求，这是了解顾客消费心理的有效方法之一。访问的形式，体现了厂家、商店对顾客的尊重和信任，缩短了心理差距。由于是在顾客家里，因而环境气氛亲切随和，外界干扰影响少，顾客的心理表现、情感流露均比较真实、自然。在双方的促膝交谈中，往往能比较全面、准确地了解和把握顾客的消费心理活动的倾向性和特点。

2. 电话调查

电话调查法是由访问员根据抽样规定或样本范围，以电话询问对方有关内容及征求意见。其优点是可以短时间内调查多数样本，快速获取市场信息，且成本较低。缺点是不易获得对方的合作，不能询问较为复杂的内容，不宜收集深层次信息。有时被调查者因不了解确切的意图而无法回答或无法正确回答，对于某些专业性较强的问题无法获得所需的调查资料；无法针对被调查者的性格特点控制其情绪。

此方法一般适用于对组织市场的调查，如面料生产企业对服装企业面料使用情况的调查，服装生产企业对零售商的调查等。

3. 邮寄调查

邮寄调查是将设计好的问卷利用邮寄方式送达被调查者，请其自行填答并寄回。

邮寄调查法的优点是可扩大调查区域，调查成本低（人力、经费少），而且被调查者有充分的答卷时间，可匿名回答一些个人隐私问题。这种方法无需对调查人员进行培训和管理。抽样时可以完全依据随机抽样法抽取样本，因此抽样误差低。缺点是问卷回收率通常偏低、回收时间长，影响调查的代表性。因没有访问员在场，被调查者可能误解问卷的意义。这种方法要求被调查者具有一定的文字理解能力和表达能力，不适用文化程度较低的人。

4. 留置问卷调查

访问员将问卷当面交给被调查人，说明回答方法后，留置于被调查者家中，令其自行填写，再由访问员定期收回。本法是面谈调查和邮寄调查两种方法的结合，因此其优点及缺点也是介于二者之间。虽然问卷回收率高，但费用高。

5. 日记调查

发给被调查人员登记簿或账本，逐日（或逐项）记录，定期收集、整理、汇总。

访问调查法获得的资料更丰富，实行起来更灵活，弹性更大，应用范围更广，且有利于对问题进行更深入的探索。这种方法虽然能够发挥研究人员的主动性和创造性，但过于依赖访问员的素质和能力，难以排除互动双方主观因素的影响，而且费时费力费钱，规模也受到限制。

（五）网络调查法

当今社会早已进入信息时代，互联网为企业进行市场调查提供了强有力的工具。网络调查是企业整体营销战略的一个组成部分，是建立在互联网基础上，借助于互联网的特性来实现一定营销目标和调查目的的一种手段。传统调查要支付包括问卷设计、印刷、发放、回收、录入调查结果、请专业市场研究公司对问卷进行统计分析等多方面的费用，调查范围也不广。网络调查组织简单，费用较低，主要包括设计费和数据处理费，而且没有时空、地域限制，样本数量庞大，客观性高，结果相对真实可靠。但需要注意的是，上网的人不能代表所有人。

传统调查适合面对面地深度访谈。网络调查适合长期的大样本调查，适合要迅速得出结论的情况。

四、市场调查问卷的设计

在进行市场调查时，无论是面谈调查、电话调查、邮寄调查还是网络调查，都要先拟好调查问卷。调查问卷采用书面问题或表格等形式，让消费者回答、填写，然后汇总、整理、分类，分析研究消费者心理活动。问卷是根据调查目的和要求设计的，由一系列问题、调查备选答案、说明等组成。

1. 问卷的设计原则

设计问卷时，要先明确研究目的，然后在此基础上确定问卷的内容和项目。要求问卷可接受性强，使被调查者愿意合作。问卷中的题目要考虑到受测者的个性心理特征，要回避受测者所在文化背景下的禁忌，要避免使用有损于受测者感情的词汇，问题应易于回答；问题设计时注意调查项目的排列，开始阶段要加上一些较容易回答的调查项目；整个问卷的答题时间不宜过长，一般控制在 30min 左右。

2. 问卷设计程序

调查问卷的设计步骤包括拟定调查提纲，确定调查的目的、对象、时间、方式；设计全部问题并排序；小范围预调查，以测试问卷；修改问卷；试答与修改；正式调查。

问卷开头是书信格式，并对问卷进行说明，目的是引起被调查者的注意和兴趣。问卷开头部分篇幅要短，语言规范礼貌，内容言简意赅。问卷的结尾部分要简单，同时注明调查人员姓名、调查时间、调查地点等，最后还要对被调查者的合作表示感谢。

3. 问题的询问方式

问题是问卷的核心，问题的类型及答案的设计将直接影响调查的成败。

问卷中不同的问题内容所适用的问题类型不同，所以一份问卷会有多种类型的问题。问题类型的选择要根据调查对象、调查方式、调查内容来确定。面对文化程度较低的调查对象，应适当增加封闭式问题。问题的设置应该按人的思考顺序排列，应由最容易回答的问题开始，逐渐增加难度。关于被访问者教育程度、经济状况等涉及被访者个人的问题和类似智力测验的问题不能放在问卷开头。

按照问题的询问方式分为直接性问题和间接性问题。直接性问题通常给回答者一个明确的范围，所问的是个人基本情况或意见，比如您的民族，您的职业，您最信任的服装品牌等。间接性问题是指那些不易于直接提问，被调查者回答时可能有顾虑，而采取间接提问的方式。例如，在询问被调查者每月收入时，如果将要提问的问题换成其他人的意见和看法，而又被调查者进行选择和评价，就容易多了，而且还会获得比直接提问更多的信息和资料。

表达问题的措辞是设计问卷最大的挑战。表达要简明、生动、措辞准确，不要提对实际调查工作无意义的一般性问题；语言要精练准确，尽量客观，避免概括笼统，不能模棱两可或有歧义，也要避免使用一般人不知道的词汇。比如说对于"精通""普通""最近"诸如此类的词语，每个人的理解是不同的，回答容易产生偏差。对于问卷所提问题，也要避免内容交叉，避免诱导性问题，避免否定式问题，避免敏感性问题。有时，关于人的敏感性问题可用人称代换法解决；涉及年龄问题、收入问题等时，可用"数值归档法"将要研究的变量的取值划分成几个连续的区间。

按照问题的答案是否列出，可将问题分为开放式和封闭式。封闭式的问卷是让受测者从所列出的答案中进行选择，可以是单项选择，也可以是多项选择。例如，"如果有下列两种品牌的西装，您愿购买哪一种？①杉杉②雅戈尔。"封闭式提问由于有现成答案，回答方便，节省了调查时间；使被调查者易于合作，有利于提高问卷的回收率和有效率；答案标准化，便于统计整理和分析。缺点是只能在规定的范围内回答，由于问卷设计者本身能力有限，所列举的答案不一定全面，因而缺乏灵活性和深入性，无法反映被调查者的真实想法，创造性受约束；设计难度也比较大。

开放式问题问卷上只有问题，不列出答案，由被调查者自由回答。由于没有限定答案，有利于发挥被调查者的想象力，获取更多更深入的信息资料，特别适合复杂的问题。由于需要被调查者思考和书写答案，增加了回答的难度及回答的时间，被调查者往往不愿意合作，影响到问卷收回率。同时，由于答案的多样性，加大了统计整理的难度，不便于进行分析；这种提问方式对被调查者要求较高，开放式提问过多，容易影响问卷回答的质量。所以，问卷设计应尽量减少对开放式问题的使用数量，一般以2~3个为宜。

问卷法已成为工商企业经常使用的方法，由于用得多，消费者早已习以为常，对于各类问卷和调查表，常常不屑一顾，甚至随手扔掉，因此问卷的收回率一般比较低，据统计，问卷的平均收回率为50%~60%。鉴于这种情况，各调查单位要更精心地去设计问卷，设法引起消费者的注意和兴趣。

4. 提示问题的答案设计

使用提示方式询问时，答案可以有多种设计方式。下面列举几种答案设计方法。

（1）二项选择法。也称为"是否法"或"真伪法"，回答项目有两个。如"您有西装吗？""您看过恒源祥的广告吗？"等询问形式，答案中只有肯定与否定两种，属二项选择法。这种方法适用于互相排斥的两项择一式问题，以及对简单的事实性、态度、行为等问题的提问。二项选择形式易于理解、便于选择，所以可以快速获取答案，便于统计分析和整理，态度与意见不明确时，可以求得明确的判断，并在短时间内求得回答；使意见中立者偏向一方，便于统计。缺点是不能表示意见程度的差别，了解情况不深入，而且回答者没有进一步阐明理由的机会。

（2）多项选择法。即事先预备多个回答选项，由被调查者选择其中一项或数项。这种方法在一定程度上可以缓和二项选择法强制性选择的缺点，能较好地反映被调查者的意见及其程度差异。由于限定了答案范围，为统计整理和统计分析提供了方便，相较自由回答统计更为简单。设计答案时要考虑到全部可能出现的结果，以及答案可能出现的重复和遗漏。因为有些回答者常常喜欢选择第一个答案，从而使调查结果出现误差，所以备选答案的排列顺序也要注意。备选答案个数多时，会使结果分散，缺乏说服力，也可能会使部分回答者无从选择，或产生厌烦，所以多项选择答案控制在 8 个以内。

（3）顺位法。又称为顺序选择法，或排队法。问卷设计者列举若干项目，由被调查者按照重要性顺序进行排列的一种方法。顺位法询问方式很多，包括选出重要项或对程度排序等。例如，"下面各项中，请把您认为重要的选出若干项。" "在您购买服装时，请按重要程度的顺序选出并排列三个因素，并将序号写在题干后面的括号里。答案选项包括①品牌②价格③包装④促销⑤款式⑥面料⑦功能⑧保养。" "下列各项，按照重要的次序，标上号码。" "将下列各项分为极其重要、稍微重要、不大重要、一点也不重要 4 种。" "A 与 B 哪一个重要？B与 C 哪一个重要？C 与 A 又是怎样？" 这种比较方法又称为对比法。顺位法和选择法相比，不仅能反映被调查者的意见、动机、态度、行为等方面的因素，还能比较出各种因素的先后顺序，便于被调查者回答，也便于调查者对结果进行统计整理分析。实际应用时，注意备选答案不宜太多，否则会造成排序分散，加大了整理分析的难度。注意给定答案的顺序，避免对被调查者产生暗示。

当品牌名、公司、商标、广告文案等有若干种类时，将其在某些评价标准下予以排列，不仅测定顺序，也可测定对象间的评价距离。如将调查对象中同一类型不同品种的商品，每两个配成一对，让被调查者进行对比，在调查表的有关栏内填上认为合适的规定符号。如，请比较右边与左边的衬衫品牌，您认为哪一种更好，在品牌名前打 "√" 符号。

（4）倾向偏差询问法。又称发问式面谈法，一般用于调查意见、态度的程度差异。如：①现在您穿什么牌子的西服？答 A 品牌。②目前最受欢迎的是 B 品牌，今后您是否仍打算买A 品牌？答 "是" 或 "不是"。③（对在第二个问题中回答 "是" 的人）据说 B 品牌的价钱要降低一成了，并且每年免费清洗一次，您还要买 A 品牌吗？采取此种形式的询问，称为倾向偏差询问法，可以通过调查了解到偏差到何种程度，被调查者会改用其他的牌子，来测定品牌的支持程度和改进方向。

（5）评价量表法。用图表表示若干评价尺度，可以分成数值量表、形容词量表以及图解量表三种。数值量表法要求被调查者就他的主观感觉选取一个数值（如 2，1，0，-1，-2）表示他的看法。例如：您喜欢牛仔服装吗？如果觉得很喜欢，就选 2，喜欢选 1，无所谓选 0，不喜欢选-1，很不喜欢选-2。形容词量表，则把 "很喜欢" "喜欢" "无所谓" "不喜欢" "很不喜欢" 等形容词列出来，让被调查者选取。如：喜欢、不喜欢；喜欢、无所谓、不喜欢；或在 10 个中选择，最不喜欢、很不喜欢、不喜欢、稍不喜欢、无所谓、还可以、稍喜欢、喜欢、很喜欢、最喜欢。图解量表是画一个图让被调查者在上面画记号。如：很不喜欢
│ 　│ 　│ 　│很喜欢。

（6）项目核对法。列出产品的主要特征，让被调查者根据规定的要求画符号，表示自己的意见，见表 4-1。

表 4-1 项目核对法示例

特征项目	重要	不重要	无所谓
价格合理	○		
质量好		○	
款式好			○

此外还有很多方法，如配合法、强制选择法、数值分配法、等现间隔法、李嘉图法等。

问卷法是一种主动调查的方法，简便易行。调查表清楚地反映出调查者的调查目的及调查内容，可以在较短的时间内大面积了解消费者对同一内容的看法。但是也存在消费者是否积极配合的问题。

问卷设计中，还要注意具体应用方法的技巧，更好地研究消费者心理。比如，1950 年前后，速溶咖啡作为一种方便饮料进入美国市场，虽然这种商品方便、省时、省力、快捷、价格适中，但是并不受消费者欢迎。当直接询问原因时，消费者表示不喜欢速溶咖啡的味道，但不能确切说出普通咖啡豆加工后和速溶咖啡的味道差异。加州大学的海尔认为"味道"只是一个托词，消费者并没回答拒绝购买的真实理由。于是海尔采用一种间接方法进行调查。他首先制订两种类似通常使用的购物单，这两类购物单中，除咖啡外其余项目完全相同，咖啡一项中，一类写速溶咖啡，另一类写新鲜咖啡豆。之后把两种购物单分别发给 A、B 两组各 50 名家庭主妇，要求调查者描述按购物单买东西的家庭主妇的个性。调查者要求两组家庭主妇对自己购物单上的所有食品做出回答，但真正要调查研究的只有咖啡一项。调查发现，家庭主妇们认为购买速溶咖啡者被认为是懒惰、无计划、邋遢、没有家庭观念的人。而购买鲜咖啡豆的家庭主妇，被认为是有生活经验、勤俭、会安排、有家庭观念的人。所以，消费者不愿购买速溶咖啡的真正原因是心理因素——情感的偏见，而不是商品本身的质量原因或咖啡味道的问题。这种间接的方式能够使被调查者较为真实地反映出自己的"个性深蕴"。知道原因后，企业"对症下药"，改变了原来推销宣传的重点，由强调商品的省力方便转到介绍商品口味醇美，销路迅速打开。由这个实例看出，调查使用的方法和技巧是非常重要的。

第三节　市场预测的意义及步骤

搞好预测工作，进行市场预测有助于把握经济发展或者未来市场变化的有关动态，减少未来的不确定性，减小决策的盲目性，使决策目标可以顺利实现。如对企业某产品需求情况的预测、销售发展情况的预测。

一、市场预测的概念

市场预测是指在对影响市场的诸因素进行系统调查（预测性调查）的基础上，运用科学的方法和模型，对未来一定时期内市场的供求变化规律以及发展趋势进行分析，进而做出合乎逻辑的判断和测算。预测不是随心所欲的推断，而是一种科学活动。它必须以客观事实为依据，根据历史的和现实的资料总结规律进行推断。

市场预测与市场调查都是企业在生产经营活动中研究市场变化的方法，都对企业的经营决策起重要作用。但是二者研究对象的侧重点不同，市场调查侧重于调查市场的过去和现状，及时而准确地掌握信息、了解情况；市场预测则是研究市场的未来，通过市场信息，掌握市场未来的变化趋势。二者的研究方法不同，市场调查多使用定性方法；市场预测不但使用定性方法，还大量使用定量分析方法。二者的要求不同，市场调查是为市场预测和决策提供资料，因此力求资料准确可靠、符合客观实际；市场预测是为科学的决策提供认识依据，因此必须考虑更多的因素，研究决策的科学性和可行性，使其符合决策的需要。

市场调查是市场预测的基础、前提，市场预测是市场调查的继续、发展。市场调查和市场预测是了解市场发展状况的相互衔接、不可分割的两个阶段，是两种不同的经济活动。

二、市场预测的意义

市场预测是一种分析判断市场需求量动态变化的科学。在市场经济条件下，纺织企业的生产和经营基本上是根据市场的情况来确定的，而社会经济的发展存在着跳跃性和间歇性，这就给纺织市场造成了一种不确定性和不稳定性。为了使企业的生产经营能适应市场多变的需要并减少投资风险，纺织企业应加强市场预测。

通过市场预测，纺织企业才能切合实际地掌握消费需求上的差异，正确判断未来发展前景，使生产同消费密切地结合起来，进而指导生产。

企业的一切经营活动都需要建立在市场预测的基础之上。市场预测是企业经营决策的基本前提，帮助企业把握和调节自己的经营方向，制订相应的营销策略，合理分配资源。提高企业管理水平，提高经济效益。

三、市场预测的类型

1. 按性质分类

市场预测按性质分为定量预测和定性预测。

（1）定量预测。定量预测是指使用统计方法，对统计资料进行推算的预测，其主要目的是推算预测对象未来的数量变化。

（2）定性预测。定性预测是对预测对象未来的性质和发展方向的预测。虽然也有数量计算，但主要不在于推算数量表现。如市场供求预测，就是要预见未来市场是供大于求，还是供不应求。

2. 按时间层次分类

市场预测按时间层次分为近期预测、短期预测、中期预测、长期预测。

（1）近期预测。近期预测的预测期在一周至半年内，主要是为企业日常经营决策服务，讲究预测时效性，以定量分析为主。通过近期预测有助于企业及时了解市场动态，掌握市场行情变化的有利时机。

（2）短期预测。短期预测的预测期在半年至 2 年内，以定性分析为主，主要是测算年度市场需求量，为企业编制年度计划、安排市场、组织货源提供依据。短期预测既有利于促进和提高企业经营决策水平，同时也有利于整个企业经营管理水平的提高。

（3）中期预测。中期预测的预测期在 2~5 年内，方法上采用定性和定量相结合，并以定量分析为主。一般是对政治、经济、技术、社会等影响市场发展起长期作用的因素，在调查分析后，作出未来市场发展趋势预测，为企业制订中期规划提供依据。

（4）长期预测。长期预测的预测期在 5 年以上，是为企业长期发展规划的制定或经营战略的制定提供依据。长期预测的对象，是企业营销条件的长期发展趋势，主要包括与企业产品发展有关的经济技术发展趋势，同时还包括政治、社会发展趋势。由于长期预测的时间跨度大，涉及的因素复杂，而且大部分是不确定因素，因此，长期预测一般多采用定性预测方法，并不讲究数字的准确性，只要求大致勾画出方向性的目标。

3. 按产品层次分类

市场预测按产品层次分为单项产品预测、同类产品预测、分消费对象的产品预测、产品总量预测。

（1）单项产品预测。单项产品预测是对某单项产品按品牌、规格、质量、档次等分别预测其市场需求量。

（2）同类产品预测。同类产品预测是指按产品类别（如按针织品类、纯毛类、纯棉类）预测市场需求量。还可以进一步按同类产品的不同特征，如产地、质量等分别进行预测。

（3）分消费对象的产品预测。包括两种情况，一是按消费（如工人、农民、知识分子等）的需要进行预测；二是按不同消费对象所需求的某种产品的花色、款式、规格进行预测。如休闲服不仅可以按男装、女装、童装进行预测，还可以按老年、中年、青年以及胖、中、瘦体型分别进行预测。

（4）产品总量预测。产品总量预测是对消费需求的各种产品总量进行预测。

4. 按空间层次分类

市场预测按空间层次分国际市场预测、国内市场预测、地区市场预测。

四、市场预测的基本原则

预测是人们对未来可能发生的不确定事件的一种推测或预见。市场预测对人员要求较高，预测人员与机构要既懂生产技术、经济理论、市场规律，又懂预测理论和方法。之所以能对未来的情况做出某种客观的推测，是因为预测者利用了以下几个基本原则。

1. 全面性原则

市场预测活动面对整个市场，要想使预测活动科学准确，必须全面了解和认识市场，切不可抓住某些局部变化和偶然现象轻易做出判断与预测。一切社会经济现象都不是孤立地、静止地存在，而是相互联系、不断变化的。在市场预测活动中，必须全面深入地考察市场的各种复杂变化，分析各种因素对市场的影响，找出市场现状和发展前景间的因果联系和数量关系。坚持对市场做多角度、多侧面和全方位的认识，这样才能把握市场运行规律，对未来做出准确的预测。系统是相互联系、相互依存、相互制约、相互作用的诸事物的完整过程所形成的统一体。预测中必须全面地分析各变量之间的相互影响，从系统整体出发建立变量之间的函数关系和模型等。

2. 延续性原则

延续性原则又称为连续性原则或连贯性原则。它是指客观事物的发展变化，总是具有一定规律的延续性。事物的发展变化总是按照它本身固有的规律进行的。只要这种规律赖以发生作用的条件不变，那么合乎规律的现象就必然会出现。依照这个原则预测事物的未来发展状态，必须是建立在对事物过去和现状充分了解的基础上。掌握历史和现在的市场资料，分析其变化规律，依据连贯原则进行逻辑推理，就可以预测未来市场情况。

3. 相似性原则

相似性原则又称为类推性原则。客观事物之间的发展变化规律往往具有某种相似性。这是一种基于对预测对象同参照对象作类比而产生的一种市场预测思路。问题关键是分析样本之间是否存在相同或相似之处。这样就可以由已知事物的某种发展规律或其结构和发展模式，类推出未知事物的某个阶段的发展规律或其结构和发展模式。这一原则既适用于同类事物之间的类推，也适用于不同类事物之间的类推。如纺织品与服装，虽然是不同的商品，但它们都是现代家庭中日常所用的生活消费品，其产品生命周期的发展模式确有某些相似之处。因此在预测纺织品的需求趋势时，就可以分别参考服装的需求趋势来类推。一般来说，相似性越好的事物，其类推预测的效果也越好。

4. 相关性原则

相关性原则又称为因果性原则。它是指客观事物在发展过程中，一些变量之间往往不是孤立的，而是存在着相互依存的相关性。有因必有果，这种相关性又常常表现为一定的因果关系。因此依据这一原则，人们就可以通过对一些自变量的分析研究，找出因变量的变化规律，从而根据已知的原因，就能推出未来事物发展趋势的预测结果。具体的因果关系可能是一因一果，多因一果，多因多果，或互为因果等。现实中经济现象的因果关系的表现形式复杂多样，可能是呈现一定的函数关系，也可能是不确定的统计相关关系。

5. 统计规律性原则

在客观事物的发展过程中，特别是在一些经济问题的预测中，对于某个变量所作的一次性观察，其结果往往是随机的，但多次观察的结果却具有某种统计规律性。从偶然性中解释必然性所遵循的是统计规律。预测者通过对预测对象历史数据的偶然性分析，便可找到统计规律。这种统计规律性，正是我们应用概率论和数理统计理论及其方法进行预测的基础。

五、市场预测的内容

（1）市场需求量预测。如对某商品的现实购买者和潜在购买者需求数量的预测。包括商品的品种、规格、花色、型号、款式、质量、包装、品牌、商标等。

（2）产品生命周期预测。对销售量、获利能力的变化进行分析。在产品生命周期全过程中，对产品需求量、利润量随时间变化的趋势进行预测。

（3）市场占有率预测。市场占有率是指在一定市场范围内，企业提供的某种商品的销售量在同一市场商品总销售量中所占比例，或该企业的商品销售量占当地市场商品销售量的比例。

（4）市场销售预测。即预测本企业未来商品的销售量。

（5）商品资源预测。指在一定时期内，投放市场的可供出售的资源总量及其构成，以及各种具体商品可供量的变化趋势的预测。商品资源预测往往与需求预测相结合。

（6）其他。市场价格预测、新产品发展预测等。

六、市场预测的步骤

1. 确定预测目标

明确预测目标是开展市场预测工作的第一步。预测目标规定了预测的内容、范围、期限，直接影响预测结果，所以，确定预测目标要准确、清楚和具体。明确预测目标就是根据经营活动存在的问题，拟定预测的项目，制订预测工作计划，编制预算，调配力量，组织实施，以保证市场预测工作有计划、有节奏地进行。

2. 搜集资料

进行市场预测必须占有充分的资料。有了充分的资料，才能为市场预测提供进行分析、判断的可靠依据。通过各种调查形式，搜集、整理、筛选与调查主题有关的各种资料，包括一手资料和二手资料等，需要经过分析后，才能全面、真实、准确地占有有关资料。有效获取相关资料是进行市场预测的重要一环，也是预测的基础。

3. 选择预测方法

在获得数据资料的基础上，根据预测的目标、各种预测方法的适用条件及实际情况，选择出合适的预测和评估方法，确定经济参数。预测方法的选用直接影响到预测的精确性和可靠性。运用预测方法的核心是描述变量间的关系，建立起反映实际的预测模型。

4. 预测分析和修正

利用选定的预测模型和方法，对各种变量数据进行具体计算，并将获得的结果进行分析、检验和评价。若预测值和测算的实际值相差较大，超出允许的范围之内，则预测效果差，应具体分析产生误差的原因，并及时加以修正、重新预测。

5. 编写预测报告

全面、完整、系统地对市场预测工作进行总结，包括预测目标、主要内容、具体方法、人员、时间、结果等，并提交报告。

第四节　市场预测的方法

市场预测的方法很多，有 200 多种，使用广泛且有效的有 30 多种。按照性质可以分为：定性预测和定量预测两大类。

预测对象的发展及相应的预测工作分解为当期、观察期、预测期三个时期。影响预测对象未来发展趋势的因素很多，且是动态的，其中主因与附因、内因与外因彼此交织，十分复杂。预测工作既不能排除预测工作者经验因素的影响，也不能排除预测工作者其他主观因素的影响，因此预测分析质量的高低，同预测者的个人经验与综合素质密切相关。

一、定性预测

定性预测属于主观预测判断分析的方法，又称经验判断预测。定性预测主要是借助于预测人员的经验和判断能力，不用或少用计算数据即可预测出客观事物发展趋势的一种预测方法。

定性预测具有直观性、简易性的特点，适用于统计数据和原始资料缺乏、需要判断的相关因素较多、人为主观因素起主要作用等情况。此外，那些只具有定性特征，无法用数量形式表达的事项，如市场发展方向、趋势和重大转折点，以及未来市场发展的速度、相对值、基本状况、发展程度等，也只能使用定性预测。

定性预测的方法很多，如专家意见法、市场调查法、类推法、主观概率法以及产品生命周期分析预测法等。

1. 专家意见法

这种方法是凭借有关业务主管人员和专家的知识、经验与判断能力，在对资料综合分析后进行预测。预测的准确性主要取决于专家的实践经验、业务知识和对市场变化情况的熟悉程度。专家意见法又分为个人判断法、集体判断法（专家会议法）、专家调查法等。

（1）个人判断法。这种方法在实际中很少单独使用，又分为经理人员意见法、销售人员意见法、顾客意见法，适用于近、短期预测。个人判断时采用的主要方法有相关类推法、对比类推法、比例类推法等。个人判断法因为判断个体不受外界影响，没有心理压力，可以最大限度地发挥个人的创造才能。但是仅依靠个人的判断，很容易受到专家的知识面、知识深度、占有资料以及对预测问题兴趣大小的影响，难免有片面性。

（2）集体判断法（专家会议法）。这种方法又称会议调查法，是指预测人员采用开调查会的方式，进行集体分析判断和推算，并得出预测结果，适用于近、短期预测。这种预测方法容易受权威专家和大多数人的影响，而忽视少数人的正确意见。

（3）专家调查法（德尔菲法、专家意见征求法）。德尔菲是古希腊的一座城市，因有著名的阿波罗神殿而闻名于世。著名的阿波罗神谕就是指神殿中的女祭司把阿波罗对未来的预见记录下来，编成韵文，作为对祈祷者的答案。专家调查法有类似阿波罗神谕之意，也称德尔菲法。

德尔菲法以匿名方式轮番征询专家意见，最后得出预测值。为了克服专家会议法易受心理因素影响的缺点，德尔菲法采用匿名信函的方式征求意见。预测的专家之间横向不发生联系，只与预测领导小组成员单线联系。专家可以参考前一轮的预测结果修改自己的意见，而无需做出公开说明。德尔菲法一般要经过四轮。在匿名情况下，为了使参加预测的专家掌握每一轮的汇总结果和其他专家提出的论证意见，达到相互启发的目的，预测领导小组对前一轮的预测结果做出统计和处理，并作为反馈材料寄给每一位专家，以供下一轮预测时参考。德尔菲法因为采用统计方法处理每一轮的专家意见，使预测结果具有统计特性，所以定量处理是其一个重要特点。

（4）头脑风暴法。头脑风暴法是在宽松的环境中，以专题讨论会的形式，通过专家的自由交流，在头脑中进行智力碰撞，产生新的智慧火花，使专家的论点不断集中和深化，以形成优化方案的一种预测方法。

2. 市场调查法

市场调查法是我国纺织企业常用的预测方法。通过市场调查进行预测的方法有以下几种。

（1）典型调查推算法。这种方法是有目的地从调查总体中选择一些具有代表性的典型消费者（个人或单位）进行专门调查，并以这些典型样本为指标，来推断总体（如全体消费者）需求趋势的预测方法。

（2）随机抽样调查法。这种方法是从总体中按随机的原则，抽取一部分样本进行调查观察，用所得的样本值来推断总体的一种预测方法。

（3）全面市场普查法。这种方法是对调查对象（总体）的全部组成单位所进行的逐一的、毫无例外的、无遗漏的调查。如我国的人口普查、商品库存普查等。

3. 类推法

类推法是根据类推性原理，通过对比分析预测对象和其他类似事物，推断其未来发展趋势的一种定性预测方法。如以服装款式的变化发展情况来类推纺织品的花色、品种。类推包括相关类推和对比类推两种预测方法。

（1）相关类推法。相关类推法是依据因果性原理，预见和推断未来的市场变动特点和趋势。人们可以从相关产品需求预测产品未来的需求。

从可替代产品的市场需求变化预测商品市场需求变动趋势。在市场需求总量已定的情况下，两种相互替代商品之间的需求关系呈反向变化，在数量上有此消彼长的特点，即对某种商品的市场需求量增加，对其替代品的市场需求量就会相应减少。所以，在已知替代品市场需求量的情况下，采用类推预测就可以预测和判断被替代品市场需求的变动趋势。

在已知某种主要产品市场需求量的条件下，可类推出其补充品市场需求量的变动趋势。两种互补商品之间的需求关系呈同向变化的特点。如室内装饰、建筑材料等会随着住宅建设的发展而增长。

虽然许多经济现象存在相关性和因果关系，但是某种经济现象发生变化后，相应的变化必然发生，但不是同时，而是要相隔一段时间后才发生。这种相关变动的关系从时间上称为先行、后行关系，它反映了相关经济现象在因果关系上的时间先后顺序性。代表先行关系的经济指标称为先行指标。在市场预测中，根据某种经济现象和其他经济现象之间的先行、后行关系的变化规律，可以推断先行指标或后行指标的变动趋势。

（2）对比类推法。对比类推法是根据类推性原理，把预测目标同其他类似事物进行对比分析，从而预测和推断目标市场需求发展趋势的一种预测方法。比如通过对比分析某些国外产品的市场寿命周期，产品的更新换代等情况，预见和推断某种新产品市场需求的变动趋势。

类推预测法适用范围广，方法简单，论证性强。它要求预测人员具有丰富的实践经验，对预测目标及其关联内容有深入的了解，掌握比较全面的有关信息资料，有较强的综合分析和逻辑推理的能力。

4. 主观概率法

主观概率法是指人们凭借个人的经验和知识，对某一事件发生的可能性的大小作出的个人主观看法的量度，常与专家调查法结合使用。预测结果为专家预测值的加权平均值。而每位专家的期望权数则是根据各人过去判断预测的准确程度确定。

5. 产品生命周期分析预测法

由于产品生命周期四个阶段的特点不同，其预测方法也不完全一致。预测时，首先通过市场调查，了解商品目前销售量的增长速度，确定商品当前在生命周期中所处的时期。再依据商品所处时期，运用不同的预测方法进行预测和决策。

当商品进入导入期，应进一步加强市场调查，通过展销调查法或订货会调查法等，详细了解消费者的动向和购买意图，迅速确定经营方针、修改设计、积极推广、扩大影响、扩大销路。当商品进入成长期，销售量直线上升，可采用趋势外推法预测近期每月或每季度的销售量，以销定产，减少资金积压。当商品进入成熟期，销售量往往只在某一水平上下波动，这时应迅速研究改进产品，开辟新市场，压缩库存。当商品进入衰退期，销售量急剧下降，这时应迅速转产，并运用价格手段，清除库存。

二、定量预测

定量预测又称为统计预测，是用统计方法和数据模型对一些历史数据进行处理和分析，近似地揭示预测对象及其影响因素的变动关系，建立对应的预测模型，从而预测其未来的发展趋势。

定量预测用来预测与未来市场发展目标有因果关系的影响因素，其方法大体分为时间序列分析预测法和回归分析预测法两大类。

1. 时间序列预测法

时间序列预测法，也称为时间序列预测法，或简称为时序预测法。所谓时间序列，是指把将某个经济变量（如销售数量、价格等）的历史数据按时间先后顺序排列起来，其中每一个数据都是在相同的时间间隔里产生的。例如，1990~2020年的某种统计数据共有30个（时间间隔为一年），就构成了一个时间序列。

虽然时间不是经济变量变化的原因，但时间序列中的每个观测值都是该经济变量在所有影响因素综合作用下的结果。可以说，时间序列预测法是只考虑预测变量随时间的推移而变化的方法，是对诸多影响因素复杂作用的高度简化。时间序列预测法依据延续性原则，通过统计分析或建立数学模型进行趋势外推，从而对该经济变量的未来可能值做出定量预测的方法。

时间序列预测法建立在某经济变量过去的发展变化趋势是该经济变量未来的发展趋势的假设基础。然而从事物发展变化的普遍规律来看，同一经济变量的发展变化趋势在不同的时期是不可能完全相同的。这样，只有将定性预测和时间序列预测有机结合在一起，才能收到最佳效果。即首先通过定性预测，在延续性原则的前提下，运用时间序列预测法进行定量预测。时间序列预测法对短期和中期预测效果好。当时间序列比较稳定时，也可用于长期预测。

时间序列预测法可分为确定性时间序列预测法和随机性时间序列预测法两大类。前者使用的数学模型是不考虑随机项的非统计模型，是利用反映事物具有确定性的时间序列进行预测的方法，包含平均预测法、指数平滑预测法、趋势外推法、季节指数预测法等。后者则是利用反映事物具有随机性的时间序列进行预测的方法，基本思想是假定预测对象是一个随机时间序列，然后利用统计数据估计该随机过程的模型，根据最终的模型做出最佳的预测。时间序列分析预测的方法很多，这里主要介绍在纺织品市场需求预测中常用的几种具有确定性时间序列的时序分析预测法。

（1）算术平均法。平均法是一种主要的修匀方法，同时也是一种主要的预测方法。它是以一定观察期内的时间序列的平均值作为计算某个未来时间预测值的基础。在市场预测中，常用的平均法有以下几种：

①简单算术平均法。它是将时间序列的各个数据之和除以数据点的个数而求得的简单算术平均数，作为下期的预测值。简单平均数可用来说明一般情况，它反映不出数据变化的最大值和最小值，更看不出发展的过程和演变的趋势。当预测值的精度要求不高时，且在预测目标的历史数据呈现出相对稳定状态，或是所给数据点的排列次序无重要意义时，用这种方法进行预测比较合适。但当历史数据呈现出明显的增长或降低的变化倾向时，则不宜采用，否则会产生较大的误差。

②加权算术平均法。加权平均法是指对所给序列中的各个数据点，按其重要程度，分别给以不同的权数，再求其加权平均数的方法。加权平均法与算术平均法相比，由于加大了近期数据的权数，能较好地反映近期变化趋势对预测值的影响，从而使预测结果更接近实际。但当历史数据呈现出比较大的倾向性变化时，如采用加权平均法，仍然会出现预测值落后于实际，且误差较大的情况。

（2）几何平均法。几何平均法是指以时间序列的几何平均数作为预测值的一种时间序列预测法。适用于时间序列呈上升或下降趋势，且这种上升或下降的速度大体接近的情况。预测时用末项和首项的商的百分率作为事物发展速度，对其开 n 次方（ n 为年限），求得几何平均数，预测值就是时间序列中的末项数据值与几何平均数之积。如某公司最近一年的呢绒销售量为 100 万米，10 年前为 50 万米，则发展速度为 200%，平均发展速度的几何平均数为141.4%，下一年的预测值为 141.4 万米。

（3）移动平均法。移动平均法是在简单算术平均法的基础上发展起来的。它是逐点推移的分段平均法，使不规则的线性趋于平滑，以便分析预测对象的发展与趋势，从而做出判断。此法比较重视近期数据，当有新数据加入时，可以递推演算。

移动平均法可分为一次移动平均法和二次移动平均法等。一次移动平均法是指对时间序列中所规定的观察期，连续移动后只计算一次移动平均数作为预测值。二次移动平均法是在一次移动平均数据的基础上，再进行一次移动平均。二次移动平均法不是直接用于求预测值，而是为了求出用来修正一次移动平均值的"滞后现象"的平滑系数。求出平滑系数之后，再建立平滑预测的数学模型，通过数学模型进行预测。移动平均法预测的优点在于考虑新的数据点比较容易，观察期越短，新数据的影响越大，缺点是需要存储的数据量比较大。

（4）指数平滑法。指数平滑法是移动平均法的改进和发展，它既有移动平均法的优点，又在一定程度上克服了移动平均法数据存储量大的缺点，所以应用比较广泛。指数平滑法是利用当期和前期的资料（包括预测值和实际值）预测下期发展变化的一种定量预测方法。任一期的指数平滑值都是本期实际观察值与前一期指数平滑值的加权平均。此法有一次指数平滑法、二次指数平滑法和三次指数平滑法之分。

（5）趋势外推法。趋势外推法是根据时间序列所反映的变动趋势，继续外推到未来的预测期，以确定预测值的一种时序预测法。利用趋势外推法进行预测时，首先，要根据历史数据编制时间序列，将序列描述在坐标图上，以观察经济现象的变动趋势，常用的趋势线有直线、二次曲线、指数曲线、修正指数曲线等。其次，要选择切合实际的方法，配合合适的数学模型来预测经济现象的未来趋势值。

直线趋势线预测法是对具有线性变动的历史时间序列拟合成直线方程进行预测的一种趋势外推法。

在市场预测中，常会碰到一些经济变量呈现出某些曲线形状的变化趋势，这时，就需要把已知的历史时间序列拟合成一条曲线，建立相应的曲线方程，作为预测模型来进行预测。曲线方程的类型很多，在市场预测中常用的有二次曲线、指数曲线、戈珀资曲线、逻辑曲线等。

2. 因果分析预测法

在自然界和社会生活中，往往存在着相互制约、相互依存的变量。如纺织品的销售量与人们的收入水平，服装款式、颜色、花型，人口构成、年龄等因素有关，它们之间的变动规律虽不能用精确的数学公式来表达，但是，相互依存的数量关系却是客观存在的。因果分析预测法正是根据实际的统计观测数据，以数理统计理论为基础，通过数学计算，确定两个或两个以上变量之间的相互依存的数量关系，并加以模型化，从而建立起回归方程，用于预测因变量的未来值。

因果分析预测法，也称回归关系预测法，是从事物变化的因果关系出发来进行预测的，它不但排除了对预测目标无关的因素，而且，还可以对相关的紧密程度加以综合考虑，这样可提高预测的可靠性。

以因果性预测原理作指导，以分析预测目标同其他相关事件及现象之间的因果联系，对市场未来状态与发展趋势做出预测的定量分析方法。主要有回归分析预测法、经济计量模型预测法、投入产出分析预测法、灰色系统模型预测法等。在市场预测中，最常用的是一元回归预测法。

一元回归预测法是利用统计数据资料，建立起一元回归方程，以一个已知自变量代入方程来预测另一个因变量（预测目标）的定量预测法。一元回归方程可分为一元线性回归方程和一元非线性回归方程两类。利用这两类方程进行预测的基本程序是相同的，只是求取这两类方程参数的具体方法不同而已。

多元回归预测法的原理、方法和程序与一元回归预测法基本相同，只是在选定自变量、求解回归方程参数和统计检验等方面要比一元回归预测法复杂得多。多元回归预测是利用数据资料，建立多元回归方程，用已知两个或两个以上的自变量代入方程，来估计另一因变量（预测目标）的定量预测方法。它可分为多元线性回归预测法和多元非线性回归预测法两种。在市场预测中，最常用的是二元或三元的线性回归预测。建立方程，进行参数估计，在建立了多元回归方程后，也需要进行统计检验。一是检验回归方程的显著性，即检验因变量与多个自变量之间是否存在总的线性相关；二是对回归系数进行显著性检验，即分别判定每个自变量对因变量的影响程度。

由于纺织品的市场预测具有其自身的特点，影响消费需求的因素也很多，既有定性因素，又有定量因素。定性因素包括消费者的生活习惯、性别差异、消费者心理状态和消费观念等。定量因素包括消费者的货币收入、社会集团购买力、人口结构、国民经济发展状况等。因此，同一种预测方法，用于不同的预测目标，会有不同的效果。我们要善于通过分析、研究，随时掌握需求变化的各种信息，找出需求变动的规律性，采用适当的预测方法，做出较为准确的推断和估计。

目前，对于纺织品需求总量的预测可采用时间序列分析法、回归分析法以及有关定性预测法等；对于品种、花色等需求量的预测可采用统计分析法、调查推断法、现场观察分析法以及选样定产法等。有时也综合运用几种定性和定量预测方法，取长补短，以提高预测效果。

需要注意的是，预测模型只考虑影响预测对未来变化的主要变量，而忽略若干次要的变量，以此来简化运算。预算模型只能近似地反映客观情况，因而是非精确的。市场预测工作要求将预测结果的误差限制在允许范围内。

第五章　纺织品消费心理学

教学要求

1. 理解消费需要、消费动机、消费者的知觉、消费学习、消费者的个性、消费态度、消费决策对消费行为的影响。

2. 能够应用所学知识分析消费者的消费心理和消费行为。

第一节　概述

一、消费者与消费心理学

在经济社会中，人们的生产与生活离不开消费。人类要生存，要享受，要发展，就必须消费一定的物质资料、精神产品和劳务。消费代表着人与社会的连接，反映了人的生活水平、生活理念，也反映了社会的发展现状。消费是人类社会经济活动中的重要行为和过程，是社会进步、生产发展的基本前提。无论是物质产品还是服务，只有进入消费领域，被人们消费，才能最终实现其使用价值和交换价值。消费不仅可以满足人的多方面的欲求，也会促进整个国家的经济、文化、科技等方面的发展。所以说，研究消费，无论是对国家还是对企业，都是相当重要的。

消费包括生产性消费和生活性消费。生产性消费是对生产过程中生产资料和劳动力的使用和耗费。如纺织企业为了售卖织物而购买纤维原料，继而进行纱线、织物的生产加工。这其中牵涉到的生产资料和劳动的消费，就是生产性消费。进行生产性消费的企业包括产品制造企业、批发商业企业、零售商业企业、代理商等。生活性消费是人们为了自身的生存和发展，消耗一定的生活资料和服务，以满足自身生理和心理需要的过程。消费心理学所研究的消费是生活性消费。生活性消费中，消费的主体是人，所以研究消费不能脱离对消费活动中人的研究。

人人都有诸多的需要，除了吃、穿、住、行的需要外，还有其他方面的需要。正如马克思所说，人从出生的那一天起，每天都要以各种方式消费着。所以在经济社会中，人人都是消费者。

在一次消费活动中，常包括互相关联的三个活动过程，即产生需要的过程，寻找和购买商品的过程，以及使用与体验商品的过程。参与了消费活动的任何一个过程或全部过程的人，都是消费者，也是我们所说的广义的消费者。广义的消费者包括对商品或劳务的需求者、购买者和使用者。在一些消费活动中，参与整个消费过程的三者可能是同一个人，如我们为家里购买新窗帘；三者也可能是不同的人，如儿女孝敬老人的滋补品、父母为孩子购买的衣服等。

除消费者外，当一个人作为丈夫、妻子或朋友陪同他人购物时，可能会出谋划策，甚至参与决策，但不能称他们为"消费者"。购买过程中，营业员会诱导、劝导顾客买下某种商品，但此时营业员也不是消费者。根据上述情况中的个人在消费过程中所起的作用和担任的角色，可以称他们为"影响者"。

根据不同的标准，可将消费者分为不同类别。消费者分类方法很多，为了研究的需要，本章只介绍其中两种。

（1）根据对某种商品的消费状况，可将消费者分为现实消费者、潜在消费者和非消费者。对于某一消费品，在同一时空范围内，消费者可能做出三种不同的反应，包括即时消费、未来消费或永不消费。做出即时消费反应的就是现实消费者，他们是对某种商品在目前有所需要，并通过市场交换活动获得商品或亲自使用并从中受益的人。生产经营企业主要是为这类消费者服务。未来消费是指当前消费者没有消费需要和消费动机，未来可能进行消费。这些消费者成为潜在消费者，他们在将来的某一时间有可能转变为现实消费者。生产经营企业应该特别重视这类消费者。他们是企业开拓新市场，保持并提高市场占有率的潜在力量。非消费者是指当前和将来都不可能需要、购买和使用某种消费品的人。例如，对于皮大衣和羽绒被，这类御寒商品来讲，生活在热带地区的人就是非消费者。企业在生产经营中，需要通过调查研究，把非消费者排除在企业的目标市场之外，否则生产和经营将是徒劳的。

（2）根据消费的目的，可将消费者分为个人或家庭消费者、集团消费者。个人或家庭消费者是指为满足个人或家庭的需要而购买和消费消费品的人。其中个人生活消费，是人们依靠自己的收入购买物品，满足自身的需要，是在个人或家庭范围内实现的一种消费形式。消费心理学侧重研究的对象就是个人及家庭消费者。集团消费者是指为满足团体的各种不同需要而购买和使用消费品的组织。通常不反映消费者个人的愿望与需要，也与个人货币支付能力没有直接关系。如工会为职工购买福利产品。

人的心理是人脑对客观事物或外部刺激的反应活动，是人脑所具有的特殊功能和复杂的活动方式。它处于内在的隐蔽状态，不具有可以直接观察的现象形态。事实是客观的，人对客观现实的反应是主观的。所以，人的心理受到具体的人与人的知识经验以及个性心理等主观特点的影响。

消费者在消费活动中的各种行为无一不受到心理活动的支配，并在其支配下，为实现预定消费目标而做出各种反应。例如，是否购买，购买商品的选择，考虑购买时间、购买地点等。这种在消费过程中发生的心理活动即为消费心理，又称消费者心理。

消费心理学是一门新兴学科，是消费经济学的组成部分。它研究人们在日常购买行为中的心理活动规律及个性心理特征。

二、研究纺织品消费心理的意义

消费者行为与心理是客观存在的社会现象，是商品经济环境中影响市场运行的基本因素。消费者的行为对当地经济、国家经济、世界经济的良好运行具有举足轻重的作用。消费者的购买决策影响原材料、交通、生产和银行业务的需求，也影响到就业率和资源配置，以及某些行业的景气与萎靡。

市场经济条件下，工商企业赢得消费者的关键在于掌握消费者的心理与行为规律，继而努力使企业的市场营销策略和手段适应消费者的心理活动特点。所以说，研究消费者的心理及其行为规律是企业开展营销活动的基础，对于发展市场经济和企业开发市场具有极为重要的理论与现实意义。

纺织品作为一种消费品，与人们的生活密切相关，目前已渗透到人们生活的各个领域。纺织品的本质属性是文化，它深深地影响并展示着中华文明的特点与发展历史。另外，纺织品及纺织品消费也带有深深的时代烙印。

纺织品消费心理学的研究对象是在纺织品整个市场营销活动中消费者心理活动产生、发展和变化的规律，以及消费者消费行为的普遍特征。充分掌握消费者对纺织品的消费心理，开发出符合消费者心理的产品，对扩大产品的市场占有率、促进纺织行业的经济发展是非常重要的。作为消费者本身，也需要具有一定的消费心理知识，正确引导个人消费行为，避免消费的盲目性。简而言之，研究消费心理，对于消费者，可提高消费效益；对于经营者，可提高经营效益。

第二节　消费需要

一、消费需要的概念

需要是有机体由于缺乏某些生理或心理因素而产生的与周围环境的某种非平衡状态。通常以愿望、意向的形式被人所体验。需要的形成需要同时满足两个条件：一是个体缺乏某种东西，说明"确有所需"；二是个体期望得到这种东西，强调"确有所求"。

人们生活在世界上，需衣食住行各方面的设施和物资，这是基本的生活需要。人也有七情六欲，有思想意识，在复杂多变的社会环境中，人还有更高的精神需要。叔本华曾说过，生命是一团欲望，不能满足便痛苦，满足便无聊，人生就在痛苦和无聊之间摇摆。需要得到满足，给人以愉悦的情绪体验，继而焕发出新的热情；需要得不到满足，人就会产生焦虑或挫折感，继而影响到活动的效能。需要与刺激都是动机产生的条件，而需要是最基础的。

消费者存在的特定的需要称为消费需要。消费需要与通常所说的自然的生理或心理需要既有联系又有区别。自然的生理或心理需要只是消费需要存在的前提，但并非所有的心理或生理需要都能实现，因为中间还存在着支付能力的限制。我们认为，有支付能力的消费需要才是有效消费需要。所以，消费者的消费需要是个人的消费欲望和支付能力的结合。消费者的有效消费需要就构成了市场的消费需要。它主要取决于两个方面的经济因素：一是消费者的经济收入；二是所购买的商品价格。

研究消费者的需要是工商企业经营活动的起点，满足消费者的需要是工商企业经营的目标。商家考虑的应该不是生产什么产品简单容易，或是什么产品成本低廉，而是应该确定目标市场，理解消费者的需求。此外，消费者有时会因为一时的需求或欲望而忽视自己、家人、邻居、国家、地区甚至全世界的长期最大利益，商家可以用消费者的长期最大利益来提醒自己，同时也树立了良好的企业形象。

需要是消费者行为的最初原动力。需要能促使消费者采取行动来改善对所处状况的不满意的状态。而消费者在获得了可改善其不满意状态所需的条件之后，又会产生新的消费需要，如此周而复始，需要也在不断发展。

二、马斯洛的需求层次理论

人的需求多种多样，各种需要不是孤立存在的，而是彼此联系的，组成一个统一完整的需求结构。

美国著名的人本主义心理学家亚伯拉罕·马斯洛认为，人的行为是由动机驱使的，而动机又是由需求引起的。人类的基本需求有：生理需求、安全需求、社交需求、尊重需求和自我实现需求五种。五种需求按其对个体的重要程度可以由低级至高级依次排列，如图5-1所示。

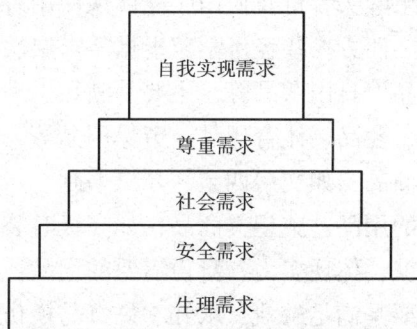

图5-1 马斯洛的需求层次图

生理需求是所有需求中最基本的，指维持个体生存和人类繁衍而产生的需要，如空气、阳光、食物、水、睡眠等，衣食住行的基本层面都涵盖在生理需求中。只要生理需求还没有得到满足，其他一切需求均处于次要地位。安全需求包括生理安全、心理安全，也包括秩序、稳定、规则熟悉度以及对个人生活和环境的控制，如教育和职业培训、银行账户、环保、保险等。社交需求也称归属和爱的需要，是人与人之间交往、联系、友谊、爱情方面的需要。社交需求是在生理需求和安全需求相对满足后产生的较高层次的需要。在实际生活中，社交需求是各阶层消费者消费活动的重要动力。尊重需求是人对自尊心和荣誉感满足的需要，一方面指自我尊重，希望自己有实力、有成就、有信心，并要求独立和自由；另一方面指希望别人尊重自己，希望有名誉、有威望，得到别人的赏识、关心、重视或高度评价。一般有尊重需求时，人已基本进入富裕阶层。内向型自我尊重的需求反映出个体对自我接受、自尊、成功、独立以及对工作满意的需求；外向型自我尊重的需求包括对威望、声誉、地位以及被认同感的需求。自我实现需求是人类特有的最高层次的需要。马斯洛认为，人们都有促使自己潜力得以发挥和实现的愿望，希望自己成为所期望的人物，完成与自己的能力相称的一切事情。

马斯洛的需求层次理论认为，人的五个需求层次是由低到高呈上升发展的趋势，低层次的需求得到一定满足后，方有可能产生较高层次的需求。一个人得首先使自己当前最重要、最迫切的需要得到满足，一旦成功地实现了这一需要，这一需要就不再是一个激励因素了，于是会向下一个最重要的需要寻求满足。例如，一个挨饿的人有生理需求，对艺术界的近况（自我实现需求）绝不会有丝毫兴趣，也不会留心自己在他人眼中的形象（社交需求）或别人是否尊重他（尊重需求），他甚至不关心自己呼吸的空气是否纯净（安全需求），但是，生理需求满足后，新的需要也随之产生。这个层次论与中国古代"衣食足则知荣辱"的说法有相近之处。

马斯洛的需求层次理论虽是管理科学的理论基础，但它对于人们理解消费者需要结构是有帮助的。从需求层次理论可以看出，消费者的任何消费行为总是为了满足某一层次的需要。这些需求包括物质方面的需求和精神方面的需求。在满足消费者对物质需求方面，商品生产者和服务的提供者要最大限度地提高产品和服务质量，生产出具有更大使用价值的商品，持久地满足消费者的生理需求和安全需求，减少消费者在购物中的风险，从而在消费者心中建立起长期而牢固的信赖感。在满足消费者精神需求方面，为适应消费者社交需求、尊重需求和自我实现需求，商品的生产者和服务的提供者需要重视商品的款式、包装或者价格等，充分显示消费者的身份和地位。保证这些商品如果用以馈赠，能充分表达人际间的情感程度；如果购买者自我使用，能体现使用者的社会地位和经济状况，从而引起他人的尊重。

西方一些经济学家根据需求层次理论将商品划分为六大类：功能类商品，如食品、床上用品、日用杂品等，主要是满足生理需要、方便生活的用品；渴望类商品，如保健品、化妆品、药品、体育用品、劳保用品等，主要是满足安全、防卫、护身、健康需要的用品；地位类商品，如文房四宝、琴棋书画、名牌名优商品等，主要是显示所处地位和社会阶层归属需要的用品；威望类商品，如高级时装、高档家具、珠宝皮货、文物古董等，主要是满足优势、成就、体现实力、身份需要的用品；娱乐类商品，如玩具、游艺用品、旅游品、流行商品等，主要是满足游戏、求知、好奇与模仿需要的用品；成熟类商品，如礼品、烟酒等，主要是体现成熟、智慧、风度和个性特征的用品。

三、纺织品消费需要的分类

人们购买商品是为了满足某种生理的或精神的需要。了解消费者的购买需要对于企业开发产品和进行营销活动有重要意义。对于消费者来讲，分析和了解自己的消费需要，有助于科学地进行消费。

1. 根据需要的层次分类

消费需要根据需要的层次分为生存需要和社会需要。生存需要包括对基本的物质生活资料、休息、健康安全的需要，是人作为生物有机体与生俱来的，是由消费者的生理特性决定的。满足这类需要可使消费者的生命得以维持和延续，也可以理解为自然需要。消费者在社会环境的影响下，会形成的带有人类社会特点的某些需要。社会需要是人作为社会成员在后天的社会生活中习得的，由消费者的心理特性决定。比如享受需要，表现为消费者在生理和心理上获得最大限度的享受；发展需要，体现为要求学习文化知识，增进智力和体力，提高个人修养，掌握专业技能，在某一领域取得突出成就等。这类需要的满足，可以使消费者的潜能得到充分释放，人格得到高度发展。需要注意的是，同一种商品可能满足消费者不同层次的需要，比如时装，既满足了生理需要和安全需要，也满足社交需要和尊重的需要。

2. 根据消费心理分类

根据消费心理，纺织品服装的消费需要可分为习惯需要、求廉需要、时尚需要、优越需要、新奇需要、便利需要等。习惯需要心理是由消费者的民族、地理、历史、文化、宗教和日常生活方式等方面的差异而形成的一种习惯性心理需要。如俄罗斯冬季寒冷，消费者多倾向于购买较厚重的服饰，而在热带地区人们不会穿羽绒服。营销厂家应该根据不同销售地区，消费者的不同消费习俗和不同习惯需求心理组织生产、销售不同的商品。求廉需要源自通常消费者都希望用较少的货币换取较多的商品，得到物美价廉、经济实惠的商品。比如，一件售价1万元的皮衣开始促销，以8000元价格售卖，消费者认为买到就是赚到，获得了可以折算为2000元的心理享受，可见，降价就是有效的促销手段之一。有时价格并不是消费者决策时的第一考虑要素。社会群体、时尚潮流、消费风气等社会性因素会形成一种趋势，对消费者的消费行为有很强的影响力，使消费者产生迎合、趋同、追逐某种流行消费行为的倾向性心理需要。这种时尚需要心理在纺织品服装上表现得尤为突出。纺织品服装企业必须非常关注流行趋势和了解纺织商品的生命周期。优越需要心理是由消费者较高需要层次的心理因素决定的。消费者将对商品的需要与受尊重、赞赏的心理联系在一起，表现为崇拜名牌商品、享受高档服务，追逐稀有商品，借助商品的价格、品位、时尚，满足高人一等的优越心理。开拓、创新和发展是人类的重要心理特征，产生新奇需要心理。在消费领域，消费者对新、奇、特的商品自然会产生一种享用的需要。便利需要心理指消费者普遍存在着希望在消费过程中获得礼貌、诚恳、周全、方便、快捷的高质量服务。这种心理存在于消费行为中的购前、购中和购后的全过程。具体表现在消费者购买商品时，大多注重使用方便、省时省力、售后服务周到等。上述消费需要心理，构成消费者的不同购买动机。一次消费过程中，消费者的心理需要错综复杂地交织在一起，可能几种需要心理兼而有之，但主次不同。熟悉和掌握消费者的心理需要，对于企业了解社会消费现象，预测消费趋向，设计商品和改进销售服务是非常有益的，对于促进营销活动的作用也是不可低估的。另外，人的需要心理活动是永远不会停止的，所以消费者的需要不满足的状态是经常存在的，而且从市场学的角度看，消费者的需要不满足，正是市场策略的第一步。比如，20世纪80年代初，某地一家鞋帽公司适时推出一种新颖女性绒帽，在市场上十分抢手，估计需要20万顶，但这家公司先抛出15万顶，造成供不应求的局面，结果再抛出12万顶，还是卖光了。这一例子充分说明了研究消费者需求心理对制订营销策略的作用。

3. 根据需要实现的程度分类

按照需要实现的程度，可以把消费者的需要分为现实需要（也称为显现需要）和潜在需要。现实需要是指目前具有明确消费意识和足够支付能力的需要。潜在需要是指未来即将出现的消费需要。前者指消费者有意识地购买商品的欲望，可理解为，消费者在进商店之前就已计划好了要购买的商品和愿意支付的钱数。而后者指消费者没有明确意识的或朦胧的欲望。消费过程中，潜在需要十分重要。在消费者的购买行为中，大部分受潜在需要的驱使。据美国有关资料表明，发生的购买行为中，只有28%的消费者是有意识的行动，而72%的购买行为是受朦胧的欲望支配。潜在需要，是人们对更高层次的生活标准或生活方式的追求，它是市场需求的基础，也是企业研制和开发新产品、进一步扩大生产的动力和基础。研究潜在消费需要对诱发消费行为、扩大企业销售有十分重要的意义。满足现实需要的产品，其市场极易饱和。而开发满足潜在需要的产品则不同，只要企业信息摸得准，就会捷足先登，独占鳌头。例如，一家英国鞋厂和一家美国鞋厂各派一名推销员，到太平洋的某岛推销产品。通过调查，两名推销员都发现岛上居民生活富裕，却不穿鞋子。二人对事实的了解程度是一样的，但推断不同。英国推销员认为这里没有市场，向上级汇报说："岛上的人都不穿鞋子，我明天就搭头班飞机回来。"而美国推销员则认为有大量的潜在需要，汇报说："岛上的人还都没穿上鞋子，我打算长驻此岛。"于是，美国鞋厂根据当地居民的心理特点，大张旗鼓宣传，暗示人们只有穿上各种漂亮的鞋子，才能更适应现代化的生活，成功地将潜在需要变为现实的需要，鞋子大卖。可见，潜在需要的诱发和引导对消费者购买行为的产生具有重要的作用。通过加强广告宣传和销售诱导工作，就能使人们的消费需要发生变化和转移。潜在的欲望可以变为当即的行动，未来的消费需要可以成为现实的消费需要。

四、消费需要的基本特征

1. 驱动性

当消费者某种需要萌生后，便产生一种心理紧张感和不适感，这种紧张感会成为一种内驱力，驱动人们寻找满足新需求的目标和对策，促使人们采取各种购买活动，最后使这种需求得到满足。消费需要的这一特征在冲动型消费者中表现得最为突出。

2. 多样性

人的需求是多种多样的，不同消费者间的消费需求也是千差万别的。由于消费者在年龄、性格、生理、工作性质、民族传统、宗教信仰、生活方式、生活习惯、文化水平、经济条件、兴趣爱好、情感意志等方面存在差异，他们需求的对象与满足方式也就多种多样。例如，牧区的民族习惯食奶制品，回民族因信仰关系只食牛、羊、鸡、鸭、鹅等肉食。又如，老年人喜欢舒适的服装，年轻人喜欢时尚的服饰。另外，即使是同一种商品，如服装，不同消费者对其规格、花色、质量等方面有不同的需求。消费者通常是根据自身的消费经验、个人爱好、文化修养、经济收入等情况选择消费需求。随着人们生活水平的不断提高，消费者的审美观念逐渐向个性化方向发展，这也说明了服装市场应该更加具有多样性。

面对消费者千差万别、多种多样的需要，工商企业应根据市场信息和自身能力，确定市场目标，尽可能向消费者提供丰富多彩的商品类型。

3. 发展性

消费需要的内容，从静态分布上看是多样化，从动态观点看是在不断向前推进着。消费需要的发展与客观现实的刺激有很大的关系。不同的社会发展阶段，不同的地区，人们的消费需求也在因时因地地变化着。消费者的心理需要还会受时代风气、环境的影响。一般人常有的心理特征之一就是不甘落后于时代，消费需求随周围环境变化而变化。社会经济与政治体制的变革、道德风尚的变化、生活或工作环境的变迁，乃至宣传广告的改变，都可促使消费者产生需要的转移和变化。

服装属于时尚类的商品，具有流行性。人们的服饰需要已经从之前的保暖与遮衣蔽体，发展到追求时尚、舒适、个性的阶段，目前还呈现向智能、功能方向发展的趋势。

4. 可诱导性

消费者决定购买什么样的消费品，采用何种消费方式，怎样消费，既取决于自己的购买能力，又受到思想意识的支配。外界诱导因素可以促使消费者产生新的需要，或者使一种需要向另一种需要转移，或者使潜在需要变成现实需要，或者使微弱的欲望变成强烈的欲望。当然，消费者的需要也可以因外界的干扰而消退或变换。

非常典型的具有消费需要诱导作用的就是广告。在商品经济发达的社会，广告既可能被认为是"泛滥成灾"，又可以作为消费者不可缺少的生活向导。另外，明星效应、社会新闻等也可能引发某种消费需求的变化。一部电影可能使某种时尚、某类商品家喻户晓，风靡世界；一则新闻可能置某种商品于十八层地狱，永世难得翻身。可见消费者需要的可诱导性是确实存在的。

工商企业不仅应当满足消费者需要，而且应当启发和诱导消费者需要，即通过各种有效的途径，用科学的价值观、幸福观、消费观引导消费者需要的发展变化，使其合理化，改变落后的消费习惯，使物质消费与精神消费协调统一，逐步达到消费结构和需求结构的优化。

5. 伸缩性

在某一时期，消费者会存在多种需要，当客观条件限制了需要的满足时，这些需要可以抑制、转化、降级，可以滞留在某一水平上，也可以是以某种可能的方式同时或部分地兼顾满足几种不同性质的需要。有可能的情况是消费者只满足某一种需要而放弃其他需要。所以说，消费者的各种需求之间存在一种竞争。竞争的结果是一种决定，即会转化为购买行为。只有最强烈最迫切的需求才能转化为动机，成为行动的主要支配力量。

在现实生活中，消费者的需要，尤其是以精神产品达到满足的心理需要，具有很大的伸缩性，可多可少，时强时弱。比如，高考复习阶段的学生，为了备战高考，放弃了旅游，看电影、电视、小说，打球及休息的需要。服装的时尚性强，可选择性强，带给消费者需求的伸缩性较大，消费者在购买服装的量与质等方面往往随购买力的变化、流行趋势、价格因素的变化而有所不同。

消费者需要的伸缩性，是人们用于解决"需要冲突"的适应性行为。工商企业在进行生产和经营时，必须从我国消费者当前的实际消费水平和民族消费历史、消费习惯的特点出发，注意将满足物质需要和精神需要两方面有机地结合起来。首先解决最基本的需要，逐步提高科学文化教育等方面需要的满足程度。

五、影响消费者需要的因素

消费者的需要受到许多因素的影响，除了消费者自身的因素之外，还有许多客观因素，这些主客观因素综合地影响着消费者在购买活动中的需求心理。

1. 消费者个体因素的影响

（1）年龄与性别因素。年龄因素对消费需求的影响很大，婴幼儿、青少年、中年和老年对消费品均有不同的需要和指向。

消费者性别差异也会带来需要的不同。男女消费者对某些商品的需求是有区别的。传统上，女性一直是染发剂、化妆品等产品的主要使用者，而男性则是工具、须前护理品的主要使用者。需要注意的是，近年来随着性别角色日益模糊，这种差异性已经有所变化。

（2）文化和职业因素。不同文化水平的消费者，在购买中表现出不同的情趣和审美标准；不同职业的消费者，由于教育程度、生活与工作条件不同，对纺织服装的式样、材料、包装、质量等的要求也不尽相同。

（3）个人经济因素。个人收入多少也是影响消费者需要的重要因素。在商品经济条件下，有效的消费需要要求消费者有支付的能力。一个低收入的消费者对于昂贵的消费品是不敢问津的。工商企业可以根据市场调查，从消费者的收入水平出发，进行产品布局。

（4）个性心理因素。消费者的气质、性格和能力等个性心理特征不同，消费需求就有不同，所做的商品选择就不同。有关消费者个性心理的内容将在以后的有关章节里详细阐述。

2. 客观外界因素的影响

（1）社会因素。消费需要的内容及满足需要的方式，都要受到当时的社会生产力水平和生活条件的制约。比如，只有当生产出某种产品，消费者消费该产品时，消费者的消费需要才能满足，生产还会促进消费需求的逐步产生。而且，不同的生产力水平形成不同的产品门类、品种，产品的数量和质量也不同。随着社会的进步，生产力水平的提高，人们的消费需要也不断变化。

（2）地区因素。我国人多地广，各个地区特定的自然条件、生产力水平、历史文化传统等因素形成了许多不同的消费习惯，构成了许多不同的消费需求。例如，广州人讲究吃的消费习惯使广东的名菜、美食都集中在广州，故有"吃在广州"的美名。又如，大多数上海人比较注重"穿"，上海是全国服装总汇，因为服装的款式多变、色泽协调、做工精细，引导着全国服装潮流，所以有"上海人喜欢穿，穿在上海"的说法。

（3）人际因素。经济社会中，任何消费者都不可能孤立地存在，都会与他人发生程度不同的联系与交流，并受到他人的影响。当消费者觉得其他人的消费习惯和消费方式比自己先进、优越时，就可能吸收和采纳，逐步演变成自己的消费需要。比如，一名消费者的同事穿着新潮的服饰，这一事实本身就会刺激他产生对潮流迎合的需要。这种影响可以发生在个体间、家庭间、民族间，甚至国家间。例如，在少数民族与汉族杂居地区，很多少数民族，尤其是年轻的少数民族，他们的消费习惯、消费方式、穿着服饰已逐步向汉族靠拢。

（4）宗教因素。由于宗教信仰和所属民族不同，消费者的需要在婚丧、服饰、饮食、居住、节日、礼仪等物质和文化生活上各有自己的特点，这些都影响着他们消费需求的形成。据统计，目前在世界上有60%的人信仰宗教，我国信仰宗教的人数在总人口中比例不高，但绝对数量却比较大。由于宗教的教义、宗教的节日有种种规定，极大地制约着教徒的消费心理和习惯。还有些不信教的人，生活在教徒周围，也会受到一些感染。

（5）家庭因素。家庭是一个消费单位。比如，中国的家庭里，家庭成员之间尊老爱幼、团结和睦，在平等关系的基础上养育子女和侍奉双亲。家庭各成员之间在生活消费上相互依存的关系比较明显。家庭的经济状况及家庭人口的多少都直接制约着消费者的需求水平和需求结构。比如，刚刚结婚的两口之家和正在抚育婴儿的家庭，对商品的需求就可能很不一样，前者可能在文化娱乐、家用电器等方面消费多一些，后者对婴儿食品、婴儿服装等方面需求大一些。

六、消费需要对消费行为的影响

消费者的消费行为是消费者个人为满足其生活需要而购买商品的行为。消费行为的产生和实现建立在需要基础上，并在需要的驱使下进行的。可以说需要是消费者消费行为的最根本的原动力。需要越迫切、越强烈，消费行为发生与实现的可能性越大；反之，需要不迫切、不强烈，消费者的消费行为就可能推迟完成，甚至不发生。所以说消费需要决定消费行为。

德国经济学家恩格尔指出，随着家庭收入的增加，人们在食品方面的支出在收入中所占比例越小，用于其他方面的费用支出所占比例将增大。由于消费者所处国家地区不同，民族、文化背景各异，其消费水平高低不同，直接影响到消费者的需要水平，从而影响消费者的消费行为。

企业的营销行为不能直接控制需要的形成，但可以对需要加以引导，使之指向具体的需要对象。菲利普·科特勒曾指出，营销者并不创造需要，需要早就存在于营销活动之前。

从理性消费者行为的角度分析，需要本身并不直接引发消费者采取购买的行动。只有当需要被唤醒并转化为动机之后，消费者才会有以某种行动去达成一定目标的内在驱使力。消费者是否会采取购买行动，则取决于消费动机的大小。所以，需要转化为动机才是消费者购买行为的起点。

第三节　消费动机

一、消费动机的概念

个体在其生存和发展过程中会有各种各样的需要，例如，饿了有进食的需要，渴了有喝水的需要，与他人交往中有获得友爱、被人尊重的需要等。一些是生理需要，产生于人们生理的紧张状态，如饥饿、干渴、不安等。另外一些需要则是心理方面的，由心理状况引起，如认识、尊重和归属。当需要没有紧迫到使人们采取行动时，需要就仅是需要。当某种需要增长到足够强度水平时，被个体意识到之后，他的整个能量便会被动员起来，有选择的指向可以满足这种需要的外部对象，于是"动机"出现了。

动机的原意是引起动作的念头。在心理学中，动机是引起和维持个体活动，并使之朝一定目标和方向进行的内在心理动力，是行为的直接原因。这种动力源自一种令人不快的紧张感，是需求得不到满足的结果。每个人都会下意识地减轻这种紧张感，表现在行为上，他会想法满足自己的需求，达到一种更惬意的心境。

消费动机是消费者为了满足一定的需要，产生购买某种商品的心理倾向和驱动力。它直接导致消费者的消费行为，是消费行为的直接驱动力。有人把动机比喻为汽车的发动机和方向盘。这个比喻是说动机既给人以活动动力，又可调整人的活动方向。

人们的各种消费活动都是由一定的消费动机引起的。人产生了消费动机，就要选择或寻找目标。当消费目标找到后，就进行满足消费需要的活动。行为完成的过程，就是消费动机和消费需要不断得到满足，心理紧张状态不断消除的过程。需要满足后，又会有新的消费需要产生，新的消费动机形成，新的消费行为活动开始，如此周而复始。从消费者行为中无法轻易地推断其动机，有不同需求的人可能会选择相同的目标来寻求满足，而有相同需求的人可能会通过不同的目标来寻求满足。

二、消费动机的形成

消费需要是消费者购买决策的源动力。而引起消费者认识到需要的刺激，可以是来自个体的心理的或生理某种匮乏的不平衡感，也可以是来自外部环境的刺激。大多数个体需求在多数时间内是休眠的。在某一时间，任何特定需求的唤醒可能是由生理状况的内部刺激唤醒，也可能是在情感活动或认知过程中被唤醒，或者因外部环境的刺激而唤醒。比如，血糖降低或者胃部收缩引发饥饿感，人们会寻找食物；体温降低引起颤抖，人们会寻求温暖；很多人看到勾起食欲的螃蟹广告，可能会产生购买的欲望。所以说，消费者购买动机产生的内因和外因分别是消费者的内部需要和外部诱因。

1. 内部需要刺激动机

人的某种生理或心理的缺乏状态强烈到一定程度时，直接引发消费者动机，产生行为。比如，人感到渴了，需要水，然后有意识地开始着手寻找卖水的地方，这就是产生了消费动机。换季了，一个人想添置喜欢的服装，着手购买服装；喜欢旅游，强烈地感到需要购买一辆车；一个人要参加晚宴，感觉到需要购买晚礼服和首饰等。

消费需要未必都能转化为消费动机。有时，消费者需要潜伏在心底，消费者没有意识到，不能引发消费者动机；有时消费者需要没有强烈到一定程度或由于某种原因或心理被抑制，也不能引发消费者动机。

2. 外部诱因

消费者的动机与需要的关系极为密切，它们都是购买行为的内在因素，是达到满足需要的行为动力。在某些情况下，个体并未感到缺乏内在的需要或者消费者需要只是感到"缺少"，没有明确的愿望，此时凭借外在的刺激，可能激发消费者内在的需要，从而可能引起消费者消费动机并导致某种行为。

例如，某消费者路过某商场，看见不少人正在争购一种市面上流行的服装，于是她也挤上去买了一件；又或者翻看流行服装杂志时对某服装产生强烈的拥有的愿望；或者看到朋友购买的服装或食物产生强烈的兴趣；或是商品降价引发购买兴趣。消费心理学把这种能够引起个体需要或动机的外部刺激（或情境）叫作诱因。

诱因毕竟只是消费者动机的外因，它终究还要通过消费者的内因——需要起作用。然而，并不是所有的需求都是消费者意识到的，在这种情况下，进行适当的提示就显得很重要。比如，面对面向顾客做介绍，应用广告媒体宣传提示，通过橱窗展示，商品堆码展示，促销提醒等。总之，消费者的购买行为是经常要受到外界刺激才产生的。如何适时地给消费者以刺激，是生产经营厂家和营销人员应当研究的重要课题。一般来说，刺激越多，诱因越强，购买越有可能发生。

没有动机作为中介，购买行为不可能发生，消费者的需要也不可能得到满足。因此，动机、动机成因、行为三者之间的关系为：内部需要和外部诱因产生购买动机，购买动机产生购买行为，购买后使用评价又产生内部需要和外部诱因。

三、消费动机的功能

消费动机是引起行为发生、造成行为结果的原因。消费动机对消费行为的影响和作用主要体现在唤醒、方向以及维持与强化三大功能上。

1. 唤醒功能

消费动机能使消费者处于较高水平的唤醒或激活状态，或者说消费动机对消费行为具有始发作用，驱使消费者产生某种行动。为实现特定的目标，每个人所付出的努力程度是不同的。这是因为某种动机越强烈，或与其一致的个体目标越具有终极性、支配性的地位，个体的唤醒水平就会越高，就会越积极地采取各种手段去达成目标。

2. 方向功能

不同的消费动机不仅能激发行为，还能使消费行为在一定范围内朝着特定的方向进行。这一功能在消费行为中，首先表现为在多种需要中确认基本需要，如安全、社交、尊重等。其次表现为促使基本需要具体化，形成对特定产品或服务的具体购买意图。在指向特定产品或服务的同时，动机还将影响消费者对选择标准或评价要素的确定。通过上述过程，动机使消费行为指向特定的目标或对象。

消费过程中，动机促使消费者在多种需要中进行选择，使购买行为朝需要最强烈的、最迫切的方向推进，从而求得消费行为效用的最大化。

3. 维持与强化功能

消费动机的作用表现为一个过程。在人们追求实现目标的过程中，动机将贯穿于行为的始终，不断激励人们努力采取行动，直到最终目标的实现。动机对行为还具有重要的强化功能，即由某种动机导致的行为结果对该行为的重复发生具有强化或阻碍的作用，包括正强化和负强化两种作用。当某种动机得到满意结果后，消费行为会中止，就是消费动机的中止作用。

四、消费动机的类型

消费动机是一个内在的心理过程，其心理变化是无形的，通常只能从动机表现出来的行为来分析动机本身的内容和特征。消费者的消费动机，主要取决于他的需求，也就是满足消费者的生存需要或社会需要。消费动机所触发的行动方向与诸多因素有关。虽然消费者购买的是同一种东西，可是他们的消费动机未必一样。消费动机与消费者所处的时代、周围的环境及其个人的经历等因素密切相关。

1. 求实型消费动机

求实型消费动机是以追求商品和服务的实用价值为主导倾向的消费动机。其特点是讲求"实用"和"实惠"。购物时特别注意商品的效能、质量和使用方法，不过分强调其外观的新颖、漂亮、象征意义及独特性，在挑选时也比较细致。据调查，51%的消费者具有这种消费动机。

2. 新奇型消费动机

新奇型消费动机是以追求商品的风尚、新颖、奇特为主导倾向的消费动机。在发达国家和地区以及经济条件较好的人群中较为多见。购买时注重商品的款式、色泽和流行性以及是否与众不同，一般不关注实用性与价格。

3. 审美型消费动机

审美型消费动机是一种以追求商品的欣赏性和艺术性等审美价值为主导倾向的消费动机。对商品的造型、色彩、款式、艺术欣赏价值格外重视，而对其价格和实用性不太看重。这种消费动机在中青年妇女、文化界人士中较为多见。

4. 攀比型消费动机

攀比型消费动机是一种以争强斗胜或为了同他人攀比为主导倾向的消费动机，具有冲动性、偶然性、即景性的特点，并带有浓厚的感情色彩。

5. 表现型消费动机

表现型消费动机是一种以显示自己的地位、威望和富有为主导倾向的消费动机。其核心是"自我表现"和"炫耀"。不同于攀比型的是，这种动机在经济许可条件下发生，看重商品的象征意义。

6. 惠顾型消费动机

惠顾型消费动机是一种以表现信任而购买商品为主要倾向的消费动机。消费者从经验或印象出发，对某种商品、某个售货员、某家企业或商店等产生特殊好感，非常信任，成为最忠实的支持者。惠顾型消费动机可能是源于某商店地点之便利，价格合理，服务到位，商品丰富；或是源于某一品牌的优势；或是源于消费者个人的嗜好心理倾向，如集邮、钓鱼、收藏、养花等。嗜好心理有时还反映了民族的差异，例如，有调查说比利时人最爱养猫，爱尔兰人喜欢狗；有的民族喜欢着白色，有的崇尚蓝色等。这种有某种嗜好心理的顾客，往往是工商企业最忠实的支持者，他们不但自己经常光临商店，而且对潜在的顾客有很大的宣传、影响作用。一个工商企业能否在顾客中广泛激发起惠顾动机，实在是经营成败的关键。

7. 储备型消费动机

储备型消费动机是以占有一定量的紧俏商品为主要目的的消费动机。

了解和掌握消费者购买动机是十分重要的。生产企业对产品设计、投产、生产成本、生产数量的决策，都要以消费者的购买动机为依据，它会促进工商企业的经营者以不同方式去适应消费者的需要，加快商品生产和流通的速度。

五、影响消费动机的因素及可诱导性

（一）影响消费动机的因素

市场营销中常说"需要本就在那里"，企业所要做的就是让消费者认识到需要，通过一定的刺激使消费需要变成消费动机。对于企业来讲，可考虑如下几个方面增强对消费动机的影响。

1. 市场运营活动

现代企业从商品计划开始，要不断从事推销活动、促销活动、广告及其他市场运营活动。这些活动的目的，都是为了使消费者购买其商品。

以商品计划而言，产品品质、特性、功用、包装、价格等，必须适合消费者的需要；从营销活动上讲，企业应定期做一些销售活动和促销活动等，具体方法包括尽量把商品陈列在零售店醒目的地方；请零售店老板向顾客推荐该商品；促使消费者自动选择该商品等。

2. 广告

使消费者发生消费行为首要的一点是让消费者获知该商品。消费者获得商品知识的途径很多，如听别人介绍的、商店老板告知的、报纸上看到的、从电台广播收听来的或从电视收看到的，以及从广告获知的，也包括用过、亲身体验该商品而获得充分的知识。在告知商品的各种活动中，最有力、最经济的方法就是广告。

3. 企业印象

一般情况下，消费者和生产厂商是没有直接接触的。消费者与生产厂商最重要的连接只是商品本身以及商品广告。消费者并非专门技术人员，无从判断商品的品质，所以其购买行为的产生并非完全因为商品优良的特性，而经常是因为知道了某一商品的名称、厂商名称，在无意识中依赖该商品，进而激起消费动机。大部分的消费者不会特地研究厂商，更不会主动去参观工厂。社会新闻和广告等使消费者对企业、对商品产生印象，从而确认哪个商品是有名的，哪个厂商是一家足以信赖的大公司。

4. 商品印象

消费者按商品的印象选择商品。商品的印象，大都和客观的事实相符，也有或多或少与客观事实不相符合的情形。本来一件粗劣的商品，使消费者相信是优秀的商品是不可能的，可是如果与其他厂商大致相同的商品，使消费者认为这种商品比其他公司的品质好，或者是高级品，有现代感，这是可能的。在只以品质优越而不能达到目的的实际情形下，可以通过广告使消费者对商品产生印象。所以，商品印象对消费者的消费动机也是有影响的。

（二）消费动机冲突

由于任何特定购买都可能有多重需要和动机，营销决策时需要考虑的一个重要问题，就是不同动机之间的冲突与协调。动机冲突是指在个体活动中，同时产生两个或两个以上的动机，其中某一个动机获得满足，而其他动机受到阻碍时，所产生的难以作出抉择的心理状态。在日常生活中，当一个人要采取某种重大行动之前，往往就处于这种心理状态，并有紧张的情绪伴随。

消费动机冲突是消费者在采取购买行为前或在购买行为中发生的动机冲突，表现为几个相互矛盾的消费动机相互斗争，斗争的结果将决定如何购买商品。

从消费者动机冲突的表现形式角度分析，动机冲突表现在以下几方面。

（1）双趋冲突。指消费者个人具有两种以上都倾向购买的目标而产生的动机冲突。如一个人有一笔钱，在买空调还是买音响间犹疑不决，这就是典型的动机冲突。两种购买动机有了对抗的关系，产生了"买哪一样"的选择。一般在这种情况下就需要做出不带有痛苦感的决定，只要采取"两利相权取其重"的目标，基本上就可以消除冲突。

（2）双避冲突。指消费者个人有两个以上想要避免的目标而产生的动机冲突。例如，某消费者买了高档的摄像机，购买时售货员态度非常不好，回家发现质次价高。是否退货呢？解决这类冲突，消费者的苦恼就要大一点。有的消费者认为碰上营业员不友好的面孔更难受，可能选择忍气吞声地蒙受损失；有的消费者认为蒙受损失更难受，会冒着同营业员争执吵闹的可能要求退货。其实这就是避大害式的选择，即"两害相权取其轻"。

（3）趋避冲突。指个人面临的目标，在想趋近的同时又想避开而造成的动机冲突。如消费者面对新产品时，既想购买，又怕上当；买大件耐用品时，既想价格便宜的，又唯恐质量不保证。

应该提醒的是，在消费者动机冲突的情况下，营销人员及时提示和指导，意义重大。利用消费者动机的可诱导性，可以更好地使消费者避免或化解冲突。例如，一件衣服，款式好，但价格高，通过诱导可使消费者选择满足当前最重要的消费动机。

（三）消费动机的可诱导性

所谓诱导是指销售者针对消费者的主导消费动机，运用各种手段和方法，引导消费者进一步认识商品，加强其购买动机，进而采取消费行为的过程。如在商店，经常会出现顾客犹豫不决的情况，这表明消费者此时的购买动机正处于冲突状态，即倾向购买与阻碍购买的力相互作用达到均衡点，如果此时有外力或外因加入，就会强化某方向的力量，对消费行为往往会产生决定性的影响力。此时，售货员的表情、手势、暗示性语言都有可能使顾客下决心购买，当然，如果做法不当也会吓跑顾客。

运用消费者消费动机的可诱导性，因人、因时、因地、因商品而使用各种诱导方式，能够消除消费动机冲突，使消费者的潜在购买动机外显，促使其采取消费行为，以达到促进销售的目的。

企业在考虑促进销售，同时适应和尽力满足人们的消费需要以外，还应该通过各种有效途径来指导人们的消费向健康的方向发展。

消费动机的具体诱导方式有以下几种。

1. 证明性诱导

（1）实证诱导。这是一种当场提供实物证明的方法。这种方式经常在商店中见到，如当场填充羽绒服或羽绒被，以证明其货真价实。

（2）证据诱导。这是一种向消费者提供间接消费效果证据的方法。有些不适于实证方法的商品可以用证据诱导。需要强调的是，要使用消费者熟知的、有感召力的实际消费证据，如宣传使用效果、强调名家使用过等。

（3）论证诱导。这是一种以口语化的理论说明增强信任度的方法。它要求销售人员有丰富的商品知识，对商品的原材料、生产工艺、性能质量、使用方法有清楚的了解，并且讲话要确切，劝说要适度，能视消费者的需要进行诱导劝说。只有这样才能使消费者相信、佩服，并接受诱导，实现消费动机。

2. 建议性诱导

建议性诱导指在一次诱导成功后，适时向消费者提出新的购买建议，达到扩大销售的目的。建议性诱导通常可在以下情况进行：

（1）当顾客首次购买刚刚结束，目光转向其他商品时；

（2）顾客询问本店是否有某商品时；

（3）顾客提出已购买商品的使用、维修问题时；

（4）顾客结束购买活动即将离开柜台时。比如在消费者购买衬衫时，建议搭配裤装或适时推荐新产品。

第四节　消费者的知觉

一、知觉的概念

知觉就是个体如何看待周围的世界，知觉的基础是感觉。

感觉是人脑对当前直接作用于感觉器官的客观事物的个别属性的反映。感觉是最简单的心理现象，来自在于感觉器官的生理活动以及客观刺激的物理特性，是各种高级、复杂心理活动的基础。感觉可以分为外部感觉和内部感觉。外部感觉包括视觉、听觉、嗅觉、味觉和皮肤感觉。内部感觉是指接受集体本身的刺激，反映自身的位置运动和内脏器官不同状态的感觉，如身体的位置变化和运动。从严格意义上讲，感觉是天生的反应。感觉本身取决于周围环境的能量变化，及感觉输入的变化。在一个平淡无奇或毫无变化的环境中，无论感觉输入的强度如何，人们都不会有任何感知，即使有感觉也会非常微弱。例如，在繁华街道上，人们对嘈杂声习惯了，对声音没有什么感觉；但是在教室或图书馆里，经常是"安静得连一根针掉到地上都能听见"。人体器官能够通过调节自身感受性的强弱来适应外界环境的变化，这一能力不仅能帮助人体在必要时强化感受性，还能保护人们免于过强刺激所带来的破坏性的或不相关的感觉输入轰炸。感官的世界充斥着太多彼此独立的感觉，单纯的感觉输入不会形成知觉。

知觉是人对事物的各种属性、各个部分以及他们之间关系的综合、整体的直接反映，是在感觉的基础上对事物的各种属性加以综合和解释的心理活动过程。例如，"我感到冷"，这是感觉，由此根据以往经验推断出"天气很冷"，这是知觉，因为感到的冷是天气的一个属性。知觉的这种反映不是消极的、被动的，而是一种积极的、能动的认识过程。这种积极的、能动的认识过程带有主观性。即使感觉器官感觉到的一样，个人的主观认知并不相同，这与个人的经验、兴趣、情绪和个性等很多因素有关。

从严格意义上讲，知觉是后天学习的结果。知觉的产生缘于两种不同的输入相互作用，其中一种输入是来自外部环境的物理性刺激；另一种输入是个体根据过去的经历所形成的特定倾向，如期望、动机和知识，产生了个体对世界的看法。比如，孩子将医生、针管与疼痛联系在一起。因为每个人都是独一无二的个体，拥有特殊的经历、需要、欲望、渴望和期望，因此每个人对世界的感知也是独一无二的。人们会下意识地根据自己的需要、期望和经验来解读这些刺激，也就是赋予它们意义。知觉中完全不需要假设有推理过程参与，因为刺激已经相当完整和详细，足以产生知觉，知觉与刺激相对应。

消费时，人们通过视觉、味觉、触觉、嗅觉等进行感觉，进而因个人因素来判断并知晓产品诸多特征，也就是知觉为消费者提供了一切的信息输入，如商标、包装、价格、质量，以及与产品有关的广告，甚至包括因购买而带来的风险。假定知觉经验是一个混合物，它少部分信息来自当前的感觉，大部分信息是从储存的信息库中提取出来的。知觉可以预测外界刺激的性质，具有适应环境的功能。

从某种意义上来说，消费者采取行动或做出反应的依据是他们的知觉，是他们对现实的看法，而不是客观现实。所以，对营销者来说，消费者的知觉比他们对客观现实的了解更为重要。

二、知觉的特征

1. 主观性

将两个人置于相同的环境中，即使让他们感受同样的外界刺激，他们对刺激的认知、选择、组织和理解也不相同。这是因为消费者在知觉事物和商品的过程中，经常把知觉到和观察到的客观事实用已有的知识经验来理解，使它具有一定的意义。与他们本人的自我想象、猜测及其一定的信念、态度和偏好等混淆在一起，使知觉的结果带有很多不真实的成分，因个体需要、价值观和期望的不同而带有很强的个人主观性，这就是主观的知觉。例如，有些消费者在选购商品之前就表现为事先倾向于接受某些信息而抵制另外一些信息，有些消费者在选购中易从主观意志出发评价商品的优劣。

2. 选择性

在同一时刻，有许多客观事物同时作用于人的感官，知觉客体都是有主有次的，人们不可能在一个特定时间内同时接受所有刺激感官的感觉，总是有选择地把少数事物当作知觉对象，而把其他事物当成背景，也就是只能有一部分刺激作为信息被接收、加工、储存，这样能清晰地感知一定的事物与对象，这就是知觉具有选择性。这种选择性受客观因素影响，如对象与背景的差别，对象的活动性，对象是否熟悉；也受主观因素影响，如动机、需要、兴趣、情绪、状态、期待和知觉定势。

消费者走进商场或超市时，各种琳琅满目的商品同时作用于消费者的感官，但他们并不能同时认识并反映这些商品，而只能对其中的某些或某一商品具有相对清晰的感知。这是由于这些商品是消费者知觉目标的对象物，即他们符合消费者的需要、兴趣、爱好和经验。其他商品则相对地成为知觉对象的背景，或者被视而不见，或者被感知成模糊不清的对象。因此，在市场营销中，一方面，营销人员应尽其所能地突出商品特征，尤其是应千方百计地使主销商品成为消费者知觉的对象；另一方面，应尽可能地使经营的商品具有比较大的选择性，以满足各类消费者的各种各样的消费需求。

消费者在决定要感知环境的哪些方面或哪些刺激时，会下意识增强选择性。除了刺激物本身的性质以外，消费者过去的经历，消费者此刻的动机，任一点都能增加或减少人们感知到某一刺激的可能性。比如，消费者会积极寻找那些让他们感到快乐或引起共鸣的刺激，而主动回避那些让他们感到痛苦或危险的刺激。

3. 恒常性

消费者容易根据原有的信息来解释新的信息，凭借以往的经验确认当前的事物，把有相似特征的事物看作是相同的。有些传统商品、名牌商标、老字号商店之所以能长期保留市场份额，而不被众多的新产品、新企业所排挤，其重要原因之一就是消费者已经对他们形成恒常性知觉，在各种场合条件下都能准确无误地加以识别，并受惯性驱使进行连续购买。知觉的恒常性可以增加消费者选择商品的安全系数，减少购买风险；但同时也容易导致消费者因为对传统产品持有的心理定势，不自觉地忽视或拒绝接受新产品。

4. 整体性

一般说来，人们不会孤立地认识事物。人们会将自己的知觉组织起来，形成一幅完整的画面，例如，有缺口的圆会通过感知被人认知为一个完整的圆。消费者总是把一种商品的名称、颜色、包装、价格、质量、经验等综合在一起，形成商品的知觉。把营业员的姿势、表情、动作、语言、服饰等综合在一起，形成对其服务态度的知觉。

知觉的整体性特征使具有整体形象的事物比局部的支离破碎的事物更具有吸引力和艺术性，因此，在图画广告中，把着眼点放在与商品有关的整体上比单纯把注意力集中在商品上，效果更为突出。服装品牌的广告，从视觉上看除了要展现服装特性和功能外，最主要的还是要传达出一种时尚与品位。其视觉形象的信息识别包括品牌标志、人物形象、服装形象、色彩和文案，通过这些视觉表现元素与消费者进行情感互动，传递品牌文化。

5. 防御性

防御性会使消费者对某些信息做出反应的程度降低，会使消费者只看见他们想要见的东西，只听见他们想要听的声音。例如，一台制冷性能很好的电冰箱仅因为外壳某处不够光洁而被拒绝购买，而消费者先要求得到外观的完美，面对其他信息，他此时还无法吸收进去。这种防御性，与个人心理密切相关。

三、影响知觉的各种因素

在购买活动中，消费者只有对某种商品掌握一定的知觉材料，方可能进一步通过思维去认识商品，并随着对商品知觉程度的提高形成对商品的主观态度，而确定相应的购买决策。人的知觉的选择性受各种因素的影响。

1. 客观因素

心理学实验和日常生活经验表明，知觉对象本身的特征，如响亮的声音、鲜艳的色彩、突出的标记等，都易引起人们的注意。对象和背景的差别越大，人们就越容易从背景中把对象区分出来。所以进行商店橱窗的布置、摆设店内各种商品时，就必须考虑到商品本身颜色与背景颜色的差别，以提高商品的可辨别性。

人们在知觉时，会把相似的各个部分看成一个整体的倾向，也会把若干个事物作为一个整体来反映，如邻近的事物有一起被感知的倾向，不类似或距离远的部分就没有这种倾向。

2. 主观因素

人的知觉不仅受客观因素的影响，也受人主观因素的影响。不同的人对同一事物往往会产生不同的知觉。例如，一家人一起看电视广告，此时，每一个人所知觉到的对象是一样的，但每个人知觉到的内容却不完全相同。这种知觉的个体差异更多地取决于人们各自主观状态的不同。这主要包括以下几个方面。

（1）个性。人们的个性特征会影响到知觉的选择性，例如，不同气质类型的人，知觉的广度和深度有个别差异：多血质（活泼型）的人知觉速度快、范围广，但不细致；黏液质（安静型）的人知觉速度慢、范围窄，但比较细致。

（2）兴趣。人们的兴趣往往会使他们把不感兴趣的事物排除到知觉的背景中去，而集中注意力于感兴趣的事物。人们对那些他们需要或是想要的东西感知性更强；需求越强烈，人们越容易忽视环境中与需求不相关的刺激。

（3）需要和动机。凡是能够满足人的需要、符合人的动机的事物，往往会成为知觉的对象、注意的中心；反之，与人的需要和动机无关的事物则不被人注意。人们常常只看到他们期望看到的东西，而他们期望看到的东西又源自熟悉的事物、过去的经历或是现有的期望。人们倾向于根据自己的期望来感知某个产品及其特点。

（4）经验。人们对事物所拥有的经验对知觉的选择性也有很大影响，正所谓"外行看热闹，内行看门道"。

四、消费者的知觉刺激分析

根据消费者对常见信息处理模型过程的四个阶段——展露、关注、解释和记忆，可以进行营销设计，对消费者产生知觉刺激。

1. 展露

展露是知觉刺激的第一步。生活中有大量的刺激信息，如各种广告牌、橱窗及展台陈列等。刺激物在个人相关的环境之内，展露虽然发生，但并不要求个体接收到刺激物信息（例如电视正播放广告，而你在做其他事情）。在通常情况下，展现的某个特定刺激物大多数是个体自主选择的结果。人们通常寻找自己认为有助于实现某种目标的信息，这种目标既可以是即期的（例如看电视广告可以诱导我们即时做出某项的消费决定），也可以是长期的。企业要尽可能地主动展露刺激物，扩大消费者被动接触刺激物的机会。与此同时，也要防止过度展露。

展露需要技巧。商品的生产或销售应充分认识和体现知觉整体性，应该首先给消费者一个良好的感知印象。例如，有一家百货商店新进了一批刻花玻璃高脚酒具，造型与质量均佳，但不知什么原因，摆上柜台后一直销路不畅，平均每天只能卖出两三套。后来，一位营业员灵机一动，在一套酒具的每个酒杯中斟满了红色的液体，摆在玻璃柜内，宛如名贵的葡萄酒，使人感到芬芳四溢、满口生津，购买欲望油然而生，结果每天销售量增加到三四十套。实际上，那位营业员只是把三滴红墨水滴在了清水中。消费者把酒具与酒以及美好的口感联想为一体，进而增强了对酒具的购买欲。

2. 关注

当刺激物激活我们的感觉神经，由此引发的感受被传送到大脑做处理时，关注就产生了。关注是接收神经将感官信息传递到大脑进行处理的过程。

在日常生活中我们面对的外界刺激物非常多，在不同环境下，人们对同一刺激会给予不同程度的注意。从大体上分，注意力可以由刺激、个体及情境三个因素决定。

（1）刺激因素。刺激因素是指刺激物本身的物质特征，刺激物的一些特征会不依赖于个体的特征独立地吸引我们的注意力。大的刺激物相对于小的刺激物更容易被注意（全版的广告比半版的更容易被注意到），刺激强度（如音量大小、色彩强度程度）也有同样的效果。刺激的频率高也会吸引注意，一项研究表明，同样的广告播放多次可以增加 20% 的记忆率。刺激物的色彩和运动等也可以吸引注意力。

（2）个体因素。个体因素指个体的各种特征。兴趣或需要似乎是影响关注程度的主要个体因素。兴趣是个体整个生活方式的体现，同时也是个体长期目标、计划和暂时需要的结果。个体的短期目标、计划除了受兴趣的影响外，也会受情绪的影响。除此之外，不同的个体对信息的关注能力也大相径庭。外出度假的消费者可能注意与度假有关的广告，未成年儿童的父母更多地关注或阅读广告上的警告标签（如食物的成分）等，时尚人士更关注流行趋势等时装杂志。

（3）情境因素。情境既不是客观的社会环境，也不仅仅是可见的物质环境，而是与二者有关的独立于消费者和商品本身属性以外的一系列因素的组合。包括物理环境和人际环境、时间观、人员密度、购买任务等。显然，忙碌的人比空闲的人更少关注刺激物，处于不快情绪中的人（如拥挤、嘈杂、过热或过冷的商店中的消费者）会注意不到许多展露在他们面前的刺激物，因为他们想尽快从目前的环境中脱离。

3. 解释

解释是对个体的感受赋予某种意思。解释是由刺激物、个体、情境特点共同决定的。

营销刺激物只有被个体理解和解释后才具有意义，包括认知解释和情感解释。认知解释是将刺激物置于个体既存的意识范围内来解释的过程，它也是刺激物与消费者现有知识经验相互作用的过程。情感解释是由某个刺激物（如广告）引发的情感反应。消费者个人的解释而非客观事实会最终影响其行为。例如，某产品生产与营销效率提高后，以低于同等竞争者价格推出一种高质量的新产品。若消费者将其解释为价格降低是源于质量的降低的话，那么这个新产品不会成功。基于以往的生活经验，消费者常认为知名品牌或价格昂贵的产品质量更好，也经常将广告中的新产品或无名商品当作名牌，或是认为零售店中带有促销标志的产品就是已经降价了。

消费者的个体特征会影响消费者对刺激物的理解，例如，性别和所处的社会阶层的不同会影响个体对不同产品的理解。而且，个人对刺激物的理解倾向于与他们的期望相一致。

很多情境特征也会影响个人对刺激物的理解，如饥饿、孤独、情绪均会影响个体对既定刺激物的理解。个人可支配时间也会影响到对营销信息的理解，同样，气温、在场人数及这些人的不同特点、外界的干扰等都会影响到个体对信息的理解。

4. 记忆

生活中，人们对感知过的、思考过的事物的印象总是或多或少地、不同程度地保留在头脑中，即使当这些事物不在眼前，它还会重新显现出来，这个过程就是记忆。所以说，记忆是人脑对过去经历过的事物的反映。记忆中所保留的印象就是人的经验。记忆是经验的保留、保持和再作用的过程。人的记忆力十分惊人。据专家估计，人脑可容纳 10 的 15 次方比特的记忆单位。

记忆在人的心理活动中也起着极其重要的作用。人们如果没有对事物个别属性的记忆，就不可能产生感觉的印象；没有对事物整体的记忆，就不可能产生对事物的知觉；没有对事物之间相互联系及其规律的记忆，就不可能进行思维；没有对以往知识经验的记忆，人的情感过程和意志也不可能实现。所以，有了记忆，人们的各种心理活动才能成为一个统一、发展的过程，才能有助于对外界事物的深入认识。

消费者每年面临成千上万的新产品，决定消费者是否会寻找某些新产品的原因是，这些新产品是否和他们脑海中存储的产品有相似之处。因此，消费者更能记住那些熟悉品牌的新产品，而记住之前不熟悉的品牌信息则要花更多时间。人一般习惯于记忆具体形象的东西，如新颖的商品造型、鲜艳夺目的装潢色彩、对比强烈的橱窗陈列、传统特色的商品包装、简明易记的商品命名、形象鲜明的商品广告等，它们都会给消费者留下较深的记忆痕迹。心理学研究还告诉我们，凡是能够唤起人的情绪的语言，都能增强记忆。因此，营销服务人员热情待客、礼貌用语，可使消费者产生满意的情绪体验，从而留下深刻的印象。

第五节 消费学习

一、消费学习的概念

人类在与环境的相互作用过程中，不仅能够保存过去的经验，而且能够运用这种经验改变调整或保持加强自己的行为，心理学上把这种因经验而导致的行为统称为学习。大多数的人类行为都是学习所得。

消费者的学习就是指消费者在购买和使用商品活动中不断获得知识、经验和技能，不断完善其消费行为的过程。例如，消费者愿意重复购买同一品牌的产品，或经使用后不再购买该产品而转向其他同类产品，所有这些都可以用学习来解释。新获得的知识或个人的亲身实践都能够形成自我反馈，并为未来相似状况下的行为提供基础。

有些学习是有意获取的，而大部分学习都是偶然的，通过某些意外事件而并非努力来获得。学习论者认为，一个人的学习产生于驱使力、刺激物、诱因、反应和强化的相互作用。驱使力是一种促成行动的强烈的内在刺激。诱因是一些次要刺激，它决定一个人何时、何地以及如何做出反应。

对于营销人员来说，通过学习，可以掌握增强消费者对产品需求的途径，通过把学习与强烈驱使力联系起来，运用刺激性诱因、提供正面的强化手段等几种方式，达到这一目的。因为购买者一般比较容易把自己对原先的品牌忠诚转向与之相类似的品牌，而不是转向与之相异的品牌，所以一家新公司能够采用跟竞争对手相同的驱使力、提供相似的诱因形式而进入市场。公司也可以设计引用一套不同驱使力的品牌，并提供强烈的暗示诱导来促使消费者转向公司品牌。

二、消费学习的作用

人的语言、知识、技能、生活习惯、宗教信仰、价值观念，乃至人的情感、态度、个性等无不受后天学习的影响。学习能使人类摆脱遗传基因的严格限制，使之能够更好地适应复杂多变的外界环境。当某个人定下目标，并且为做出决策或解决问题而必须进行搜索及处理数据时，认知学习就产生了。通过学习，人们可以获取信息，进行信息的选择，掌握获取信息的方法、渠道等。学习还可以促发联想，使人们做事情可以举一反三。联想是指消费者由一种事物而想到另一种事物的心理过程。联想有两种类型：一是刺激对象之间的联想，如由西装联想到领带等；二是行为与结果之间的联想，如由吸烟联想到疾病。联想既能促发消费者的购买行为，又能抑制或阻碍其购买行为。同样的刺激或暗示，对于不同的人可能会激发不同的联想，其中一个重要原因是经验和学习。经由学习而产生的联想，经多次重复，日久天长，也会形成习惯。学习还可使人们对事物或事情形成态度和评价。

在商品经济高度发展的今天，消费者每天或主动或被动地接触大量信息，而其中能够被消费者接受并能够影响消费者行为的只有一小部分，正是这一小部分信息，增加消费者的商品知识，丰富购买经验，使其购买决策更富有理性。

消费者关于某种特定产品或服务的态度，也是经由学习逐步形成的。消费者态度的转变，也是建立在学习的基础之上的。如一些过去对外国服装品牌十分偏爱，对国产产品不屑一顾的消费者，在经过长期观察、比较和接触各种各样信息之后，便逐渐改变了自己的态度，甚至成为国产品牌的忠实消费者。

三、消费学习的方法

学习有各种各样的方法，有直接的、也有间接的，包括模仿法、试误法、发现法和对比法。

1. 模仿法

模仿法指在没有外界控制的条件下，个体受到他人行为的影响，仿照他人的行为，使自己的行为与之相同或相似。这是一种普遍存在的心理现象，从个体对他人的无意识的动作、工作方法、生活方式等的模仿，乃至对社会的风俗、习惯、礼节、时尚等都存在着模仿。模仿在行为的学习过程中起着重要作用。

模仿的影响力，取决于榜样的崇高威望和地位，也取决于榜样行为的大众化、实用化的程度，有时也取决于榜样的专业性质和地域范围。工商企业的经营者应充分利用榜样的感染力，推出新颖、健康的商品，丰富和美化人们物质生活和精神生活，以达到最大的经济效益和社会效益。

对消费者来讲，盲目模仿的后果可能是增加了经济负担，又进行了不适合于自己的消费。因此，对他人的消费方式要分析对待，不要盲从。比如，消费者在打扮自己时，首先要了解自己，善于设计自己。一位希腊哲学家曾说过："首先知道你是谁，再据此装扮自己。"大部分人装扮是为了与自我形象契合。

根据模仿的目的性，模仿分为有意模仿和无意模仿。有意模仿是消费者有意识、有目的地模仿他人行为，如一些工商企业缘于这一点花大价钱请名人、明星做广告；无意模仿是消费者不自觉的模仿，如消费者在购买商品时，会不由自主地模仿大众消费模式。根据模仿的创造性，模仿分为重复性模仿与创造性模仿。重复性模仿就是看到别人买了什么，自己去买同样的东西；创造性模仿则是在重复模仿的基础上，加以改进。如果一位女性看到别人格子裙很漂亮，她为自己设计并制作了一件，这就是创造性模仿。模仿是通过对榜样人物形象的示范而产生的联想反应，即初级学习形式。直到人们掌握了许多社会规范与形成评价系统，这种模仿学习才逐渐传位给鉴别学习。

2. 试误法

这种方法又称尝试错误法，是指消费者在学习过程中，最初总要经历一些错误的尝试与动作，以后随着重复次数的增多，这些消费当中的错误或不足会逐渐被消除、修正，有效而成功的动作会逐渐增多。消费者最终会获得科学合理的消费观念，提高购买能力。试误不一定要亲身经历，同样可以从间接经验（别人的经验）中认识错误。

消费中的错误是消费的失败、消费的不满足。导致消费失败的原因是多种多样的。企业的任务是尽量避免使自己的产品、服务成为消费者消费失败的原因；相反，企业要尽量使消费者消费的满足与自己的商品、服务相关。

3. 发现法

发现法是一种促使人们独立思考，改组材料，自行发现知识，掌握原理的方法。其优势在于能调动人们在学习中的积极性、主动性，学习效果比较明显，而且能提高人的智慧水平。

发现法在消费者的消费学习中也比较普遍，例如，当消费者发现或接触到一种未曾接触过的商品并对其产生兴趣时，会主动收集有关商品的信息，了解有关的知识，并通过积极的思维活动，分析、比较、判断，最后做出购买决定。采用这种方法时，消费者不仅买到了自己喜爱的商品，同时也获得了"发现"的乐趣，满足了多方面的需要。

一般购买价值较大的商品时，用这种方法进行学习；而对小商品、日常用品则大多数用试误法完成学习。

4. 对比法

这种方法也叫比较法，是消费者学习中经常采用的学习方法。在购买活动中，通过对同类商品各方面的比较，消费者获得了对商品的进一步认识，为正确决策奠定了必要基础。这种对比可以是消费的对象、方式、时间、地点，甚至是消费观念方面的对比。所谓有比较才有鉴别，"不怕不识货，就怕货比货"。因此，比较法有较高的实用价值。

对比的结果直接影响着消费者的消费选择和购买决策。因此，在竞争激烈的市场上，如何使自己的产品和服务在消费者的对比比较中脱颖而出，成为其首选目标，是企业经营的一个重点。

四、影响消费学习的因素

1. 产品的质量及使用效果

消费者对于某商品知识的了解与学习态度，与消费者接触该商品获得的好处有关。若消费者对该商品做出购买反应，且获得了满意的使用效果，那么消费者会进一步加强对该商品有关知识的学习，甚至会了解同一品牌系列产品的知识，以扩大自己的购买范围，或形成偏爱，或产生一种持久的、强烈的学习动机。

2. 宣传的频率与时间

消费者的学习效果和商品的宣传频率及宣传时间长短有关。一般来说，宣传频率高，一次集中宣传时间长，能使消费者在短时间内对商品内容形成记忆，但也会使消费者产生疲劳，甚至厌倦，并在宣传后很快忘记学习的内容和知识；宣传分段进行，且频率较低，消费者容易接受，不会产生厌倦、烦躁，但若间隔时间长又会影响记忆效果，使宣传效果降低。

如果企业宣传的目的仅仅在于告知消费者，使其建立对某种商品的联想，发展机械记忆，那么可采用分段宣传；如果企业宣传的是新产品，就需要在产品上市前集中宣传，上市后再分段宣传，使消费者对新产品的知识能保持较长久的记忆和学习动力。

3. 消费者参与学习过程的程度

学习效果的好坏与消费者参与学习过程的程度有关系。如果在学习中，消费者的参与程度高，能积极主动地学习，学习的质量就会明显增加；消费者若是被动地、消极地学习，效果则较差。例如，如果商品推广时，仅通过广告宣传，那么消费者对商品的了解是被动的，获得商品知识的数量和速度就比较少且慢，其印象也不够深刻、清晰。如果让消费者试用某种商品，能引起其较大购买兴趣和好奇心，促使其对商品的知识及使用方法效果有全面的了解。

第六节　消费者的个性

一、个性的概念

个性在心理学中也称为人格，是指个体带有倾向性的、稳定表现出来的、本质的心理特点的总和。人的个性是在先天生理素质的基础上，在后天社会环境的影响下，通过其本身的实践活动逐步形成和发展起来的。一个人的个性特征是通过他的行为方式表现出来的。消费者在购买活动时所产生的感觉、知觉、记忆、思维、情感和意志等心理过程，体现了人的心理活动的普遍性规律。构成消费者各具特色的购买行为的心理基础是消费者的个性特征。个性的心理结构是复杂的，是个体独有的，并与其他个体区别开来的整体特性。它主要包括个性心理倾向和个性心理特征。

1. 个性心理倾向

个性心理倾向性是个人在与客观现实交互作用的过程中，对事物所持有的看法、态度和倾向，具体包括需要、动机、兴趣、态度、理想、信念、价值观等。个性心理倾向性决定着消费者的购买行为是否发生。其中，兴趣对于消费具有较大的影响。兴趣不是天赋，而是后天条件影响的结果。兴趣是在人们需要的基础上产生和发展的。在消费过程中，当消费者对某一商品或劳务有需要时，便会对该商品或劳务感兴趣，成为消费者购买活动的动力因素之一。当人对特定事物有兴趣时，心理活动必然随之受到影响，比如注意力相对集中，人的积极情绪表现得更强烈，会增加消费者的满意度。价值观是人们关于生活中基本价值的信念、理想等思想观念的综合，是人们对于生活与生活目标的看法或个人的思想体系，理想是价值观的最高体现。价值观在消费活动中的作用是对商品的美学欣赏，在价格方面的看法等。当消费者觉得消费活动符合自己的价值观时，便引起消费行为。

2. 个性心理特征

消费者的个性心理特征，就是消费者在各自的心理活动实践中经常表现出来的、比较稳定的个性心理的特殊性。在日常生活中，消费者的购买行为是千差万别的，而构成这种千差万别的心理基础，就是消费者的个性心理特征。个性心理特征具体体现在一个人的能力、性格和气质等方面的特点上，它集中反映了一个人的精神面貌的稳定性上的类型差异。举例来说，有的人聪明，有的人愚笨；有的人有数学才能，有的人有音乐才能，这是能力上的差异；有的人活泼好动、反应敏捷，有的人直率热情、情绪易冲动，有的人安静稳重、反应迟缓，有的人敏感、情绪体验深刻、孤僻，这是气质上的差异；有的人果断、坚韧不拔，有的人优柔寡断、朝三暮四，有的人急功近利，有的人疾恶如仇，这是性格上的不同。消费者在这些方面的差异导致了他们个性心理特征的差异。研究消费者的个性心理特征与其行为的关系，主要就是研究不同消费者在能力、气质、性格方面的差异及其在消费行为上的不同表现，不仅可以解释他目前的购买行为，而且可以在一定程度上预测他将来的消费趋向。

二、能力

能力是一个人能够顺利地完成某种活动，并直接地影响其活动效率的个性心理特征。即在条件相同的情况下，个体所表现出来的"快慢""难易""巩固程度"及"深浅程度"上的差别。人的能力的差异，有质的差异和量的差异。质的差异性具体表现在能力类型的差异上。每一个人都有自己的特点，各有所长，也各有所短。量的差异性具体表现在人的各种能力都有发展水平上的差异。现代心理学通常把人的智能划分为超常、正常、低常。需要注意的是，由于遗传生理因素、环境因素、教育因素的不同影响，各人才能的发挥有早有晚，成就的取得也有先有后。

一个人是否具有能力，是以是否能顺利完成某项活动为唯一衡量标准。能力的高低直接影响着消费者的购买行为能否顺利地发生和完成。如一个缺乏分析、判断和挑选能力的消费者，不是买了东西就后悔，就是左挑右选不知道买哪一件好。

消费者在购买活动中的能力，除本身素质是重要的基础外，还有许多其他因素也发挥了作用。这就为促进销售、引导消费创造了依据。企业不可能培养消费者的能力，但可以让产品通俗易懂。如营销人员向消费者传递商品信息，讲解商品知识，培训保养维修方法，示范使用操作技术等。工商企业的营销工作应讲究职业道德，切不可有意利用顾客的能力弱点去推销伪劣商品，欺诈顾客。

（一）能力结构

能力虽有水平高低之分，却无好坏之分。消费者应具有的能力结构，一般说来包括一般能力、特殊能力、人际交往能力和应变能力。

1. 一般能力

一般能力是指在许多活动中都必需的带共同性的基本能力，它适合于多种活动的要求。在消费活动中，一般能力又包括以下一些具体的能力。

（1）注意力。琳琅满目的商品中，有的消费者很快就能买到自己所需，而有的消费者在商店里转了大半天也找不着自己所需要的商品。这种情况就是注意力的差异所致。

（2）观察力。观察力是个体对事物进行准确而又迅速的感知的能力。观察力强的消费者，往往能很快地挑选出他所满意的商品。如果消费者观察能力较差，他往往看不到商品的某种不太明显的优点或缺点，就可能失去买到优质商品的机会。

（3）记忆力。一名消费者能否记住某种商品的特性，关系到他能否有效地做出购买决策。有的决策是面对商品时做出的，而有的决策则是在没有见到商品的情况下做出的。在后一种情形中，记忆是一个关键。消费者一旦记住了他所需要的商品的特点、商标、产地等，那么他可以在没有走进商店之前就做出购买决策。

（4）判断力。它表现在消费者选购商品时，对商品的优劣进行分析、比较和判断的能力上。一般来说，判断力强的顾客，能迅速果断地做出买或不买的决策；反之，判断力差的顾客，经常表现为优柔寡断，有时甚至会做出错误的判断。这种能力，也表现在对商品的使用中，有的消费者能迅速发现商品的优劣，做出正确的评价，而有的消费者则不能做到。

（5）比较能力。比较能力表现为消费者比较判断哪种商品更适合自己的需要，哪种款式、哪种颜色更好等事项的能力。

（6）决策能力。当消费者选中了自己满意的商品，是否能下决心买下来，这时需要有决策能力。

2. 特殊能力

特殊能力是某种专门性活动所必需的知识和技能，它属于专业技术方面的能力。如购买高级衣料的鉴别能力，购买古玩、乐器的鉴赏能力，购买药品的评价能力等。

3. 人际交往能力

从心理学角度看，营销工作其实是一种商业交际活动。所谓交际，是人与人之间的交往。在社会生活中，每个人所处的地位、肩负的任务不同（即他所担任的角色不同），他的行为方式和行为准则也会不同。在市场活动中，作为买卖双方的消费者和营销人员，就代表着不同的社会角色进行着交际活动。

4. 应变能力

营销活动要想获得满意的效果是相当困难的。这是因为买卖双方利益明显的歧异性，使得双方在心理上难以认同；还有双方在市场地位上的对立性，这种对立性尤其在市场供求严重失衡的情况下表现得更为明显。这就要求消费者具有一定的应变能力来把握购买行为的最终效果。

这些不同种类的能力彼此联系，相互促进，共同发挥作用。不同的活动具有不同的能力结构，所需能力的强度也不相同。例如，在进行购买活动时，一般商品的购买，只要求消费者具有注意力及记忆、思维、比较和决策的能力，而购买特殊商品时，则还须加上鉴别能力和检验能力等。在购买活动中，消费者购买行动的多样化，也在一定程度上反映出消费者能力的个体差异。例如，购买者购买行为的果断程度，就可能反映出其对商品的识别能力、评价能力和决策能力，有时甚至是支付能力。尽管包含在品牌信息里的众多产品特性和多种可替代品影响到了信息处理的强度和程度，但是在获取产品信息和整合多种产品特性信息能力方面，认知能力高的消费者明显优于认知能力低的消费者。

（二）根据消费能力划分的消费者购买类型

消费者消费上的能力差异决定了其消费时的表现会有不同。一般可从以下角度划分消费者的购买类型。

1. 从购买目标的确定程度看

（1）确定型。此类人有比较明确的购买目标，事先掌握了一定的市场信息和商品知识，他们进入商店后，能够有目的地选择商品，主动提出想要购买商品的规格、式样、价格等多项要求。如果购买目标明确且能够通过语言清晰、准确地表达，那么购买决策过程一般较为顺利。

（2）半确定型。此类消费者进入商店前已有大致的购买目标，但对商品的具体要求尚不明确。他们进入商店后，行为是随机的，与营业员接触时，不能具体地提出对所需商品的各项要求，注意力不是集中在某一种商品上，决策过程要根据购买现场情景而定。

（3）盲目型。此类消费者购买目标不明确或不确定。他们进入商店里，无目的地浏览，对所需商品的各种要求意识朦胧，表达不清，往往使营业员难以理解和掌握。这种人在进行决策时容易受购买现场环境的影响，如营业员的态度，其他消费者的购买情况等。

2. 从对商品的认识程度看

（1）知识型。此类消费者了解较多有关的商品知识，有能力辨别商品的质量优劣，能很内行地在同种或同类商品中进行比较、选择。这类人在选择中比较自信，往往胸有成竹，有时会向营业员提出少量关键性问题。营业员接待这类顾客时要尊重他们自己的意见，或提供一些技术性的专业资料，不必过多地解释和评论。

（2）略知型。此类消费者掌握部分有关的商品知识，需要营业员在服务中补充他们欠缺的部分知识，营业员可有选择性地向他们介绍商品。

（3）无知型。这里的"无知"是指消费者对某一具体商品的认知而言的。此类消费者缺乏有关的商品知识，没有购买和使用经验，挑选商品常常不得要领，犹豫不决，希望营业员多做介绍、详细解释。他们容易受广告、其他消费者或营业员的影响，买后容易产生"后悔"心理。因而营业员要不怕麻烦，主动认真、实事求是地介绍商品。

三、性格

（一）性格的概念

性格是个性的重要方面，是人的个性中最重要、最显著的心理特征。它是指一个人在个体生活中形成的，对现实的稳固态度以及与之相适应的习惯化的行为方式。一个人的习惯的行为方式首先取决于他对现实的态度。这种态度是由多方面因素结合而成的，主要包括社会态度、团体态度和合作态度，以及对劳动、对生活的态度和学习态度等内容。例如，在待人处事中表现出豪爽果断、有原则性、肯帮助人；对待自己则表现出谦逊、自信等。所有这些特征的总和就是他的性格。由此可见，性格就是由各种特征所组成的有机统一体。每一个人对现实的稳固态度有着特定的体系，其行为的表现方式也有着特有的样式，即一个人的性格不止说明他做什么，还说明他如何做，因此就可以预见他在某种情况下将如何行动。

性格标志着某个人的行为和其行为的结果，它可能有益于社会，也可能有害于社会。因此，性格有好坏之分，始终有着道德评价的意义。

（二）消费性格的形成

任何性格特征都不是一朝一夕形成的，它是从儿童时期开始就不断受到社会环境的影响、教育的熏陶和自身的实践，经过长期塑造而成的。一个人对某些事物的态度和反应，如果在其生活中巩固起来，成为经验程序，就会变成他在一定场合中习惯了的行为方式，也就构成了他的性格特征。所以说，一个人消费行为中所表现出的性格特点也是从儿童时期开始的，受到家庭的影响。

性格是稳定的，同时又是可塑的。在新的生活环境和教育影响下，在社会新的要求影响下，通过实践活动，一个人的性格可以逐渐改变。后期的教育和经历也会影响或是改变一个人的消费性格。

每个人的性格都是共性和个性的统一。性格的共性是指某一集团人们共有的本质特征。消费者作为一定社会集团的成员，和该集团其他成员具有大致相同的经济、政治和文化生活的条件，从而在他身上也形成该集团成员共有的性格特征。但是，消费者作为一定社会集团成员的单个个体，他的具体生活条件，他所从事的种种活动，所受的教育，都带有其自身的特点，所有这些都会投射到个体，表现为个体的性格。因此，消费性格体现出一定社会条件下社会和个人、客观和主观、现实和历史的统一。

（三）消费性格分类

人们各自不同的性格特征，还取决于各自的认识、情绪和意志这些心理过程的不同特点。在认识方面的个性差异，主要表现为接受外界刺激的主动性和被动性、逻辑性和现实性；在情绪方面，则主要表现在持久性、稳定性和意志力等方面；在意志方面，则表现为意志的目标性和自我约束能力的差别。这些不同的心理过程的影响，构成了性格的理智特点、情绪特点和意志特点，他们对人的行为活动的自我调节起着一定的作用。在商业活动中，消费者千差万别的性格特点，也往往表现在他们在商品购买活动中的态度和习惯化的行为方式上。消费者的个体性格对其购买态度、购买情绪、购买决策和购买方式的影响是客观存在的，其性格及其特点要在这些方面表现出来，从而构成千姿百态的消费性格。

1. 根据消费态度分类

（1）节俭型。这类消费者勤俭节约、朴实无华、生活方式简单，认识事物、考虑问题比较现实。他们选购商品的标准是实用，不追求外观，不图名声。对于商品信息，容易接受对商品内在质量说明的内容，购买中不喜欢营销人员人为地赋予商品过多的象征意义。此类消费者在我国为数众多，尤其在中年消费者中更是多见。

（2）自由型。这类消费者态度浪漫，生活方式比较随便，选择商品标准多样，既考虑质量，也讲求外观，但相比之下，质量不是最主要的。他们不拘泥于一定的市场信息，有时也受销售宣传的诱导，联想丰富，不能完全自觉地、有意识地控制自己的情绪。

（3）保守型。这类消费者态度严谨、固执，生活方式刻板，喜欢遵循传统消费习惯，对有关新产品的市场信息抱怀疑态度，有意无意地进行抵制；他们信奉传统商品，不愿意轻易更改消费习惯。

（4）怪癖型。这类消费者态度傲慢，往往具有某种特殊的生活方式或思维方式。选购商品时往往不能接受别人的意见、建议；有时会向营销人员提出一些令人不解的问题和难以满足的要求。他们自尊心强，甚至过于敏感，消费情绪不稳定。

（5）顺应型。这类消费者态度随和，生活方式大众化。他们一般不购买标新立异的商品，但也不固守传统。其行为受相关群体影响较大，和与自己相仿的消费者群体保持比较一致的消费水平，对社会时髦不积极也不反对；能够随着社会发展、时代变迁，不断调节、改变自己的消费方式和习惯。

2. 根据购买方式分类

（1）习惯型。这类消费者，当他们对某一品牌、商标的商品有深刻体验后，便保持稳定的注意力，逐步形成习惯性的购买和消费，不轻易改变自己的信念，不受时尚和社会潮流的影响，购买中遵循惯例，长久不变。

（2）慎重型。这类消费者，在采取购买行为之前，要做周密考虑，广泛收集有关信息；在选购时，尽可能认真、详细地进行商品的比较，选择衡量各种利弊之后才做出购买决定。

（3）挑剔型。这类消费者，一般都具有一定的购买经验和商品知识。挑选商品主观性强，善于观察别人不易观察到的细微之处，检查商品极为小心仔细，有时甚至达到苛刻的程度。

（4）被动型。这类消费者，往往是奉命购买或代人购买，没有购买经验，在选购商品时大多没有主见，表现出不知所措的言行，渴望得到营销人员的帮助。

3. 根据个体活动的独立程度分类

（1）独立型。这类消费者有主见，能独立自主地做出判断和选择，不易受外界因素影响，他们一般都是家庭购买决策的关键人物。

（2）顺从型。这类消费者易受暗示，购买时会犹豫不决。

（四）性格理论在营销活动中的应用

从市场营销的角度看，工商企业最欢迎外向友善型、勇敢冒险型、时尚导向型的消费者。外向友善型消费者热情、外向、善交际、话多。具有这些性格特征的消费者，喜欢给别人出主意，提建议，帮助他人选购商品，是商品的口头传播者。很多资料表明，口传信息是影响消费者行为的重要因素之一。由于这类消费者的评论和意见常常是根据自己的切身体验提出的，所以信息的可信程度强，因而，人们十分相信来自这些人的商品信息。勇敢冒险型消费者性格开朗，思想解放，容易接受新事物，愿意尝试新产品。因此，他们是新产品购买和使用的先行者和"活广告"。时尚导向型消费者追赶时尚潮流，他们的意向和行为倾向往往成为其他消费者的表率，因此，通过他们可以扩大市场影响。

具有以上三类性格特征的消费者对新产品有着浓厚的兴趣，喜欢依靠自己的能力对新产品做出判断和评价，他们往往把比别人早一点获得新产品信息作为一种乐趣，并通常是最早做出购买尝试的；他们富有创新精神，往往为了使用新产品而不畏风险。

在社会实践中，人们适应并改变着环境，同时也改变着自己的性格。营销服务人员承担着把产品从生产领域转移到流通领域，最终到达消费领域的任务。营销工作实践是培养良好性格特征和使它变为习惯化的行为方式的有效途径。

营销服务人员需要与各种各样的消费者打交道，与社会各界联络沟通，参加各种营销活动（即社交活动）。因此，营销服务人员应努力使自己具有有助于人与人之间接触、沟通的外向型性格类型，使自己关心外部事物，开朗、活泼，特别善于社交。

在性格的培养过程中，特别重要的是要学会对自己的性格进行自我调节和自我教育。一切外因只有通过内因才能起作用。只有当营销服务人员意识到自己的性格必须符合自己所从事的工作时，他才能产生积极的动机，自觉地调节自己的行为方式，重视在工作实践中培养自己良好的性格特征。

四、气质

（一）气质的概念

气质是指在人的心理活动和行为中表现出的稳定的动力特征。所谓心理活动的动力特征，是指心理活动和状态的强度、速度、灵活性和稳定性，是性格的动力基础，并且对行为起着动力作用。气质是人的心理特征之一，它规定着人的心理活动的特色，如有人活泼、灵活，有人安静、迟缓。气质的各种特征是个体的神经系统和神经系统活动的特点和表现。

相对于能力和性格而言，气质是最为稳定的一种个性心理特征。气质受个体生理组织特点的制约，其基础是先天的。虽然气质在人的一生中也会发生某些变化，但变化是极为缓慢的。气质具有明显的持久性和稳定性特点，因此具有某种气质的人也许行为动机不同、内容不同，但行为方式上往往表现出相同的心理动力特点。气质的动力特征使具有不同气质的人在进行各种活动时表现出不同的心理活动过程，形成各自独特的行为色彩。

气质只有急与慢、动与静、积极与消极的区分，也没有好与坏之分。但对人的品质的形成却有积极和消极影响之分。了解一个人的气质，有助于根据消费者的各种购买行为，发现和识别其气质方面的特点，注意利用其积极的方面，控制其消极的方面。

（二）消费者气质类型

公元前 5 世纪，古希腊医生希波克拉底的"体液论"，将人的气质分为多血质、胆汁质、黏液质、抑郁质。体液论并没有被现代科学实践所证实，但在生活中人们确实可以观察到这四种气质类型的典型代表人物，这就是四种气质类型沿用至今的原因。巴甫洛夫根据高级神经活动类型，将人的气质分为活泼型、安静型、兴奋型和弱型或沉静型四种。

然而，人的气质并非只存在这四种状态。单纯属于某种气质类型的人并不多，更多的人是以其中一种气质为主，兼有其他气质的混合气质类型。在商业活动中，消费者的气质特点，是不可能一进商店就鲜明地反映出来，但在消费者一系列的购买行为中会逐步显露出来。消费者的言谈举止、反应速度和精神状态等一系列的外在表现，都会不同程度地将其气质反映出来。因此，在我们对某个人的气质进行判断时，主要应该观察的是构成气质的各种心理特征，以及构成气质生理基础的高级神经活动的基本特征，而并非简单地进行气质归类。

研究消费者气质类型及其特征的目的就是为了提供一种理论指导，帮助营销服务人员学会根据消费者在购买过程中的行为表现，去发现和识别其气质方面的特点，进而引导和利用其积极方面，控制其消极方面，使工作更有预见性、针对性、有效性。气质理论的学习有助于营销服务人员提高自身的心理素质，即可以有意识地对自己的气质加以调节和控制，从而使自己的气质完善化，有利于形成良好的个性，提高服务质量和营销效果。

能力、气质、性格上的特点，构成了人们心理上的差异，即个性心理特征。消费者的能力、气质和性格等个体心理特征对消费者的购买行为的影响是非常大的，是构成不同的购买行为的心理基础。人的能力、气质和性格是在人的生活实践中形成的，它们之间相互制约、相互影响、相互联系。

1. 活泼型

活泼型的人神经素质反应强，而且平衡，灵活性也好。其个性特点表现为：情绪兴奋高昂，活泼好动，兴趣广泛，联系面广，富于表现力和感染力，较敏感，容易适应环境的变化，注意力容易转移，反应性和外倾性较为明显。这类消费者选购时易受商品的外表、造型、颜色、命名、周围环境、购买现场和社会时髦的影响，兴趣忽高忽低，行为易受感情的影响。在购买过程中，他们比较热情、开朗，愿意与营业员交换意见或者与其他消费者攀谈。接待这类消费者，营销服务人员应主动介绍，与之交谈，注意与他们联络感情，以促使其购买，同时要注意使他们专注于商品，缩短购买过程。

2. 安静型

安静型的人神经素质反应迟钝，但较平静，灵活性较低，抑制过程强于兴奋过程。其个性特点表现为：情绪稳定，冷静沉着，善于忍耐，反应迟缓，行动慢，心理状态不外露，耐受性和内倾性都较为明显。这类消费者不容易受广告商标包装的干扰和影响，挑选商品时冷静慎重、细心比较，给人慢悠悠的感觉，他们善于控制自己的感情。接待这类消费者要避免过多的提示和热情，否则容易引起他们的反感，要允许他们有认真思考和挑选商品的时间，接待时更需要耐心。

3. 兴奋型

兴奋型的人神经素质反应强烈，但不平衡，易于兴奋而难以抑制，兴奋过程强于抑制过程。其个性特点表现为：情绪反应快而强烈，控制能力差，对外界敏感，但不灵活，脾气倔强，精力旺盛，不易消沉，耐受性和外倾性较为明显。这类消费者挑选商品时以主观感受为主，不喜欢反复选择比较，表情外露，心直口快，选购商品时言谈举止显得匆忙。他们急于完成购买任务，等待时间稍长或营业员的工作效率低都会使其出现烦躁情绪。他们在接触中言行主要受感情支配，态度可能在短时间内发生剧烈变化，所以接待这类消费者要求营销服务人员的动作要快，态度要好，应答要及时。可适当向他们介绍商品的有关性能，以引起他们的注意和兴趣。

4. 沉静型

沉静型的人神经素质反应较弱，但较为平静，兴奋速度慢。其个性特点表现为：主观体验深刻，对外界反应速度慢而不灵活，敏感多心，言行谨慎，易于激动和消沉，感受性和内倾性较为明显。这类消费者选购商品时，表现优柔寡断，显得千思万虑，他们对营业员或其他人介绍将信将疑、态度敏感，挑选商品小心谨慎，过于一丝不苟。有时会因犹豫不决而放弃购买。接待这类消费者要注意态度和蔼、耐心，做些有关商品的介绍，以消除其疑虑，促成买卖；对他们的反复，应予以理解。

第七节　消费态度

一、消费态度的概念

态度是人们着手准备行动的状态，是个人评价或对待客观外界对象（包括人和事物）的较为稳定的心理倾向。态度描述了一个人对某些事物或观念长期持有的好与坏的认识上的评价、情感上的感受和行动倾向，比如宗教、政治、衣着、音乐、食物等，使人置身于对某一事物产生好感或恶感、亲近或疏远的情境之中。

态度不是与生俱来的，而是后天习得的，具有一定的稳定性和持续性。它来自过去的经验（认知），又影响着未来的行为（意向）。当然这种联系并不是唯一决定未来行为发生的因素，因为情境（如个人的资产状况）也是影响行为发生的重要因素之一。

消费态度是指消费者在购买和使用商品的活动中对商品、劳务及其有关事物形成的反应倾向，如喜欢、满意、肯定等。态度中包含着消费者的信念和对事物的情感或者情绪。人们普遍认为态度是逐渐习得的，也就是说，与购买行为相关的态度都是在直接购买经验中形成的。消费者在市场上选购什么商品、不选购什么商品，不是随意决定的，而是在心理有一定的尺度，这种尺度在心理学中称为量表。一般而言，消费者对于某一商品或服务越喜欢，也就越有可能发生消费行为。研究者通过提问或推断消费者行为的方式，对消费者态度进行界定。

二、消费态度的功能

态度功能的概念最早是由丹尼尔·凯茨提出来的，他认为态度之所以存在是因为它对人们具有某些功能，并区分了四种态度功能，即效用功能、价值表现功能、自我防御功能、知识功能。关于态度功能的研究可以解释人们为什么要形成或保持某些态度。

一种态度可能具有多种功能，但往往只有一种功能起着支配的作用。营销人员只要能识别出产品对于目标消费者的关键意义所在，就可以在广告中针对此项加以强化，帮助消费者建立更清晰的产品认知，消费者也更容易接受此类广告及其所宣传的产品和品牌。

1. 效用功能

效用功能也称工具性功能、适应功能或功利功能。态度都是在适应环境中形成的，形成后起着更好地适应环境的作用。适当的态度将使我们从重要的任务或群体那里获得认同、赞同、奖赏或者与其和谐相处。

消费者对于某个品牌的态度，很多时候就看它所能提供给消费者的效用。如果某品牌在过去曾经给消费者有所帮助，消费者将倾向于对它形成积极的态度；反之，如果该品牌的产品未能给消费者带来预期的效用，则会对它产生消极的，甚至是极端消极的态度。消费者对一些经常购买的日用品品牌的偏好或忠诚，就是建立在这一态度功能之上的。

2. 价值表现功能

消费者的态度反映了他的价值观念，就是态度的价值表现功能。人们都需要通过一定方式表明自己是怎样的一个人，并从表达自己所赞成的观点中获得满足。由于这种需要的存在，许多商品，特别是那些社会可见性强的商品，如服装、汽车、家具、首饰等，在消费的过程中便被赋予了价值表现的功能，成为某种象征意义的符号，人们对商品的态度并不取决于商品的功能性，而取决于商品所代表的是哪一类的消费者，或者说取决于商品所表现的价值与消费者个人的价值是否一致。

3. 自我防御功能

态度一经形成就成为一种习惯性反应，具有避免产生与消费者的消费意向不一致状态的倾向，这种功能即自我防御功能。形成对某些事物的态度，会帮助人们回避或忘却严峻环境及难以正视的现实，从而减缓心理紧张，保持心理平衡状态。对相似的事物，态度能导致人们产生相当一致的行为，人们不必对每种事物都用新的方式做出解释和反应，这样就可以节省精力和脑筋。事物的另一面就是，虽然形成态度往往有维护某商品或商标的形象的作用，却不利于新产品推销。

4. 知识功能

态度具有帮助消费者理解和适应复杂环境，为某种决策提供依据的功能。大多数情况下，当营销传播的信息到达消费者的时候，并不是消费者正在考虑购买的时候。对于这些信息，消费者通过认知的过程将其以态度的形式储存在记忆之中。比如广告在许多时候可能并不能直接导致消费者的购买，但它却可以改变和强化消费者的态度，当需要被唤醒或实际进行购买决策时，便可能依照这种态度采取行动。

三、消费态度的类型

1. 完全相信型

指消费者对所要购买的商品各个方面持完全肯定的态度。消费者在选购商品时，往往对商品的各个方面，如价格、质量、性能、样式、颜色、规格、包装等方面进行比较评价，当这些方面完全符合其要求时，便会形成非常满意的态度。

2. 部分相信型

指某种商品引起消费者的兴趣和一定好感，但并不十分满意或不完全相信，或者是对质量不放心，或是价格、样式不尽满意。

3. 不相信型

指消费者对商品持完全否定的态度。可能是由于新产品投放市场，消费需要的强度较弱，也可能是消费者在消费过程中发现一些隐蔽的缺陷或其他方面的严重不足，甚至有可能是消费者受过类似商品的伤害等。

经销商要恰当地推销商品，如果存在过分夸大消费品的某些特点、作用，以及广告宣传的内容与实际效果不符等情况，都会增加消费者的怀疑，使其对商品失去信任。同时，针对消费者的不信任态度，也要采取适当的方式去解除，使其由不信任向信任转化，形成有利于商品销售的积极态度。

四、消费态度的形成

态度的形成指的是对某一产品的态度从无到有的过程。当消费者要解决某一问题或满足某种需求时，他们会在产品信息和个人认知的基础上形成对产品的态度。信息了解越多，越有可能形成态度。消费者态度的形成与个人经历、家人和朋友的影响、直接营销、大众传媒及互联网的影响密不可分。家人的影响在态度形成过程中是非常重要的。一个人的基本价值观以及对事物的看法大都来源于家人。此外，通过直接经验形成的态度更稳定、更持久、抗击能力更强。

态度的形成过程是从服从到同化，再内化的过程。服从是指在一定条件下，个人的行为与外部要求相适应，个人在外显行为上表现与别人一致，有被迫的意思。同化是指人们愿意接受他人的观点与信念，乐于与外界保持一致或采取与其相同的表现，使自己的态度与外界的要求相一致。内化是指消费者从内心深处真正相信并接受他人的观点而彻底转变自己的态度，并自觉指导自己的行为。人们对社会风尚产品的追从就是这样一个过程。当个体的态度得到社会的赞许，他就受到了强化，否则就得不到强化。而强化对态度形成有相当的作用。

五、消费态度对消费行为的影响

在日常的消费行为中，消费者购买决策取决于多种因素，态度是其中极其重要的因素。消费行为是消费者产生消费动机、形成购买意图、采取购买行动的一个连续的过程。其中，购买意图是导致实际购买行动，并最终完成购买过程的关键。而明确的购买意图来自对商品或服务的坚定信念和积极态度。凡对某商品的品牌、质量、外观等抱有好感或偏爱，持肯定、赞赏态度的消费者，在产生消费需要时，会首先将意念集中于该商品，然后才可能导致该商品的实际购买。通过对消费者态度的了解即可推断出其行为状况。同样，调查消费者对某种商品的态度，也可以预测出该商品的销售前景或潜力。

六、消费态度的改变

对商品持积极、肯定的态度可以推动消费者完成购买活动。所以，要促进消费者完成消费行为，就必须增强消费者的积极态度，消除否定性态度。

消费者对某种产品或品牌的态度一旦形成就很难改变。所以说，企业最好让自己的产品与人们的既有态度相一致，适应消费者的态度，而不是试图改变人们的态度。当然，如果改变态度所耗费的高额成本能够通过改变企业或产品形象而得到补偿的话，则另当别论。例如，当年消费者认为 goldlion "金狮" 品牌不吉利，寓意 "金利全失"，该企业总裁曾宪梓果断将其改为 "金利来"，对于中国人来讲这是一个响亮而吉祥的名字——金和利全来。

1. 消费态度改变的形式

（1）一致性的改变。这是改变原有态度的强度，但方向不变。具体有两种情况：一种是积极态度的增强或减弱，原来喜欢的后来更喜欢，或是原来喜欢的后来不太喜欢了；另一种是消极态度的增强或减弱，原本不太满意的商品，由于商品本身的原因，如质量下降等，更不满意了。

（2）不一致性的改变。这是指以新的态度取代旧的态度，即方向的改变，具体有两种方式：一是积极态度改变为消极态度，另一种是消极态度改变为积极态度。

2. 消费态度改变的方法

使消费者增强积极态度，转变其消极态度的方法包括利用各种形式向消费者传播有关信息，促使其态度转化；提高商品质量，改进性能，树立商品信誉；正确利用恐惧唤醒，从态度的核心要素入手，促使消费者态度的改变；提高营销人员的知识水平和服务质量。

第八节　消费决策

一、消费决策的概念

消费决策指的是消费者为了实现满足需求的目标，在购买过程中对是否购买商品或劳务以及对影响购买决定的相关内容进行决策的一系列活动。消费者决策过程可以看成是三个有关商品信息的彼此独立但紧密衔接的阶段，即输入阶段、处理阶段和输出阶段。

1. 输入阶段

在输入阶段，消费者获取的信息包括两方面，公司营销的信息（如产品自身、价格、广告宣传和销售地点）和外界对于消费者的社会文化影响（家人、朋友、邻居、其他非正式的非商业渠道、社会阶层、同一个文化或亚文化的成员关系）。输入阶段是消费者决策模型中的一部分，会让消费者意识到是否需要该产品。它描述了外部影响及某种产品的信息来源，如公司的营销活动和包含大量非商业影响的社会文化输入，都能对消费者与产品相关的价值观、态度及行为产生影响。

2. 处理阶段

处理阶段是关于消费者是如何决策的。当消费者遇到问题时，需要确认需求，开始购前搜索。消费者在搜寻关于消费需求的外部信息源之前，通常会在自己的记忆中搜寻一番，消费者相关的经历越丰富，越不需要外部信息来帮助决策。许多消费者决策是基于过往经历、市场营销和非商业信息的结合。消费者所感知到的风险大小也很可能会影响到这一阶段的决策。

3. 输出阶段

消费者决策输出阶段包括购买行为和购后评价。购买行为包括试购、重复购买和长期购买。对消耗性商品的重复购买就是对商品的认可，对相对耐用商品的一次购买就表示了消费者接受的态度。

二、消费决策的作用

消费决策在消费行为中居核心地位，起着支配和决定其他要素的关键作用。决策的进行与否决定着消费行为的发生与否，当消费者经过认定需要，选择商品，做出购买的具体决定时，消费行为才实际发生。决策的内容包括消费行为的发生方式，经决策确定购买商品的品牌、购买地点及数量等。决策的质量决定着消费行为效用的大小，正确的决策可以促成消费者以较少的费用和时间买到质价相符、称心如意的商品，最大限度地满足特定的消费需要；反之，错误的决策不但使消费者所费超过所得，需要无法得到全面满足，而且可能导致不同程度的经济、时间的浪费乃至心理损失，进而对以后的消费行为产生不利影响。

三、消费决策的内容

消费决策根据消费活动是否实现分为消费前决策活动、消费后决策活动。

1. 消费前决策活动

消费前决策活动包括权衡消费动机，确定购买对象、购买数量、购买地点、购买时间和购买方式。消费动机回答为什么买的问题，如购买一件新的羊毛衫，是因为目前穿着的羊毛衫破损，不能再使用，还是因为目前穿着的不流行。确定购买对象解决买什么的问题，这是决策的核心和首要问题，要确定具体的购买对象及具体的内容，包括商品的名称、品牌、商标、款式、规格和价格等。购买数量一般取决于实际需要、支付能力及市场的供应情况，如果市场供应充裕，消费者也不急于买，则买的数量不会太多；如果市场供应紧，即使目前不是急需或支付能力不足，也会负债购买。购买地点是由多种因素决定的，如路途远近、可挑选的品种数量、价格以及服务态度等。购买时间与主导消费动机的迫切性有关，在消费者的多种动机中，往往由需要强度高的动机来决定购买时间的先后缓急；同时，购买时间也和市场供应状况、营业时间、交通情况和消费者可供支配的空闲时间有关。购买方式不仅包括实体店购买、网购、预购、代购等交易方式，也包括付款方式是现金支付还是网上支付，是一次交付还是分期付款等。

2. 消费后决策活动

消费后决策活动包括消费效益的评估，主要是在解决怎样消费的同时，对消费什么、何时消费等问题进行再认识，以便积累消费经验，为指导今后的决策活动提供依据。对于经营者来说，若想获得长期的销售增长，认真了解消费者购买商品后的满意程度，并尽可能使不满意的顾客恢复满意是非常关键的。

从"当你找不到合适的服装时，就穿夏奈尔套装"这句至今仍在欧美上流女性间流传的衣经名言中不难看出夏奈尔品牌服装的超凡魅力，从中能深深感悟夏奈尔为使顾客满意所做的不懈努力，以及由此而取得的巨大成就。每年的巴黎高级定制服装展落幕后，他们为欲定制服装的客人准备了高贵舒适的贵宾接待室，其他客人会另外安排时间欣赏、定制。而且夏奈尔的首席打版师会亲自为客人量身。除名店的设计、做工等品质保证之外，独一无二的、可裁制出准确而完美的合身美服的"量身定制"服务就是其中另一魅力所在。从定制服装的第一步量身开始，很多顾客的身材尺寸就被详细记录，而且从她们第一次成为夏奈尔顾客时，这里就留下了她们的人体模型。顾客满意度的完美实现，使"夏奈尔"以其独特的魅力留住消费者的同时，其品牌理念也深深植根于人们的心中，成就了近百年的辉煌。

四、消费决策的方式

消费决策方式一般有三种，即个人决策、家庭决策和社会协商式决策。

1. 个人决策

个人决策是指消费者个人利用经验和掌握的信息，凭借个人智慧做出的购买决定。主要是日常生活用的常规性商品。尽管家庭是最基本的决策单位，但经常要考虑优先使用产品或服务的人。

2. 家庭决策

家庭决策是指由家庭成员共同商议、共同做出决策的方式。一般当所购商品的费用占家庭消费品的比重较大时，或购买重要商品时会选用这种决策方式。

3. 社会协商式决策

社会协商式决策是指消费者在购买过程中，通过社会化的渠道搜集信息，进行协商后做出的集体决策。主要是一些非日常消费品。当个人和家庭成员对其不甚了解时，通过广告、销售人员、亲朋好友等进行咨询，借助社会的力量和智慧做出的决策，如汽车、住房等的购买。

五、影响消费决策的因素

1. 内在因素

（1）需要和动机是决策的第一要素。一般情况下，由消费动机形成消费目标，人们总是千方百计地要使消费目标付诸消费行动，最后满足需要。购买目标能否顺利实现，还影响消费者的决策；消费决策的顺利实现，会使消费者在满足这种需要的基础上，产生新的、更高级的需要和新的消费目标，循环上升，不断发展。

（2）个人经验影响着消费者对购买方案的选择。消费者的个人购买经验越丰富，购买决策越顺利，决策过程也就越简便。消费者的个人经验通过以下几方面表现出来，并影响决策过程：消费者的情趣爱好，消费者的个性，消费者自我形象的设计，消费者对某种商品的购买经验，消费者的风险经验。

2. 外部因素

（1）家庭对消费决策的影响。家庭的规模、经济状况等因素，直接影响消费者的消费决策。同时，消费者的决策与其所处的家庭地位也有很大的关系。家庭成员在消费决策中都扮演着不同的角色。在不同的家庭中，相应成员承担的角色和任务也不相同。从家庭的经济支配权的特性和夫妻的角色结构考察，不同家庭的决策情况可能不同，大概有四种：夫君统治型、太太至上型、共同支配型和分治型（夫妻双方各自独立做出购买决定）。

对于某个特定商品的消费决策，夫妻各自的相对影响力一定程度上取决于产品和服务的类别。了解这四种类型的消费决策方式，对企业营销人员很有帮助，特别是广告方面，能够帮助他们更有效地将独特的信息传播给目标对象。例如，有些产品的消费决策是属于太太至上型，广告的内容就应该能够引起妻子的兴趣，激发她们的消费动机，而没有必要花费更多精力去引起丈夫的关注。有目的、有对象地组织广告宣传，效果可能更好，费用也更省。

（2）群体对消费决策的影响。对消费者的购买过程有直接或间接影响的群体称为相关群体，如亲友、同事、专家名人、社会团体等。一般而言，人际关系越好，受群体的影响越大；个人素质越高，影响群体的作用越大。

（3）文化对消费决策的影响。由于人们所处的文化环境和包括民族、宗教、年龄、性别、职业、社会阶层在内的亚文化环境的不同，形成了不同的风俗习惯、生活方式、审美观念和价值观念。人的文化素养大都形成于后天再教育，是比较牢固的，因此对人的行为影响极大。

（4）经济因素对消费决策的影响。影响消费者消费决策最重要的经济因素包括商品的价格、消费者的收入和商品的效用三个方面。商品价格是影响消费者消费决策中主要考虑的因素之一。中、低收入的消费者一般对商品的价格较为敏感。消费者会综合考虑自身收入和商品间的价格差异，进行商品的选择。随着消费者的收入增加，消费需求发生变化，进行消费决策时，商品价格的影响力变小。

第六章　纺织品的价值创造策略

教学要求

1. 理解品牌、包装、促销、广告等因素对消费心理的影响。
2. 认知品牌、包装、促销、广告等因素对纺织品交换价值的提升作用。

任何一个商品的价值，都是由两部分价值构成，一是在生产该商品时所消耗的生产资料的原有价值，二是在生产该商品时新创造的价值。生产资料的原有价值是以物化劳动形式存在的价值；在生产商品过程中新创造的价值，是由生产商品过程中劳动者新消耗的抽象劳动所创造的。

只有把产品制造上升为价值创造，企业才能拥有广阔的发展空间。不同企业的价值创造能力是大不相同的，有些企业的价值创造是企业个体行为，有的企业的价值创造能够惠及整个行业。

第一节　品牌

一、品牌的含义

以品牌为引领的价值创造，让品牌超越产品具有虚拟价值。品牌（brand）一词来源于古挪威文字 brandr，它的中文意思是"烙印"。在当时，西方游牧部落在马背上打上不同的烙印，用来进行财产的区分。这是原始的商品命名方式，同时也是现代品牌概念的来源。最早的品牌化标志是中世纪行会经过努力开始使用的。之前生产者和中间商都是把产品直接从桶、箱子或其他容器内取出来销售，没有任何凭证来辨认供应商的产品，这种含糊不清的做法，可能会使买卖双方利益上蒙受损失。后来行会要求手工业者把商标贴在他们的商品上，以保护他们自己和消费者的利益不受到劣质产品的损害。品牌化的发展速度十分迅速，当今很少有不使用品牌的产品。

1960年，美国营销学会（AMA）给出了对品牌较早的定义：品牌是一种名称、术语、标记、符号和设计，或是它们的组合运用，其目的是借以辨认某个销售者或某销售者的产品或服务，并使之同竞争对手的产品和服务区分开来。

品牌根据其作用，可以区分为两个层次，一个是大众品牌，作用是产生溢价和更好的业绩；另一个是强大品牌，引领行业发展和人们生活方式的革命。只有那些能够将自己的创新力、创造力最终惠及整个行业的品牌，才能最终成为强大品牌。

随着人们生活水平的提高和收入的增加，品牌消费也成为我国消费新时代的突出特征之一。在现代服装消费中，服装品牌已经成为身份特征的一种标志，很多时候人们通过消费品牌服装来体现自己的身份、地位和经济能力。

二、品牌的内涵

从本质上看，品牌代表了企业对消费者在产品质量、提供的利益以及服务等方面的承诺。最佳的品牌就是质量的保证，但品牌还有更深刻复杂的内涵。成功的品牌总是在消费者心目中占据独特的位置，即使那些从来没有购买和使用过该品牌的人们，也会对它津津乐道。比如，说起皮鞋，人们就会想起意大利的皮鞋。提及某个品牌，人们就会联想到其特有的产品属性、为客户提供的利益、购买和使用该品牌消费者的类型和个性、公司的企业文化等，所以说品牌的内涵相当丰富。

（1）属性。品牌首先使人想到某种产品属性。比如，Lee 牌牛仔意味着贴身、舒适、自然等属性，多年来的 Lee 广告一直强调 "The Brand that Fits"（最贴身的牛仔）。

（2）利益。消费者需要将属性转化为功能性或情感性的利益。例如，昂贵的属性可转化成情感性利益。就像身穿阿玛尼品牌的人可能会认为"阿玛尼西服让我感觉到自己很重要并受人尊重"。

（3）价值。品牌同时也说明了生产者的价值。比如，Levi 代表着高效率、经营灵活、适应市场的企业形象，这种有利的企业形象会激发消费者的购买热情。

（4）文化。品牌代表着一定的文化，尤其对于服装这种深富文化内涵的产品，品牌更使服装洋溢文化的光彩。例如，Levi 体现美国文化，即崇尚自然，头脑开放，追求个性解放。

（5）个性。品牌本身具有一定的个性。如果品牌是一个人或者是一个物体，会使人想到什么？比如有人提到 Levi，很可能想到一位富有活力的年轻人，或者摩天大楼。

（6）使用者。品牌暗示购买或使用产品的消费者类型。每种品牌服装都有自己的目标消费者，长久的营销努力，使得一提起某一品牌，人们就会联想到它的使用者。如 Boss 西服使人想起春风得意的商界成功人士。

三、品牌的作用

建立品牌是要有成本付出的，包括包装费用、标签费用、法律保护费、品牌形象宣传费用等。即使如此，还是有众多的生产商热衷于建立自己的品牌，因为品牌具有以下作用。

1. 有助于建立企业形象

很多情况下，消费者并不直接接触生产者或其中的部分经销者，产品才是消费者和生产者或经销者间的桥梁，消费者通过产品认识企业，良好的品牌口碑有助于建立企业形象。另外，消费者面对众多的品牌，特别是当可选择的产品的价格相差不多时，消费者一定会买他们最熟悉和信任的品牌。从消费者心理角度来说，品牌就是消费者和潜在消费者在长时期内始终可以信任的商品价值或可信任的一种承诺。这种承诺的可信性是建立在企业形象和品牌形象基础之上的。

2. 增加竞争优势

从一定程度上讲，品牌可以给产品增加价值。一般被认知的品牌在价格上比不被认知的品牌更具优势，同样，好感度大的品牌、概念清晰的品牌也是优势明显的。

无论是技术产品还是日常消费品，一流的品牌首先应是一个好的产品、好的服务，具有购买者或使用者获得相关的或独特的最能满足他们需要的价值。而且，面对竞争者它仍能继续保持这些附加价值。曾有一项研究表明，在消费者的心目中，占第一位的品牌将比第二、第三位的品牌更为其所喜爱。而人们对某一品牌的喜爱程度，是影响购买的一个重要因素。

3. 利于扩大产品系列

当企业要扩大其产品系列时，众所周知的品牌名称更容易做到，因为现有品牌具有声望的关系，使得新产品更容易被消费者所接受。同时生产商还可获得的好处就是用于品牌促销的费用大大节省。

四、品牌定位与设计

（一）品牌定位

对于各类产品的不同品牌，人们会做出不同的类似个性特质或特征的描述。在商场竞争异常激烈的环境条件下，使产品的品牌及产品具有独特的个性和良好的形象并凝固在消费者心中，将直接关系到企业产品开发的成败。为此，企业必须对产品品牌的定位予以足够的重视。

品牌定位，是指建立或塑造一个与目标市场有关的品牌形象的过程，并与这一品牌所对应的目标消费群建立一种内在的联系。

美国品牌大师大卫·爱格在《品牌经营法则——如何创建强势品牌》一书中写道："品牌定位评估主要看：①是否和消费者产生共鸣？②是否和其他竞争品牌有所区别？它是否呈现出一些更好的东西，或者和原来评价不错的东西有所区别？③是否代表一种可信的策略？④是否代表一个明确的视界思想？⑤是否促发（或至少影响）优越的实施计划？"可以理解为，产品品牌的定位必须围绕着目标市场进行，针对特定的目标消费群的需求特征，同时要结合企业自身的特点。只有这样，才能使品牌形象真正深入消费者的心中并占据不可替代的位置。

品牌定位要有相对的稳定性，不应随意变动。但时间在变，消费者在变，竞争对手也在变，所以品牌定位也不能一成不变。一方面，品牌应有所变化以适应市场要求；另一方面，这种变化若是太快、太突然，反而可能丢失市场。

纺织服装市场的变化性要远大于其他行业。作为一个文化产业，纺织服装业要开发对路的商品，就需要把握流行趋势、分析市场形势、研究消费者心理；作为一个极具个性化的产业，针对每一个消费特征群体，纺织服装的款式、面料、色彩、搭配等也要有针对性的变化；作为一个时尚产业，服装业每年推出春夏、秋冬季新产品。好的服装品牌应该是在品牌核心形象不变的基础上，能不断丰富品牌内涵、创造品牌新鲜感、持续保持品牌活力。与此同时，品牌建设时也要把握消费者心理变化、满足消费者最新需求、引领时尚潮流。国际著名品牌评估管理公司——Interbrand 总裁马太·斯卓说："只有那些考虑消费者心声的品牌才能走向成功。"在经济发展迅速的今天，品牌林立，任何一个新品牌，如果做不到与众不同，就会淹没于众多品牌之中。

一个品牌如果能够使消费者将其名称与其所属产品类别联系在一起，这就是品牌所能达到的最高境界。"耐克"（NIKE）这一国际品牌正式命名于 1978 年，在 20 世纪 90 年代中期发展到了顶峰。耐克公司拓展市场的首要突破口是青少年市场，针对青少年的消费特征，耐克公司相继与一些大名鼎鼎、受人喜爱的体育明星签约，如乔丹、巴克利、阿加西等，宣传口号为"JUST DO IT"（想做就做）。但此后，因锐步、阿迪达斯等老对手相继模仿耐克，到了 90 年代末，"神化运动"魅力消退，光彩不再。在 1998 年耐克推出新口号"I can"（我能），希望通过"I can"系列广告透射出的巨大人格魅力和顽强意志，感染、鼓舞人们，以体育运动的内在精神与消费者达成心灵上的沟通，使他们从情感上选择这个品牌。然而完美的设想没有实现。1999 年起，耐克开始调整策略：重现品牌精神，重新回复到"JUST DO IT"的品牌精髓，在品牌核心形象不变的基础上，以体育运动内在潜伏的精神力量来鼓舞和激励人们，并不断地把握、满足消费者心理变化，丰富品牌，推出全新系列广告，创造新鲜感；同时不断加大对时尚揣摩的力度，利用新技术、新词汇、新构思应对消费者不安、躁动的心态，推出新产品，终于使"NIKE"品牌再次成了消费者热衷的产品之一。

产品和品牌对消费者而言都是具有象征意义的。消费者会根据产品和品牌与自身形象的一致性来对其进行评价。一个产品要想取得最终的胜利，产品定位比产品真正的特点更重要。最有效的产品定位是让消费者相信，该品牌提供的产品或服务对消费者而言具有重要优势，这是品牌的核心标识，也是品牌竞争优势的精髓。实现产品在消费者认识下的差异化，同一产品类别下不同品牌的市场营销人员必须要强调他们的产品能给消费者带来独特价值，而不是单纯说明产品的物理属性。以洗衣服这项活动为例，对消费者而言，最直接最明显的价值就是能把衣服洗干净。然而，各洗涤品牌为了显示独特之处，都创造性地利用了自家产品实现衣服洁净的方式以及产品的确切优势。

产品定位的目的是引导消费者形成对产品的看法或知觉，而不是改变产品本身。有效定位的核心就是要在消费者心目中占据独一无二的位置。消费者会依据品牌形象制订购买决策，而成功定位能带来独一无二的品牌形象。事实上，对产品和品牌的定位大多是为了满足消费者的认知需要。

（二）品牌设计

产品品牌设计的最根本原则是方便消费者快速识别产品，从视觉上区别于竞争品牌。品牌设计的内容主要包括品牌的名称设计和标识设计。

1. 品牌的名称设计

品牌的名称是指品牌中可以用语言称谓和表达的部分，如"阿迪达斯"。品牌名称是产品概念的整体强化部分，而不是随意的想象。要迅速提高本产品的知名度，捷径之一就是尽量创意性地把品牌名称与产品类别联系起来。

品牌名称应使人能够联想到产品给人们带来的利益，应使人能联想到产品的作用和颜色等特性；品牌名称也应该易读、易识、易记，同时有自己的显著特征。

不同文化下的品牌名称也各有特色。在国外，服装品牌大多以设计师或生产者来命名，如阿迪达斯、夏奈尔、范思哲等。在我国，很多品牌比较偏爱以动植物来命名，如海螺牌衬衫、雪豹皮衣、彪马体育服饰用品、杉杉西服、苹果牛仔、红豆西服等。动植物名用于品牌名称时，有时会因地区禁忌使品牌推广变难，这一点应引起企业的注意。目前，除了这种传统的命名方式外，中国还有一些企业以洋化品牌名称来提升自己的地位，这是一种不洁的文化现象，会妨碍企业进一步的市场开拓，所以说是一种短期的不正常的经营行为。

企业拓展产品系列时，若在市场上已经存在品牌名称，可根据其在市场上的认知程度考虑是否继续采用，也可以另选一个名称。

2. 品牌的标识设计

品牌标识是指品牌中可以识别但念不出声的那一部分，如耐克的"✔"。一个设计出色的品牌标识，可以通过品牌本身鲜明的图文、色彩，把它所代表的商品更大范围地传播给消费者。它能够引起消费者对产品的信任感和购买欲，提高对商品的辨别与识记能力，创造"认牌购货"和重复购买的机会。例如，范思哲（Gianni Versace）以他自己的名字命名了品牌，品牌标识是希腊神话中的"蛇发女妖"玛杜莎，她代表着致命的吸引力，她的美貌足以迷惑人心，使见到她的人即刻化为石头，这是一种美的震撼、美的诱惑。范思哲一生都在追求这种美，他的作品中总蕴藏着极度的完美，展现美的力量甚至濒临毁灭的强烈张力。

五、品牌对纺织品消费的影响

品牌赋予纺织品独特的文化底蕴，促进纺织品的消费。品牌建设需要在消费者心灵深处形成潜在的文化认同和情感眷恋。企业需要通过将产品的物质效应与品牌精神高度统一，带给消费者更多的高层次的满足，产生心灵寄托。在消费者心目中，他们所钟情的品牌除了代表商品的品质、性能及独特的市场定位外，更代表他们自己的价值观、个性、品位、格调、生活方式和消费方式。纺织品产品本就属于文化产业，与人情感联系密切，不同品牌可以各有独特的文化底蕴，可以深度挖掘。

品牌给消费者带来一种安全感，主要表现在生理安全和情感安全两方面。首先，品牌是消费者情感欲望和价值的外化，在多元的选择中，为消费者提供了他们所认同的清晰完整的生活方式。品牌使个人产生一种归属感，不仅体现了个人的品位，也表明了个人所属的阶层和文化群，所以说人们通过品牌消费产生个人和群体的交汇，有助于解决自我认同的危机。与此同时，一些产品，诸如纺织品在印染和后整理等工序中可能会使用对人体有害的物质，而消费者不懂技术指标，也不可能用专业仪器来检测，只能通过日常形成的产品经验以及品牌知识的基础来判断。好的品牌给了消费者明确的质量指标及其保证，促使消费者依赖其选择的产品，并有良好的后期服务做保证。

品牌能满足消费者的情感需求。随着生活水平的日益提高，人们消费需求日趋差异化、多样化、个性化、情绪化，可见消费总体层次和构成正在向高层化、舒适化、情感化的方向发展。消费者更加注重个性的张扬和精神的愉悦。品牌具有情感，将加深消费者对该品牌的认知，丰富消费者的体验，也满足消费者的情感要求。消费品牌设计者和宣扬者赋予品牌情感价值，使品牌情感化，就使品牌制造的文化导向引领了商品导向和市场导向。

品牌满足消费者个性的追求，使消费者选择体现自我的产品。随着消费者自我概念与品牌个性的一致性程度趋同，消费者对其品牌的购买意愿会随之增强，品牌个性的精髓是品牌人格化：品牌即人，人即品牌。品牌个性最能代表一个品牌与其他品牌的差异，基于技术的产品差异容易仿效，而由品牌个性建立起来的差异则深入消费者的意识深处，它提供了最重要、最牢固的差异化优势，个性让品牌脱颖而出，并让消费者也与众不同。

品牌稀释对消费者行为产生影响。随着经济的发展，企业的规模越来越大，多元化往往成为企业的选择，于是企业对品牌不断延伸，从而对原有品牌的个性不断的稀释。一个著名的品牌，代表着一种特殊的含义，在消费者心目中拥有一个固定的位置，而不适当的品牌延伸战略打乱了这个位置，也削弱了品牌的个性。

六、品牌资产与品牌忠诚度

（一）品牌资产

品牌资产指某个知名品牌的固有价值。该价值来自消费者对该品牌优越性的认知以及使用它能够带来的社会尊重和顾客的信任与认可的好处。

品牌资产对低介入购买而言最为重要，例如日常生活消费品，这类产品不需要大量的信息认知过程。所以说，对于一个日常消费品的强势品牌来说，其竞争对手很难改变某些消费者的消费态度，很难转移他们的目光，吸引他们去了解自己品牌的利益所在。

每个品牌都有他们各自的特性、形象。消费者的购买主要源于对品牌一系列向往的联想，此外也会受到别人的看法和评价的影响。在现实市场活动中，著名品牌是获得消费者偏爱的基础，主要原因还是它们所代表的商品本身的优良的物理性能与心理性能，当然也包括经营者令人满意的服务精神。

品牌资产的获得是建立在品牌忠诚度基础上的。品牌忠诚度及品牌资产不仅有助于市场份额的扩大，也可让新产品更容易被消费者接受。许多企业通过发挥品牌资产的优势，在综合考虑各种因素后，成功实现品牌延伸。

（二）品牌忠诚度

品牌忠诚度是指消费者在消费决策中，多次表现出来对某个品牌有偏向性的（而非随意的）行为反应。它是一种行为过程，也是一种心理决策和心理评估的过程。就是说，品牌个性让消费者对某品牌产生情感上的认同，在看待品牌时带有一定的情感色彩，和一个品牌建立一种类似于人类之间的关系，如朋友、家人、邻居等。品牌忠诚度的形成不完全是依赖于产品的品质、知名度、品牌联想及传播，它与消费者本身的特性密切相关，也受消费者的产品使用经历的影响。

1. 品牌忠诚度的构成

品牌忠诚度是品牌价值的核心。消费者忠诚度受三组因素的共同作用：个人的风险规避或多样化追求的程度；品牌信誉及有无实用的替代品牌；社会群体影响及他人推荐。品牌忠诚度由五级构成。

第一级，无品牌忠诚者，这一层消费者对品牌不存在认知上的认同及依赖，会不断更换品牌，对价格非常敏感，哪个价格低就选哪个，许多低值易耗品、同质化行业和习惯性消费品都没有什么忠诚品牌。

第二级，习惯购买者，这一层消费者因为自身习惯及方便才购买某一品牌或某几种品牌，但对该品牌不存在任何情感上的依赖，购买时心中有数，目标明确。如果竞争者有明显的诱因，如价格优惠、广告宣传、独特包装、销售促进等方式鼓励消费者试用，可能会进行品牌转换，购买其他品牌。

第三级，满意购买者，这一层的消费者对原有消费者的品牌已经相当满意，而且已经产生了品牌转换风险忧虑，也就是会觉得购买另一款新的品牌有风险。

第四级，情感购买者，这一层的消费者对品牌已经有一种爱和情感，某些品牌是他们情感与心灵的依托，历久不衰，已经成为消费者的朋友，是其生活中不可缺的用品，且不易被取代。

第五级，忠诚购买者，这一层是品牌忠诚的最高境界，消费者不仅对品牌有高度依赖及频繁的重复购买行为，消费者与品牌之间产生情感，具有牢固的关联，这类消费者不愿意转而选择其他品牌，甚至会维护该品牌。如很多夏奈尔服装、耐克鞋的购买者都持有这种心态。

2. 品牌忠诚度的价值

提高品牌的忠诚度，对一个企业的生存与发展以及扩大市场份额来讲极其重要。品牌忠诚度的价值包括以下几点。

（1）降低行销成本，增加利润。品牌忠诚、价值和利润之间存在着直接对应的因果关系。一个企业的目的是创造价值，而不仅仅是赚取利润。为顾客创造价值是每一个成功企业的立业基础。企业创造优异的价值有利于培养顾客忠诚观念，反过来顾客忠诚又会转变为企业增长的利润和更多的价值，企业创造价值和忠诚一起构成了企业立于不败之地的真正内涵。营销学中著名的"二八原则"，即80%的业绩来自20%的经常惠顾的顾客，说明对企业来说寻找新客户的重要性不言而喻，但维持一个老客户的成本仅仅为开发一个新客户的1/7。在微利时代，忠诚营销愈见其价值。而且，对于包含几个评价对象的事物（产品线），消费者仅根据对其中一个对象（如品牌名称或形象化的代言人）的评价来代替对整体的评价，品牌忠诚度使企业便于将某个产品线的品牌延伸到另外一个产品线。

（2）易于吸引新顾客。品牌忠诚度高就代表着消费者对这一品牌很满意。每一个品牌忠诚度高的使用者都可以成为一个活的广告，自然会吸引新客户。根据口碑营销效应：一个满意的顾客会引发8笔潜在的生意；一个不满意的顾客会影响25个人的购买意愿，因此一个满意的、愿意与企业建立长期稳定关系的顾客会为企业带来相当可观的利润。

（3）提高销售渠道拓展力。拥有高忠诚度品牌的企业在与销售渠道成员谈判时处于相对主动的地位。经销商当然要销售畅销产品来赢利，品牌忠诚度高的产品自然受经销商欢迎，而且经销商自身形象的提升也有赖于其出售的产品。因此，高品牌忠诚度的产品在拓展渠道时更顺畅，容易获得更为优惠的贸易条款，比如先打款后发货，最佳的陈列位置等。

（4）面对竞争有较大弹性。如今的市场竞争正越来越体现为品牌的竞争。品牌形象使得该产品不同于竞争产品，企业不用参与价格竞争，通过品牌化即可获得消费者对品牌的忠诚，并从中获得利润。带给消费者的好处是减少了在价格比较上花费的时间与精力。还有，面对竞争时，品牌忠诚度高的品牌，消费者态度改变会需要更长时间，因此企业有更多的时间研发新产品和完善传播策略。

3. 提高品牌忠诚度的策略

品牌忠诚联系着价值的创造，企业为顾客创造更多的价值，有利于培养顾客的品牌忠诚度，而品牌忠诚又会给企业带来利润的增长。

（1）人性化地满足消费者需求。企业要提高品牌忠诚度，赢得消费者的好感和信赖，企业一切活动就要围绕消费者展开，为满足消费者需求服务，让顾客在购买、使用产品与享受服务的过程中，有难以忘怀、愉悦、舒心的感受。因此，品牌在营销过程中必须摆正短期利益与长远利益的关系，必须忠实地履行自己的义务和所应尽的社会责任，赢得消费者的信任和支持。

（2）产品不断创新。产品的质量是消费者对品牌忠诚的基础。世界上众多名牌产品的历史告诉我们，消费者对品牌的忠诚，在一定意义上也可以说是对其产品质量的忠诚。只有过硬的高质量的产品，才能真正在人们的心目中树立起"金字招牌"，受消费者喜爱。而产品的创新可以让消费者感觉到产品品质在不断提升。

（3）提供物超所值的附加产品。产品的好坏要由消费者的满意程度来评判，真正做到以消费者为中心。品牌建设中，不仅要注意核心产品和有形产品，还要提供更多的附加产品。在产品同质化的时代，谁能为消费者提供物超所值的额外利益谁，就能最终赢得顾客。

（4）有效沟通。企业需要通过与消费者的有效沟通来维持和提高品牌忠诚度。具体方法包括建立顾客资料库，选择合适的顾客，将顾客进行分类，选择有保留价值的顾客，制订忠诚客户计划；了解顾客的需求并有效满足顾客所需；与顾客建立长期而稳定的互需、互助的关联关系。此外，可通过广告提升消费者对品牌的熟悉、信赖感，使消费者产生对品牌的挚爱与忠诚。

4. 品牌忠诚度的衡量

品牌忠诚度是进行消费者学习的最终期望结果。品牌并不是靠巨额广告投入所打造出来的，品牌的特征并非仅是知名度，更重要的是还要具有美誉度。只有具备了足够的美誉度，才能持久获得消费者的青睐与信任，才能获得最大多数的顾客拥有量。品牌忠诚度是由对某一品牌的态度和实际行为两方面组成。态度测量针对消费者对产品、品牌及其购买意向的总体感觉，行为测量则是以可观测到的与品牌相关的实际行为为基础，如购买量、购买频率及重复购买次数。

（1）顾客重复购买次数。在一定时期内，顾客对某一品牌产品重复购买的次数越多，说明对这一品牌的忠诚度就越高，反之就越低。应注意在确定这一指标的合理界限时，必须根据不同的产品加以区别对待。

（2）顾客购物时间的长短。根据消费心理规律，顾客购买商品，尤其是选购商品，都要经过比较、挑选过程。但由于信赖程度有差别，对不同产品，顾客购买、挑选时间的长短也是不同的。一般来说，顾客挑选时间越短，说明他对某一品牌商品形成了偏爱，对这一品牌的忠诚度越高，反之则说明他对这一品牌的忠诚度越低。在运用这一标准衡量品牌忠诚度时，必须剔除产品结构、用途方面的差异而产生的影响。

（3）顾客对价格的敏感程度。消费者对价格都是非常重视的，但并不意味着消费者对各种产品价格敏感程度都是相同的。事实证明，对于喜爱和信赖的产品，消费者对其价格变动的承受能力强，即敏感程度低；而对于不喜爱的产品，消费者对其价格变动的承受能力弱，即敏感度高。据此也可衡量消费者对某一品牌的忠诚度。运用这一标准时，要注意顾客对于产品的必需程度、产品供求状况及市场竞争程度三个因素的影响。在实际运用中，衡量价格敏感度与品牌忠诚度的关系，要排除这三个因素的干扰。

（4）顾客对竞争产品的态度。人们对某一品牌态度的变化，多是通过与竞争产品相比较而产生的。根据顾客对竞争对手产品的态度，可以判断顾客对其他品牌的产品忠诚度的高低。如果顾客对竞争对手产品兴趣浓，好感强，就说明对某一品牌的忠诚度低。如果顾客对其他的品牌产品没有好感，兴趣不大，就说明对某一品牌产品忠诚度高。

（5）顾客对产品质量问题的态度。任何一个企业都可能因种种原因而出现产品质量问题，即使名牌产品也在所难免。如果顾客对某一品牌的印象好，忠诚度高，对企业出现的问题会以宽容和同情的态度对待，相信企业很快会加以处理。若顾客对某一品牌忠诚度低，则一旦产品出现质量问题，顾客就会非常敏感，极有可能从此不再购买这一产品。

七、品牌推广策略

市场表明消费者关注品牌，他们愿意花钱购买他们所钟爱的品牌，品牌以独特的方式区别于其他竞争者，从而确定它所代表的产品或服务在消费者心目中的位置。但凡是品牌，就少不了一群忠诚消费的支持者和追随者，从这足可看出品牌的力量。

1. 深刻挖掘品牌名称和标识的文化内涵

服装品牌的差异在于给消费者的心理感受不同，服装对于消费者而言，是自身个性、形象的载体。消费者的品牌消费，其实质是文化的消费，是个人心理的消费。纺织服装企业应该抓住消费者心理需求，培育具有民族文化内涵的品牌，使品牌形象在消费者心目中最为独特、正面和清晰。比如，我国经济实力日渐强盛，老百姓更强调中华民族的自豪感，所以很多带有明显浓厚文化底蕴的设计理念的品牌涌现出来。

2. 产品和服务永远是品牌的核心

产品的质量是品牌建立的保证，既涉及产品设计与研发阶段的工作，又包含生产加工阶段的工作，同时又是整个企业管理水平的侧面反映。但是品牌的建立和维护不仅是企业品牌部门或市场部门的工作，而且涉及研发、市场、行政等部门在内的所有员工的工作。

产品的延伸内容使得营销人员必须正视整体的消费体系，即一个产品的购买者使用该产品的方法及整个过程。通过这种形式，营销者就会发现产品附加价值的许多机会，以有效地进行竞争。从本质上讲，消费者与企业是买卖关系，通过购买某品牌的行为，建立起与产品、企业的关系。但要达成买卖，以及后期维护关系需要有不断递进的关系结构来支持，这其中就要企业实施情感营销，将这种关系稳定下来。开展"情感服务"，消费者购买的是有情感归依的品牌，必然能得到消费者信任，抢占市场份额。比如，销售产品时，无论购物与否，都对入店的顾客奉送饮品；针对曾购物的顾客给予购物优惠，同时在大减价时赋予其享有购物优先权。

一般情况下，处理消费者投诉和售后服务质量，在品牌企业的日常工作中占据较大比重。企业要建立完善的服务体系。随着消费的日益理性，"硬"销售已经逐渐失去了吸引力，消费者更为关注的是"软"的销售，这种将情感色彩注入营销中的方式，让人感觉到营销生活化。

3. 广告宣传是成功品牌建立不可或缺的

营销大师舒尔茨说，营销即传播！品牌是鱼，传播是水，优秀的品牌定位必须借助强势传播才能"如鱼得水"，达到提高品牌知名度的作用。

请名人出任产品的形象大使可以较好地建立起品牌形象差异，利用明星的无形资产，把消费者与明星相联系的形象和价值观转移到品牌本身。经销商与顾客有时会因为明星的地位联系起该品牌的市场地位。所以聘请明星可以迅速提高品牌知名度，而且利用明星的公众活动或媒体曝光也可以获得更多的宣传机会。在时尚界，许多明星都担当着形象代言人的角色，正是因为企业看中了形象代言人的影响力，能带来巨大的效益。需要注意的是，名人代言费用很高，如果因此而影响了品牌推广的其他方面，或者明显地加重了消费者的负担，则也是不可取的。

4. 多渠道推广品牌

明星代言只是品牌推广的一种方式而已，但在我国，明星们充斥在电视广告及街头宣传画中。其实，品牌的推广方式可以更多一些，首先国外各个品牌都有比较明确的消费群体的定位，针对目标群体在推广方式上也有所不同。例如，真维斯将推广活动的重点放在赞助年轻人喜欢的各种活动上，如举办全国首届极限运动大赛。

5. 采用特许经营策略

一个长期以来发展迅速的品牌持续积累了一定规模的知名度，企业会将他们的商标名称购买、售出以及出租（许可）。对于一家新兴企业而言，这种购买品牌商标的形式比自己创造一个新的具有持久竞争力的品牌要容易得多。人们对事物的认知和判断往往只从局部出发，扩散而得出整体印象。因此，人们会由对一个品牌的认可，转向到认可与其相关的企业。

随着人们品牌意识的强化，企业间激烈的竞争越来越多地表现为产品的竞争和品牌的竞争。知识产权的概念已越来越为更多的人所接受。特许经营是特许者将自己所拥有的整套知识产权，如商标、产品、专利和经营模式等以特许经营的形式授权给受许者使用。而受许者在获得特许权之后，在当地市场中所进行的一切商业活动都是以特许者的品牌完成经营的。因此，在经营地区内拓展了品牌范围，树立了品牌形象。同时，由于特许经营发展快速的特点，也使得企业品牌迅速建立。

6. 在产品生命周期的不同阶段，采取不同的品牌战略

产品在导入期，其市场普及率不高，处于初级阶段。此时消费者并不关心产品的品牌，只关心产品是否为自己所需，所以企业不应把过多精力和资源用于产品品牌宣传。

产品在成长期，其市场普及率急速上升。这个时候需要明确产品概念，以便和其他的产品区别，同时需要对产品品牌进行有力的宣传，为产品的品牌未来在市场上赢得信誉奠定基础。

产品在成熟期，市场的空间已经很小，这时要把一个品牌的形象很快地提升一个高度，是比较困难的事情。此时最好的办法是适时地推出新产品，且以创新产品的形式出现，以进一步强化品牌概念和形象。随着消费者心理及消费知识的进步，以及竞争品牌的发展，还要注重对品牌的维护并促使品牌动态发展。真正有销售力、能促进和提高自然销量的品牌，就是产品及服务的高质量，就是诚信。

第二节　包装

随着经济的发展及人们消费水平的提高，包装已经成为人们生活和贸易往来不可缺少的重要部分，在国民经济的总产值中也具有举足轻重的地位。纺织品包装是纺织品生产的一个组成部分，只有经过包装后，才算完成它的生产过程，才能进入流通和消费领域。产品是企业实现各种利益的载体，而包装不仅是保护产品的完好无损的保护层，而且以具体的形式向顾客传递价值，同时创造了新的价值。现在很多企业不仅重视包装问题，而且通过挖掘包装功能取得了显著的经济效益。

一、包装的含义与种类

包装是伴随着人类生产活动的发展而发展的。当生产产品出现剩余，人类需要进行产品间的交换或销售时，自然就涉及了包装的问题。包装就是为在流通过程中保护产品、方便储运、促进销售，按一定技术方法而采用的容器、材料及辅助物等的总体名称；也指为了达到上述目的而采用容器、材料和辅助物的过程中施加一定技术方法等的操作活动。

包装从商品流通和商品本体上分类，可分为运输包装和销售包装两大类。运输包装又称为工业包装、大包装，主要以满足运输、装卸、储存需要为目的，起着保护商品、方便管理、提高物流效率等作用。销售包装又称为商业包装、小包装，主要以满足销售需要为目的，起着保护、美化、宣传商品，促进销售和方便使用等作用。随着消费的发展，近年来有不少商品包装既是运输包装，又是销售包装。

二、包装的作用

1. 保护商品

保护商品质量安全和数量的完好无损，是商品包装的最原始、最基本的目的，也是对商品原有物理性能的保护，保证使用价值不受损失。

包装有保护商品的作用，大规模生产使商品从生产厂到使用地的距离越来越远，要经过多次运输和储存的环节，这些流通环节中商品可能会受到侵害出现损伤。对纺织品来讲，伤害的形式有机械摩擦，使织品表面起毛变坏；阳光的照射，使纺织品褪色或失去光泽；长期堆放受热，使纺织品的高分子裂解，机械强度下降和弹性伸长率减小；受潮，使纺织品生霉和虫蛀；和强酸强碱放在一起，使纺织材料出现腐蚀等。适当的包装可以防止和减少流通中纺织品的损伤，同时使产品保持清洁。

2. 便于运输和储藏

纺织品的比重较小，为 $0.09\sim1.60\,g/cm^3$，材料内含有大量微孔和空气，容积大，重量轻，这就给运输和储藏带来很多的不便。运输和储藏的费用是与货物占的仓位大小成正比的。大体积的货物运费比同重量、小体积货物的运费、仓位费高。同时大量孔隙和空气容易使货物吸湿，造成货物潮解并滋生微生物。为了方便纺织品的运输和储藏，在货物运输前要压缩体积，排除多余的空气，并用较坚牢包装物固定好。这样不但使纺织品占据空间大为缩小，节省流通时间，降低运输费用，而且使货物受潮机会减少。

3. 便于计数和管理

计数是商品管理的基础，整齐划一的包装有利于纺织品的计数。同时，包装物上明确的印刷标志有助于货物的管理。所以说，包装有利于仓库作业。

4. 有利于销售

就纺织品来讲，主要的销售方式是开架销售、自选销售、出样销售等。这些销售方式要求包装完整，能显示商品外观和内在的质量，便于消费者选择。现代销售还要求货物有坚固的外表和明确的印刷标志，以利于消费者购买。

5. 有利于提高货物的价值和使用价值

商品的包装需要消耗劳动，属于社会必要劳动的一部分。它附加在商品的价值上，在出售时得到补偿，因此商品的包装有利于货物价格的提高。

面对消费者时，包装的优劣不仅和保护商品有关，而且直接和销售质量有关。产品经过包装后，首先进入消费者视觉的往往不是产品本身，而是包装。能否引起消费者的兴趣，在一定程度上取决于产品的包装，因而包装成了"无声推销员"。包装的设计非常重要，一个精美的包装能够引起消费者的心理共鸣，创造出商品的心理使用价值，从而促进产品的销售。

合适的包装，比如适当的型式、拒水防污的性能等，有利于消费者携带、使用和保管，增加纺织品使用寿命，保护其使用价值。

三、纺织品对包装的要求

总体来说，纺织品属于体积大、重量轻的商品，对包装的要求并不高。从性能上看，包装材料应该较为稳定，不易水解，不易霉变虫蛀，遇弱酸弱碱时不会发生明显的化学作用；应该不易吸水污染，遇到热和冷不会产生物质形态的变化；应该有一定的牢度和刚度，能承受运输和搬运时的摩擦力，跌落受力不发生很大的形态变化。

运输包装一般不直接接触商品，而是由许多小包装集装而成，通常不随同商品出售给消费者。对运输包装的要求是安全、可靠，保证成品品质不受损伤，便于储存和运输。纺织原料、半成品的运输包装一般都采用压缩包装。传统的压缩包装是采用机械加压机，机械加压包装对纺织原料非常合适，但不适合成品，因为用机械压缩包装会产生折痕。成品包装需要压缩时常采用真空包装，真空包装压缩程度较高，包装后无明显折痕，但真空包装需要的材料价格比较高。

销售包装要求减少纺织品生霉、虫蛀的发生和蔓延。在包装中放入防霉化学品也可以防止货物霉变，有利于纺织品的保存。对人造合成材料制造的纺织品要防老化，所以包装后要注意材料不被日光暴晒。合成材料的包装物均采用避光材料，以保持内部产品的质量。从包装设计上看，包装材料上应该可以印刷文字、图画，以便经营者和消费者识别。从包装成本上看，经济和普通商品的包装价格不宜超过商品成本的 10%。当然特殊用途及要求的高档商品的包装成本可高于这个比例。

对包装材料的要求应该是节约能源、减少废弃物、易于回收、易于自然分解和不污染环境。目前，纺织品的外包装材料主要有三类，硬质的有木箱；半硬质的有纸箱；软质的有布包（棉织物和麻织物）和塑料编织物。对于软质包装，还需衬垫竹片或硬板条，以免捆扎时损伤商品。包装材料的选择必须根据各类纺织品的特性、用途、要求来选定。

纺织品具有柔软的特征，运输包装时采用的纸质包装包括瓦楞纸箱和纸板箱两种，成本较低，抗压力较强，重量轻，便于搬运，但容易损坏，多用于包装质轻、不耐压的纺织品，如筒子纱、印染布、呢绒等。纺织品也可直接用棉织物和麻织物包装，费用低、搬运便利、运费节省，一般用于包装棉及其混纺织品，如绞纱，涤/棉、黏胶、纯棉的坯布，纯棉漂白、色布及印花布等。纺织品包装用塑料布和塑料纸，所用塑料防水防污，牢度好且不易燃烧，多用于包覆坯布、机织布、针织布、毛条、纱线和纺织原料。外包装外面多用铁腰子及塑料腰子捆扎。

销售包装以美感为主，同时能吸引消费者的购买欲望，达到促销的目的。有时采用木质包装，虽安全可靠，但费用较高，一般只用来包装绒类及品质高贵的织物。为了防潮，内包装内常有打字纸、塑料薄膜、牛皮纸、防潮纸等。随着社会经济的变化，为适应商品流通发展的需要，对现代商品的销售包装的要求已不仅仅是包裹商品，保护商品使用价值，还要创造产品价值和使用价值，所以包装学科成为一门涉及机械学、材料学、美学、印刷学和管理学等多门学科的新型交叉学科。

四、包装标志

包装标志是为了使货物易于识别，以方便商品计数、运输、储藏、管理和交易。对标志的要求是：明确、清晰、耐久、项目齐全、便于识别。

纺织品的包装标志分两类：一类是识别标志，运输时又称唛头；另一类是运输标志，运输标志包括运输方法、禁忌事项、运输保管方法等。唛头主要用于识别商品的特征，过去用于货物的运输标准中，现在销售包装中也经常应用。在运输中唛头的内容是有标准规定的，需要强制执行。销售包装中，唛头的内容也有规定，有些商品也是强制执行的，但也有些商品没有规定唛头内容。唛头的基本内容包括：

1. 商品名称

不管是运输包装、批发包装还是销售包装，均应注明商品名称，以便经营者和销售者识别。有时同一商品名称的货物，其大小规格、质量特征不同，为明确起见还要写明商品批号，以免混淆。

2. 商品规格及质量特征

商品规格及质量特征包括商品分类标记、规格、颜色等。近年来，很多商品为便于流通，其商品分类标记采用商品条形码，即一种长短相同、粗细不同的条形图案，以便于采用计算机识别。一些能够进入超市（自选商场）的服装和纺织复制品也要注意采用商品条形码，以扩大销售。需要远距离运输的外贸货物，要采用运输条形码，以便于运输管理。

3. 毛重和净重

商品和包装总重量称为商品毛重，商品本身重量称为净重。由于纺织品是易吸湿的货物，不同的回潮情况其净重不同。为便于交换，商品计重一般规定在20℃、相对湿度为65%情况下的回潮率来计算。棉纺织工业中习惯用含水率表示商品回潮程度，毛纺织工业中习惯用回潮率作为回潮程度。如果商品回潮程度同规定不一致，应该折算。服装和纺织复制品计算回潮程度比较麻烦，包装上注明的数量一般以件计数。包装件数与实际件数允许有5%的误差，但运输、批发包装物数量与合同数量应一致。

对于运输包装，唛头上还要注明到达港口及运送单位、送出单位及运出港口，只写明运送单位极容易出错误。为了运输方便和准确到达目的地，长距离运输最好要写明到达港口、卸货码头、中转站、转运方式、转货地点等。

五、销售包装

销售包装随同商品一起出售给消费者，是消费者挑选商品时认识商品、了解商品的一个依据，对商品起着有效的促销作用。包装是代表企业与消费者接触最多、成本最低的一种媒介，传递着品牌与产品的价值。消费者除了关注商品的特性，同时也会对商品包装的文化品位、审美追求有着强烈的渴望。

当顾客购买产品时，首先会通过包装判断产品的价值。好的包装设计不仅能最有效地传播产品信息，更能提升产品的心理价值。在顾客购买某项产品时，不仅要使他了解实际使用价值，还要通过包装设计所传递的信息暗示他能获得许多非产品的利益，满足或引导他的潜在需求。用情感来激发消费者的购买欲望，把产品宣传同消费者的情景感受紧密、巧妙地结合起来。

包装通过商标、文字色彩和图形等相关设计要素，使形式和内容有机地结合起来。无论采用什么样的包装设计，最终都要能够使消费者明白包装的商品的类别、属性、档次和商品的使用对象。销售包装种类很多，除了具有容纳和保护纺织品的品质外，还应携带方便，又有一定的观赏价值，具有传达、促销和社会适应功能。涵盖内容包括以下几个方面。

1. 包装信息

产品包装的信息主要包括商标、标记和价格。消费者在了解产品时，首先知觉到的便是产品外包装所提供的这些信息。如果消费者知道该产品的商标，就自然而然地从记忆中调取信息，以往的学习内容和消费经历使他们直接确定商品品质和品牌特性，不会再进一步去探究它的品质，这就是好商标、好品牌的作用，而包装上所提供的价格信息也为消费者进一步了解产品或购买产品起了先导作用。而其他信息，如产品证书和印章等标记对产品喜好评价的影响要小得多。

2. 包装材料

包装材料是消费者评估质量的线索。是否备购物袋及购物袋的材料都会影响到人们对所购服装质量的印象，继而影响消费者的购买决策。

3. 包装设计

对工商企业来说，合理的设计包装显得很重要。包装的目的是要在同类产品的并排陈列中引人注目，使商品在货架上格外突出。根据消费者的情感和理智的需要，包装设计应符合适宜性、方便性、可靠安全性、地位感、身份感、美感。

（1）要方便使用和携带。商品包装最重要的是要站在消费者的立场，处处考虑消费者携带和使用方便。包装不但要有利于消费者的日常生活，而且要有利于激励消费者连续的购买行为。包装设计应跟上生活的变化，要处处考虑消费者的需求。

（2）适应消费者。企业在设计商品包装时，务必要研究消费者的消费习惯、消费水平、消费心理，使包装适应不同消费者的需要。如根据消费者不同消费水平，可以设计质量有别的商品包装：高中低档次的等级包装、名贵包装、礼品包装、简便包装和复合包装。根据消费者的年龄、性别，设计突出个性特征的商品包装：男性化包装、女性化包装、老年用品包装、中青年用品包装和少儿用品包装。包装的颜色、图案要符合民族的风俗习惯。总之，针对消费者的购买动机与需要、行为方式与特点进行商品包装设计，满足不同消费者多种多样的需要是工商企业服务的宗旨。

（3）注意艺术性和趣味性。精心设计具有艺术性和趣味性的包装，可在一定程度上激起消费者的兴趣和购买欲望。包装外形最重要，依次是颜色、图案风格、携带方便性、商标。

包装设计的风格影响到消费者对产品质量的知觉。一般而言，朴素大方的包装总给人经济实惠的印象，而精美华丽的包装则给人名贵高档的感觉。

色比形更富有吸引力。为此，正确运用色彩对比等有关原理，既可强化商品特征，又能提高商品色彩效果，达到先"色"夺人的功效。

杜邦公司的一项调查表明，63%的消费者是根据商品的包装来选购商品的，这一发现就是著名的"杜邦定律"。另据英国市场调查公司报告，一般上超级市场购物的妇女，由于受精美包装的吸引，所购物品通常超出进门时打算购物数的45%。可见，生产经营者除了应注重商品的内在质量外，还须注重商品的外在质量（商品的外形和包装）。

（4）新颖大方、不落俗套。当一种产品的包装使用了一个较长时期以后，应考虑推陈出新而做出相应的变换。国外不少工厂就采用这种办法来扩大产品的销路。新的图案、新的形状可以满足消费者共有的求新心理，促使其产生跃跃欲试的想法。

4.包装要适当

商品在包装上常造成的问题是商品的过度包装，包装过多，过于装饰，反而会"喧宾夺主"。包装只是辅助手段，商品本体仍是第一位的，不断提高质量，开发新产品，紧密联系市场的需求，才是重要的。实施包装策略时，切忌金玉其外、败絮其中的欺骗性包装。商品包装贵在适当，所以在满足必要的包装要求下，要力求降低包装成本。

第三节　促销

一、促销的概念及作用

为了有效地为品牌定位，生产商必然要利用广告与促销活动，建立起目标市场所能接受的品牌形象，以使消费者建立起对产品的可接受性、偏好度及忠诚度。

4P（product，price，place，promotion）理论认为，促销（promotion）是指为了提升销量，向消费者提供优惠等刺激信息，影响消费者的态度和选择，让消费者购买产品的一种沟通活动，促销手段包括广告、人员推销、网络营销等。在我国，促销是指利用各种促销手段来刺激消费者，促进消费者购买产品并完成短期消费目标，最终目的是直接提升销售量。

促销是一种短期行为，开展促销的目的是获得销售的临时性好处。好处的受益者可能是消费者，也可能是经销商。

通过促销，实现了企业与客户之间的沟通，传播企业的产品信息，把产品或服务以外的附加价值传递给经销商或消费者，使客户了解企业及其产品，吸引客户，刺激客户购买，从而帮助企业实现销售目标。同时，通过促销可以将企业对消费者的利益直接传达出去，有助于建立目标市场对企业及其产品的认知和好感。

企业通过促销活动吸引那些经常变换品牌的使用者，在短期内直接提高销售量，也可以用促销报答公司的忠诚客户。消费者在享受优惠的同时，也提高了满意度，建立消费者的品牌忠诚。同时，促销活动使消费者对价格变得更加敏感。

促销有诸多的好处，长时间的促销不足会使企业丢失大量的市场。但也要注意，过于密集的促销会破坏品牌形象。

二、促销策略与促销活动

促销策略是一系列方式的集合，这些方式包括提供信息、介绍产品、树立品牌等，目的在于对购买行为进行引导和激发。营销者采用促销策略可以突出产品、提升销量、获得市场竞争力。促销策略一般采用人员推销和非人员推销的两种促销方式。人员推销就是推销员线下推销；非人员推销一般借助于媒体广告等向消费者传递信息，还包括公关和推广等多种方式。

促销活动是一个由时间、地点、内容和对象组成的一个阶段性的销售促进或形象促进活动。有目的的促销需要有针对性地进行设计和组织，以便使促销或者促销活动达到事先设想的结果。

1. 确定促销对象

确定促销对象是促销的前提。促销对象一般有三类：对消费者的促销、对渠道的促销、对公司销售人员的促销。选准促销对象就是选准信息传递对象，这对于企业促销成功是至关重要的。

在市场锋线上，销售促进的对象是井然有序的。对制造商而言，其促销的对象有三个：批发商、零售商、消费者；对批发商而言，其促销的对象有两个：零售商、消费者；对零售商而言，其促销的对象只有一个：消费者。由此看到，不同的市场主体，有着不同的促销目标，同时，也构成了不同层次的促销类型。

对消费者的促销目标是鼓励他们更多地使用商品，促使他们更多地购买商品，争取那些未使用过商品的消费者试用，吸引竞争品牌的使用者等。

对渠道的促销目标是吸引零售商销售新产品，鼓励零售商维持较高水平的存货，鼓励零售商购买非时令商品，抵消其他竞争性商品的促销影响，建立和维持零售商对品牌的忠诚度，获得进行新的零售卖点的机会等。

对公司销售人员的促销目标是鼓励他们对一种新产品或新型号建立信心，激励他们寻找更多的潜在客户，刺激他们推销相对滞销的产品，以减少库存积压等。

对此，必须了解在购买产品或服务时起主导作用的是哪一类人，然后根据他们的特征，选择有针对性的促销策略和促销手段展开促销活动。

2. 选择合适的促销手段

企业能够采用的基本促销手段有以下几种。

（1）针对消费者的促销手段。

①样品。样品是免费提供给消费者或者提供给消费者试用的产品。企业可以把样品直接送上门，或把样品放在销售现场提供给客户，也可以附在其他产品上赠送等。赠送样品一般旨在向市场介绍新产品。

②优惠券。是对持有优惠券的客户提供某种程度的优惠。优惠券可以直接赠送或附在其他产品上，也可刊登在杂志或报纸广告上。优惠券的使用一般用于刺激成熟期产品的销售，或者是推出新产品时促进消费者使用。

③特价包装优惠。一般是在商品包装或标签上加以附带标明，说明本包装产品的优惠。这种方式给消费者提供的是低于常规价格的商品或者价格不变附赠产品。特价包装优惠是一种刺激短期销路的有效方法。

④赠品。低价或免费向消费者提供某种商品，刺激消费者发生消费行为。可以把赠品附在产品内，也可以免费邮寄赠品。

⑤赢奖品。消费者在购买某商品后，企业或者销售商向他们提供赢得某些奖励的机会。奖品的获取一般是借助一些活动或竞争，组织者针对一定的规则抽取获奖者的名单。这类活

动往往伴有针对企业产品或者品牌的介绍和推广，可以在一定的销售范围内形成有规模的影响。

⑥免费试用。给潜在的客户免费试用产品，以促进他们购买产品或者尝试使用产品的促销方式。

⑦售点陈列。售点陈列一般多用在购买现场或者销售现场。采用模特表演、建立商品焦点、各类展架、堆头、挂旗、POP 等形式，并且将它们和电视或者印刷品宣传等其他的视觉展示结合起来运用的促销方式。这种方式有利于建立良好的销售气氛，吸引消费者的目光，促进消费者购买。

（2）针对渠道的促销手段。

①价格折扣。在某一段指定时期或者在某些条件下，每次购货都给予低于定价的直接折扣。这样可以鼓励经销商去购买一般情况下不会购买的数量或者新的产品种类。

②免费商品。企业提供免费产品给一些特定的中间商，这些中间商是对企业的销售有特别贡献的，一般是购买规模较大或者对某种产品的销售贡献很突出。这时，企业会按一定的规则额外赠送一些产品、礼品、附有公司名称的特别广告赠品等。

（3）针对销售人员的促销手段。厂商对销售人员促销的主要目的是鼓发销售人员的工作热情，具体方法包括销售竞赛、销售奖励和其他激励措施。

①销售竞赛。销售竞赛的目的在于刺激企业的销售人员和渠道成员在某一段时期内增加销售量，用奖品作为鼓励的方式。当销售竞赛的目标与可以达到的销售目标连在一起时，竞赛的效果会十分显著。

②销售奖励。厂商在销售人员正常的薪酬制度之外，按照事先约定的奖励规则，根据其销售业绩的目标完成情况支付一定奖励，提高销售效率。

③其他激励措施。包括对销售人员进行入职培训和继续培训，提高素质和技能。向销售人员提供统一的职业装束、用具、产品样品或模型等。

3. 选择有利的促销时机

一般来说，促销时机的选择是由经营状况决定的：当竞争对手展开强大的促销攻势，而你的销售不理想、亟需扩大市场份额时，就是最有利的促销时机。还可以利用节假日、"黄金周"时间，展开促销，也可以收到较好的效果。

4. 促销结果的评价

促销中和促销后，要综合考察促销对建立品牌忠诚、对销售额等要素的影响。可以建立专门的促销评价档案，为今后的促销做准备。

三、促销信息对消费者的影响

1. 促销信息对于潜在消费者的影响

潜在消费者在一定时期中，可能不需要购买、不准备购买或无能力购买产品，这不代表他们永远不购买。基于长远观点，公司可以通过促销加深他们的印象，争取未来的购买力。即使有些顾客从长期看，也不可能有购买需求，但是他们也是市场舆论的重要来源，也不能忽略他们对市场的影响。

2. 促销信息对于消费决策的影响

从消费行为分析可以看出，顾客的购买决策在行为发生之前就开始了。所以，店铺必须尽可能全面地向顾客提供各种信息，激发顾客的兴趣和动机，并帮助他们做出正确的购买决策。

3. 促销信息对于消费后阶段的影响

在购买和使用之后，顾客就会用种种标准对商品做出评价，评价的结果对商品甚至公司都有较大的影响。此外，许多顾客在购买之后往往会怀疑自己决策的正确性，急需外界信息的肯定。所以必须从各方面做好工作，使顾客购买后感到满意。

第四节　广告

企业营销传播的目的是让消费者注意到产品和服务，有效地促进销售，向消费者展示其产品或服务与同类产品或服务相比，能更好地解决消费者的问题，吸引消费者购买产品或者接受服务。企业可以通过公开宣传的形式，将其产品和服务的信息利用适当的信息沟通方式传递给消费者，其中最主要的方式就是广告。许多经济学家认为，一个国家广告费的支出程度反映了这个国家的经济状况。广告是商品经济发展的标志，广告在促进生产和商品流通、扩大销售等方面是十分有效的工具。有人说过这样一句话："在发达的商品经济社会里，没有不做广告的商人，也没有不依赖于广告而进行商品销售的商业活动。"

一、广告心理机制

广告，顾名思义，就是广而告之，即向社会广大公众告知某件事物。狭义广告是指以营利为目的的广告，即商业广告。广告的主要作用就是告知广大消费者有关商品的性质、用途、价值等知识。当消费者从广告获知了商品品质、用途、价格及其他内容，再到零售店加以确认，若获知和自己所要求的一致时，便购买该商品。

广告心理机制是指在广告通过其特有的手段作用于人们心理活动的过程中，心理活动的反应方式和发展环节，以及各环节间的互相联系和相互影响。广告作用于人们心理的过程有四个步骤：注意、兴趣、欲望和行动。

1. 引起注意

广告因其信息的刺激性、趣味性和有用性吸引了受众的注意力，使得消费者开始关注广告中的产品或品牌。根据产生和保持注意强度和意志努力的程度不同，注意可分为无意注意和有意注意两种形式。无意注意不需做任何意志努力，而有意注意是一种主动服从于一定活动任务的注意，它受人的主观意识的自觉调节和支配。相对而言，有意注意对于广告刺激的要求不高。

刺激物的诸多特征使受众对其注意的程度有所不同。广告中鲜艳的色彩和移动的物体更引人注目，如色彩鲜艳的包装比色彩暗淡的包装更容易吸引人的视线；刺激物在个体视线所及范围内的位置也影响人的注意程度，如视野正中的物体比处于边缘的物体更容易被人注意，右面纸张上的广告比左面的更引人注意。此外，如果将电视广告在电视剧之间的广告播出顺序由最先移到最后，其收视率也显著降低。将一个刺激物与其他的物体隔开，以及广告之前的片刻沉默，利用了"空白"，也会加强人们的注意。相对于那些与周围背景融合在一起的刺激物，人们更倾向于感受那些与背景反差大的刺激物。当然，若人们已经习惯于某种类型水平的刺激物后，曾经很抢眼的广告也会逐渐失去对比的效果，"适应水平理论"有助于解释这种现象。

调查显示，大多数的商业广告在还没有收看之前就已经被消费者有意识地避开了。为了避免消费者对广告的毫不理会和回避，广告的创造性变得非常重要。那些新奇程度适中且引起人们好感的广告对减少观众对广告的有意避开具有良好的效果。有时，消费者也会主动地、有意识地寻找某些广告，以协助他们做出消费决策。

2. 兴趣和欲望

若受众对广告和广告中的商品或品牌产生兴趣，便愿意了解相关资讯，之后产生购买欲望和动机。但是广告信息中若加入了需要人们费力理解的因素，也会降低人们的兴趣。

根据知觉的选择性，商业广告不仅要注意商品的整体形象，而且要突出商品的主要特点，使之具有新奇、独特、醒目的特征，赢得消费者的瞩目。信息不完整时，人们会记忆深刻，对商品的欲望更加强烈。因为对信息完整的诉求会使人出现紧张情绪，如同等待听到另一只靴子落地的声音。

3. 行动

在动机的驱动下，开始实施购买商品的行动。但是消费者的购买行为在多数情况下不是在注意到广告后立即进行，而是在之后的某个情景中，受到一定刺激才发生的。

广告效果具有累积性，特别是迟效型和延续性的特点，它们的心理基础是消费者对广告的记忆。当我们在商店里或电视上看到了某一产品，我们就会自发地提取大脑中可利用的存储信息。提取常因情境线索而激发。如果一个品牌与众不同，或者刊登了大量广告，或者消费者有着使用该品牌产品的难忘经历，信息提取过程就会比不那么受欢迎的品牌的信息提取过程快得多。一项研究表明，品牌印记在产品利益得以表现之前和品牌信息保留之前就已经产生了。美国哈佛大学有人做过统计，平均每个美国人每天要接触150个广告，但能记住的不足30项，而能诱发行为的仅12项。

某一品牌的声音象征以及语言特点都能够影响解码以及人们对品牌的记忆，受众心目中能否留下深刻的记忆，取决于广告的简洁性和重复程度。研究表明，不一致或出乎意料的信息要素能给人带来知觉震撼，如果这些要素与广告信息相关，那就会提高广告被人记住的可能性。对比鲜明的广告及与消费者预期的广告内容大相径庭的广告会更吸引消费者。

需要注意的是，所有消费者处理信息的能力都是有限的，当消费者面对太多的信息，出现信息超载时，消费者要么推延决定，要么放弃决定，或随意做出决定，或在决策时只利用信息中一些次优的信息。通常，在一则广告中，诉求重点只能放在一个或少数几个消费动机上，否则会冲淡广告主题。而在整个传播过程中，企业需要考虑目标消费者所追求的所有重要动机。

二、广告媒体

广告经策划、设计、制作以后，在实施中必须借助各种广告媒体，才能向消费者传递产品与服务的信息，才能引起消费者的注意并形成消费刺激。

1. 各类广告媒体

广告媒体很多，包括报刊、广播、电视、电影、路牌、电子显示牌、橱窗、灯箱、墙壁等；也可以利用馈赠实物，利用网络进行广告宣传。现在还有人用口头广告。

（1）报纸。报纸版面大、篇幅多，凡是要向消费者做详细介绍的广告，利用报纸做广告是极为有力的；报纸的新闻性和准确可信度是其他媒体无法比拟的；报纸的权威性使读者产生信赖感；报纸还具有保存价值，便于反复阅读；报纸本身售价低，发行量大，因而传播广，渗透力强。但是报纸内容繁杂，容易分散广告受众的注意力。现代社会人们生活节奏较快，无法对报纸进行详细阅读，造成广告浪费。

（2）杂志。杂志广告具有精良、高档的特色，多用彩色摄影技巧，使产品的外在品质得以生动、逼真地展现。目前杂志快速向专业化方向发展，对特定消费阶层的商品而言，在专业杂志上做广告具有突出的针对性；杂志的发行量大、发行面广，有的甚至有世界性影响，利于商品或服务的大范围宣传。

（3）电视。电视媒体表现力强，传播范围广泛，重复性高，具有强制广告的特点，但受时间、地点、设备和条件的限制，且费用昂贵。有时会引起电视观众的反感。

（4）广播。广播媒体传播速度快，传播范围广，不受时空限制，针对性强，表现力强，费用低。但是在城市的传播能力弱，不能留存，难以给消费者留下深刻的印象。

（5）焦点。焦点媒体又称现场销售促销广告，是指在超市、商场、杂货店等零售店的橱窗里、走道、墙面甚至于天花板上，以消费者为对象设置的彩旗、海报、陈列品等。这种广告小型化、制作简单、成本低廉，又能在最确切的销售地发挥作用，可以提醒消费者购买已有印象的商品。另外，焦点广告可以美化销售环境，增加零售店对顾客的吸引力，并烘托销售气氛。

（6）户外媒体。户外媒体广告是一类综合性的广告形式，它包括户外的路牌广告、灯箱广告、招贴广告，这类广告影响面大，传播信息的时间比较长。户外媒体广告引人瞩目，内容突出，便于吸引人的注意和记忆。

（7）新媒体。随着网络的发展，人们的生活方式有着天翻地覆的变化。比较而言，新媒体比传统的大众媒体更具有活力。大众媒体只能向某一特定群体的所有成员传播同样的信息，受众只能被动地接受信息。新媒体传播的信息可经过定制传达给特定的接收者，不同的接收者能够看到基于基本信息改变后的信息；在信息传播的过程中，接收者可以与发送者互动；相比于通过大众媒体，新媒体可以更精确更直接地测量接收者对促销信息的反应。目前，营销商正不断地将广告预算从传统媒体转投于非传统媒体。

此外，市场营销者越来越多地专项植入广告，电视节目和广告之间的界限便随之消失了。

2. 广告媒体的选择

（1）市场方面。首先要考虑消费者的属性，选择合适的目标人群是传播战略的核心组成部分。对营销者来说，要以同一则信息同时迎合所有的目标人群是不太可能的。广告需要投放在每个目标群体阅读、观看或者收听的特定媒体中。人总是依其个人品位来选择适合的媒体，不同教育或职业的消费者，对媒体的接触习惯都不相同。一般教育程度较高者偏重于印刷媒体；教育程度较低者偏重于电波媒体。因此要配合消费者的性别、年龄、教育程度、职业及地域性等来决定应用何种媒体。

在选择特定的媒体之前，首先，必须选择一个大致的媒体种类，符合条件的媒体必须能增强广告商想要传播的信息。其他种类的媒体提供支持，起补充作用。其次，要按商品特性来考虑媒体。很显然，千万元的别墅广告和普通中下公寓广告的媒体使用应当有所不同。最后，要考虑商品市场究竟是全国性的销售，还是限于地方区域性市场的销售，这关系到广告接触者的范围大小，由此才可决定选择何种媒体达到经济有效的传播效果。

（2）媒体方面。采用的媒体方面需要考虑媒体量的价值，如报刊的发行量、电视的收视率、电台的收听率；要考虑媒体的价值，及媒体的接触层次，要与产品消费者的类型符合；还要考虑媒体的特性、优缺点及内容等。

（3）成本方面。要慎重考虑各媒体的成本费用，不仅要考虑"绝对成本"，即媒体的实际支付费用，同时也应考虑"相对成本"，如用印刷媒体的每天读者数，或电波媒体的每分钟每千人的视听成本。

三、广告诉求

广告诉求是指用什么样的广告内容和表现方式对消费者进行说服。广告诉求通过对人们的知觉、情感的刺激和调动，对人们观念、生活方式的影响，以及对厂商、商品特点的宣传，来迎合和诱导人们，以最终激发消费者购买动机的过程。

广告诉求的基本目标，就是唤醒或激发顾客对自身潜在需求的意识和认识。广告诉求的基础是消费者的心理需要。广告诉求的基本方式是理性诉求与情感诉求。

1. 消费者需要与广告诉求策略

消费者有多种需要，但往往有一种是优势需要。能否满足优势需要直接影响到消费者对商品的态度和购买行为。所以首先要找到消费者的优势需要，然后通过广告在商品的特性与消费者的优势需要间建立最佳匹配，让消费者意识到消费所能得到的利益和好处。比如人们更重视鞋子的舒适与否，广告宣传应该是强调鞋子舒适耐穿。

年龄、职业、教育背景等不同的消费群体往往有不同的消费倾向。应对这些具有不同兴趣点的消费群体采取有针对性地广告诉求策略。同时，在媒体选择上也有不同。如青年用品的宣传媒体需选娱乐、时尚版，老年用品宜选养生、保健版。

随着社会经济的发展，人们的需要也会发生变化，广告诉求也要随之变化，比如现在人们对健康、环保越来越重视，这就成了新产品研发的关注点与广告诉求点。

2. 广告的理性诉求

在广告中突出自己商品的特性及优越感，提出事实或进行特性比较，通过展示商品的固有特性、用途和使用方法等，提供关于商品的事实性信息而使消费者形成一定的品牌态度。如通过实物的表演性操作与示范，宣传产品的特点；利用社会名流或专家来推荐或证明产品的品质。

3. 广告的情感诉求

广告通过满满的情感色彩和人情味来契合消费者精神上的需要，如尊重及爱的需要等，使广告更有感染力，更能让人接受。广告中常见的情感类型有亲热感、幽默感等。

附　录

一、常见纺织纤维的公定回潮率（附表1）

附表1　常见纺织纤维的公定回潮率

纺织材料	公定回潮率/%	纺织材料		公定回潮率/%
棉纤维	8.5	三醋酯纤维		3.5
洗净毛（异质毛）	15.0	铜氨纤维		13.0
洗净毛（同质毛）	16.0	聚酰胺纤维（锦纶）		4.5
精梳落毛	16.0	聚酯纤维（涤纶）		0.4
再生毛	17.0	聚丙烯腈纤维（腈纶）		2.0
分梳山羊绒	17.0	聚乙烯醇纤维（维纶）		5.0
兔毛	15.0	聚丙烯纤维（丙纶）		0.0
骆驼绒/毛，牦牛绒/毛，羊驼绒/毛	15.0	聚乙烯纤维（乙纶）		0.0
马海毛	14.0	聚氯乙烯（氯纶）		0.0
苎麻，亚麻，大麻（汉麻），罗布麻，剑麻	12.0	氨纶		1.3
黄麻	14.0	含氟纤维		0.0
桑蚕丝，柞蚕丝	11.0	芳香族聚酰胺纤维（芳纶）	普通	7.0
木棉	10.9		高模量	3.5
椰壳纤维	13.0	聚乳酸纤维（PLA）		0.5
黏胶纤维，富强纤维	13.0	二烯类弹性纤维（橡胶）		0.0
莫代尔纤维	11.0	碳氟纤维		0.0
莱赛尔纤维	10.0	玻璃纤维		0.0
醋酯纤维	7.0	金属纤维		0.0

二、常见纺织纤维的化学性能（附表2）

附表2　常见纺织纤维的化学性能

纤维品种	耐碱性	耐酸性	耐化学品性
棉	在苛性碱溶液中膨润（丝光处理），但不损伤其强度	接触热稀酸、冷浓酸可使其分解，在冷稀酸中无影响	一些氧化剂可使其严重损伤，用氧化性漂白剂时应注意控制适当的条件
麻	耐碱性比棉差	耐酸性比棉强	同棉

纤维品种	耐碱性	耐酸性	耐化学品性
羊毛	强碱可使其分解，弱碱对其有损伤，在冷稀碱中经搅拌产生缩绒现象	热硫酸可使其分解，对其他强酸与弱酸，即使在加热条件下也有抵抗性	强氧化剂和还原剂可使其分解，可用过氧化剂漂白
蚕丝	不耐强碱	热硫酸可使其分解，对其他酸的抵抗性比羊毛差	含氯的氧化剂可使其氧化分解，可用过氧化剂漂白
黏胶纤维	强碱可使其膨润，强度降低，2%苛性钠溶液对强度无影响	热稀酸、冷浓酸可使其强力降低，5%盐酸、11%硫酸对其强度无影响	受强氧化剂侵蚀，用次氯酸钠、过氧化物等漂白时无损伤
醋酯纤维	在强碱中皂化，强度下降	浓硫酸、浓盐酸、浓硝酸使其分解	受强氧化剂侵蚀，用次氯酸钠、过氧化物等漂白时无损伤
涤纶	在10%苛性钠溶液、28%氨水里，强度几乎不降低	35%盐酸、75%硫酸、60%硝酸对其强度无影响	良好
锦纶	常温下耐碱性良好，但高温和高浓度碱溶液会破坏其纤维结构	能溶于有机酸	良好
腈纶	在50%苛性钠溶液、28%氨水里，强度几乎不降低	35%盐酸、65%硫酸、45%硝酸对其强度无影响	良好
维纶	在50%苛性钠溶液中强度几乎不变	浓盐酸、浓硫酸、浓硝酸可使其膨润或分解，10%盐酸、10%硫酸对纤维强度无影响	良好
丙纶	耐浓碱	除氯磺酸、浓硝酸和某些氧化剂外，耐酸性优良	很强

三、国家纺织产品基本安全技术规范（GB 18401—2010）

婴幼儿纺织产品应符合A类要求，直接接触皮肤的产品至少应符合B类要求，非直接接触皮肤的产品至少应符合C类要求，其中窗帘等悬挂类装饰产品不考核耐汗渍色牢度。如附表3所示。

附表3　纺织产品的安全性能要求

项目		A类	B类	C类
甲醛含量≤/（mg·kg⁻¹）		20	75	300
pH		4.0~7.5	4.0~8.5	4.0~9.0
染色牢度/级	耐水（变色、沾色）	3~4	3	3
	耐酸汗渍（变色、沾色）	3~4	3	3
	耐碱汗渍（变色、沾色）	3~4	3	3
	耐干摩擦	4	3	3
	耐唾液（变色、沾色）	4	—	—
异味		无		
可分解致癌芳香胺染料/（mg·kg⁻¹）		禁用		

四、服装号型（GB/T 1335.1—2008，GB/T 1335.2—2008）

号（height）：人体的身高，以厘米为单位表示，是设计和选购服装长短的依据。

型（girth）：人体的上体胸围或下体腰围，以厘米为单位表示，是设计和选购服装肥瘦的依据。

体型（bodytype）：以人体的胸围与腰围的差数为依据来划分的人体类型。体型划分为四类，分类代号分别为 Y、A、B、C。体型分类代号表示如下：

Y 体型表示胸围与腰围的差数在 17~22cm；

A 体型表示胸围与腰围的差数在 12~16cm；

B 体型表示胸围与腰周的差数在 7~11cm；

C 体型表示胸围与腰围的差数在 2~6cm。

五、纺织品维护标签规范（GB/T 8685—2008）

1. 基本符号和具体描述符号（附表 4）。

附表 4　基本符号和具体描述符号

符号名称	符号	说明
水洗		用洗涤槽表示水洗程序
漂白		用三角形表示漂白程序
干燥		用正方形表示干燥程序
熨烫		用手工熨斗表示熨烫程序
专业纺织品维护		用圆圈表示（不包括工业洗涤的）专业干洗和专业湿洗的维护程序
不允许的处理		在五个基本符号上叠加的叉号"×"，表示不允许进行这些符号代表的处理程序

续表

符号名称	符号	说明
缓和处理		在基本符号下面添加一条横线，表示与未加横线的相应符号相比，该程序的处理条件较为缓和，例如，减少搅拌
非常缓和处理		在基本符号下面添加两条横线，表示其处理条件更加缓和，例如，进一步减少搅拌
处理温度	• •• 或更多至4个点	不带"℃"的数字（30，40，50，60，70或95）与水洗符号一起使用表示洗涤的摄氏温度。在干燥和熨烫的两个符号中的圆点用来表示处理程序的温度

2. 水洗

洗涤槽代表手洗或机洗的家庭洗涤程序，用于表达允许的最高洗涤温度和最剧烈的洗涤条件。水洗符号见附表5。

附表5 水洗符号

符号	水洗程序
95	最高洗涤温度95℃，常规程序
70	最高洗涤温度70℃，常规程序
60	最高洗涤温度60℃，常规程序
60	最高洗涤温度60℃，缓和程序
50	最高洗涤温度50℃，常规程序
50	最高洗涤温度50℃，缓和程序
40	最高洗涤温度40℃，常规程序
40	最高洗涤温度40℃，缓和程序
40	最高洗涤温度40℃，非常缓和程序

符号	水洗程序
	最高洗涤温度 30℃，常规程序
	最高洗涤温度 30℃，缓和程序
	最高洗涤温度 30℃，非常缓和程序
	手洗，最高洗涤温度 40℃
	不可水洗

3. 漂白（附表6）

附表6　漂白符号

符号	漂白程序
	允许任何漂白剂
	仅允许氧漂/非氯漂
	不可漂白

4. 干燥

（1）自然干燥符号。在正方形内添加竖线表示悬挂自然干燥程序，横线表示平摊自然干燥程序，左上角再添加一条斜线表示在阴凉处自然干燥程序。自然干燥符号见附表7。

附表7　自然干燥符号

符号	自然干燥程序	符号	自然干燥程序
	悬挂晾干		在阴凉处悬挂晾干
	悬挂滴干		在阴凉处悬挂滴干
	平摊晾干		在阴凉处平摊晾干
	平摊滴干		在阴凉处平摊滴干

（2）翻转干燥符号。用正方形里的圆来表示水洗后翻转干燥程序，在符号里添加一个或两个圆点表示该程序所允许的最高温度。翻转干燥符号见附表8。

附表8　翻转干燥符号

符号	翻转干燥程序
⊙⊙（方框圆内两点）	可使用翻转干燥；常规温度，排气口最高温度80℃
⊙（方框圆内一点）	可使用翻转干燥；较低温度，排气口最高温度60℃
⊠（方框带叉）	不可翻转干燥

5.熨烫

熨斗代表家庭熨烫程序，可带蒸汽或不带蒸汽，在符号里添加一、二或三个圆点分别表示熨斗底板的最高温度。熨烫符号见附表9。

附表9　熨烫符号

符号	熨烫程序
熨斗（三点）	熨斗底板最高温度200℃
熨斗（两点）	熨斗底板最高温度150℃
熨斗（一点）	熨斗底板最高温度110℃，蒸汽熨烫可能造成不可回复的损伤
熨斗（带叉）	不可熨烫

6.专业纺织品维护

圆圈代表由专业人员对纺织产品（不包括真皮和毛皮）的专业干洗和湿洗程序。纺织品专业维护程序符号见附表10。

附表10　纺织品专业维护程序符号

符号	纺织品维护程序
Ⓟ	使用四氯乙烯和符号F代表的所有溶剂的专业干洗，常规干洗
Ⓟ（带下划线）	使用四氯乙烯和符号F代表的所有溶剂的专业干洗，缓和干洗
Ⓕ	使用碳氢化合物溶剂（蒸馏温度在150~210℃，闪点为38~70℃）的专业干洗，常规干洗

续表

符号	纺织品维护程序
(F)	使用碳氢化合物溶剂（蒸馏温度在 150~210℃，闪点为 38~70℃）的专业干洗，缓和干洗
⊗	不可干洗
(W)	专业湿洗，常规湿洗
(W)	专业湿洗，缓和湿洗
(W)	专业湿洗，非常缓和湿洗

六、常见纺织纤维的燃烧状态（FZ/T 01057.2—2007）（附表 11）

附表 11　常见纺织纤维的燃烧状态

纤维种类	燃烧状态			燃烧时的气味	残留物特征
	靠近火焰时	接触火焰时	离开火焰时		
棉，竹纤维，莱赛尔纤维，莫代尔纤维	不熔不缩	立即燃烧	迅速燃烧	纸燃味	呈细而软的灰黑絮状
麻	不熔不缩	立即燃烧	迅速燃烧	纸燃味	呈细而软的灰白絮状
蚕丝	熔融卷曲	卷曲、熔融、燃烧	略带闪光燃烧，有时自灭	烧毛发味	呈松而脆的黑色颗粒
动物毛绒	熔融卷曲	卷曲、熔融、燃烧	燃烧缓慢有时自灭	烧毛发味	呈松而脆的黑色焦炭状
黏胶纤维、铜氨纤维	不熔不缩	立即燃烧	迅速燃烧	纸燃味	呈少许灰白色灰烬
醋酯纤维	熔缩	熔融燃烧	熔融燃烧	醋味	呈硬而脆不规则黑块
大豆蛋白纤维	熔缩	缓慢燃烧	继续燃烧	特异气味	呈黑色焦炭状硬块
聚乳酸纤维	熔缩	熔融缓慢燃烧	继续燃烧	特异气味	呈硬而黑的圆珠状
涤纶	熔缩	熔融燃烧冒黑烟	继续燃烧，有时自灭	有甜味	呈硬而黑的圆珠状
腈纶	熔缩	熔融燃烧	继续燃烧，冒黑烟	辛辣味	呈黑色不规则小珠，易碎
锦纶	熔缩	熔融燃烧	自灭	氨基味	呈硬淡棕色透明圆珠状
维纶	熔缩	收缩燃烧	继续燃烧，冒黑烟	特有香味	呈不规则焦茶色硬块

纤维种类	燃烧状态			燃烧时的气味	残留物特征
	靠近火焰时	接触火焰时	离开火焰时		
氯纶	熔缩	熔融燃烧冒黑烟	自灭	刺鼻气味	呈深棕色硬块
氨纶	熔缩	熔融燃烧	开始燃烧后自灭	特异气味	呈白色胶状
芳纶 1414	不熔不缩	燃烧冒黑烟	自灭	特异气味	呈黑色絮状
乙纶，丙纶	熔缩	熔融燃烧	熔融燃烧，液态下落	石蜡味	呈灰白色蜡片状
碳纤维	不熔不缩	像烧铁丝一样发红	不燃烧	略有辛辣味	呈原有状态
金属纤维	不熔不缩	在火焰中燃烧并发光	自灭	无味	呈硬块状
石棉	不熔不缩	在火焰中发光，不燃烧	不燃烧，不变形	无味	不变形，纤维颜色略变深
玻璃纤维	不熔不缩	变软，发红光	变硬，不燃烧	无味	变形，呈硬珠状

七、常见纺织纤维横截面和纵面的形态特征（附表 12）

附表 12　常见纺织纤维横截面和纵面的形态特征

纤维名称	横截面形态	纵面形态
棉	有中腔，呈不规则的腰圆形	扁平带状，稍有天然转曲
丝光棉	有中腔，近似圆形或不规则腰圆形	近似圆柱状，有光泽和缝隙
苎麻	腰圆形，有中腔	纤维较粗，有长形条纹及竹状横节
亚麻	多边形，有中腔	纤维较细，有竹状横节
大麻	多边形、扁圆形、腰圆形等，有中腔	纤维直径及形态差异很大，横节不明显
罗布麻	多边形，腰圆形等	有光泽，横节不明显
黄麻	多边形，有中腔	有长形条纹，横节不明显
竹纤维	腰圆形，有空腔	纤维粗细不匀，有长形条纹及竹状横节
桑蚕丝	三角形或多边形，圆角	有光泽，纤维直径及形态有差异
柞蚕丝	细长三角形	扁平带状，有微细条纹
羊毛	圆形或近似圆形（或椭圆形）	表面粗糙，有鳞片
白羊绒	圆形或近似圆形	表面光滑，鳞片较薄且包覆较完整，鳞片间距较大
紫羊绒	圆形或近似圆形，有色斑	除具有白羊绒形态特征外，有色斑
兔毛	圆形、近似圆形或不规则四边形，有髓腔	鳞片较小且与纤维纵向呈倾斜状，髓腔有单列、双列、多列
羊驼毛	圆形或近似圆形，有髓腔	鳞片有光泽，有的有通体或间断髓腔

纤维名称	横截面形态	纵面形态
马海毛	圆形或近似圆形，有的有髓腔	鳞片较大且有光泽，直径较粗，有的有斑痕
驼绒	圆形或近似圆形，有色斑	鳞片与纤维纵向呈倾斜状，有色斑
牦毛绒	椭圆形或近似圆形，有色斑	表面光滑，鳞片较薄，有条状褐色色斑
黏胶纤维	锯齿形	表面平滑，有清晰条纹
莫代尔纤维	哑铃形	表面平滑，有沟槽
莱赛尔纤维	圆形或近似圆形	表面平滑，有光泽
铜氨纤维	圆形或近似圆形	表面平滑，有光泽
醋酯纤维	三叶形或不规则锯齿形	表面光滑，有沟槽
大豆蛋白纤维	腰子形（或哑铃形）	扁平带状，有沟槽和疤痕
聚乳酸纤维	圆形或近似圆形	表面平滑，有的有小黑点
涤纶	圆形或近似圆形及各种异形截面	表面平滑，有的有小黑点
腈纶	圆形，哑铃状或叶状	表面光滑，有沟槽和（或）条纹
锦纶	圆形或近似圆形及各种异形截面	表面光滑，有小黑点
维纶	腰子形（或哑铃形）	扁平带状，有沟槽
氯纶	圆形、蚕茧形	表面平滑
氨纶	圆形或近似圆形	表面平滑，有些呈骨形条纹
芳纶 1414	圆形或近似圆形	表面平滑，有的带有疤痕
乙纶	圆形或近似圆形	表面平滑，有的带有疤痕
丙纶	圆形或近似圆形	表面平滑，有的带有疤痕
碳纤维	不规则的碳末状	黑而匀的长杆状
金属纤维	不规则的长方形或圆形	边线不直，黑色长杆状
石棉	不均匀的灰黑糊状	粗细不匀
玻璃纤维	透明圆珠形	表面平滑、透明

八、常见纺织纤维的溶解性能（附表 13）

附表 13　常见纺织纤维的溶解性能

纤维品种	盐酸 20%	盐酸 37%	硫酸 60%	硫酸 70%	硫酸 98%	氢氧化钠 5%	甲酸 85%	冰醋酸	二甲苯	间甲酚（浓，室温）	二甲基四酰胺
棉	I	I	I	S	S	I	I	I	I	I	I
毛	I	I	I	I	I	S	I	I	I	I	I
蚕丝	SS	S	S	S	I	S	I	I	I	I	I
麻	I	I	I	I	S	I	I	I	I	I	I
黏胶纤维	I	S	S	S	S	I	I	I	I	I	I

续表

纤维品种	盐酸20%	盐酸37%	硫酸60%	硫酸70%	硫酸98%	氢氧化钠5%	甲酸85%	冰醋酸	二甲苯	间甲酚（浓，室温）	二甲基四酰胺
醋酯纤维	I	S	S	S	S	CS	S	S	I	S	S
涤纶	I	I	I	I	S	SS	I	I	I	S加热	S
锦纶	S	S	S	S	S	I	S	S	I	S	S
腈纶	I	I	I	SS	S	I	I	I	I	I	S
维纶	S	S	S	S	S	S	S	I	I	S	I
丙纶	I	I	I	I	I	I	I	I	S	I	I
氯纶	I	I	I	I	I	I	I	I	I	I	S
氨纶	I	I	SS	CS	S	I	I	CS	I	S	S 40~50℃

注 I 表示处理 3min 不溶，CS 表示部分溶解，SS 表示微溶，S 表示溶解。

参考文献

[1] 戴晓群.纺织品服装消费学 [M].北京：中国纺织出版社，2010.

[2] 周启澄，程文红.纺织科技史导论 [M].2 版.上海：东华大学出版社，2013.

[3] 薛元.纺织导论 [M].北京：化学工业出版社，2013.

[4] 朱进忠.纺织标准学 [M].北京：中国纺织出版社，2007.

[5] 朱进忠.实用纺织商品学 [M].2 版.北京：中国纺织出版社，2011.

[6] 吴炳新.消费经济学 [M].北京：对外经济贸易大学出版社，2016.

[7] 冉陆荣，李宝库.消费者行为学 [M].北京：北京理工大学出版社，2016.

[8] 叶敏，张波，平宇伟.消费者行为学 [M].2 版.北京：北京邮电大学出版社，2016.

[9] 周美凤.纺织材料 [M].上海：东华大学出版社，2010.

[10] 向云峰.网店促销策略对消费者感知风险的影响研究 [M].北京：中国地质大学出版社，2018.

[11] 严宗光，罗志明.市场营销学 [M].北京：北京理工大学出版社，2016.

[12] 陈烨.新时代中国特色社会主义消费理论探析 [J].重庆理工大学学报（社会科学），2019（12）：161-171.

[13] 孙鸿炜.西方经济史中消费理论与实验对我国的启示 [J].商业时代，2012（7）：16-17.

[14] 王春利.市场调查与市场预测 [M].北京：北京经济学院出版社，1990.

[15] 黄罗兰，申志恒.服装和纺织品商品学 [M].上海：立信会计出版社，1996.

[16] 袁观洛.纺织商品学 [M].上海：中国纺织大学出版社，1998.

[17] 甘华鸣.市场营销 [M].北京：中国国际广播出版社，2002.

[18] 王官诚.消费心理学 [M].北京：电子工业出版社，2004.

[19] 成爱武.消费心理学 [M].哈尔滨：哈尔滨工业大学出版社，1998.

[20] 谭劲松.中国纺织经济 [M].北京：中国纺织出版社，2001.